El simple arte de escribir

Traducción de César Aira

emecé lingua franca

Raymond Chandler

El simple arte de escribir

Cartas y ensayos escogidos

Editado por Tom Hiney
y Frank MacShine

emecé editores

820   Chandler, Raymond
CHA   El simple arte de escribir.- 1ª ed.– Buenos Aires :
       Emecé, 2002.
       328 p. ; 22x14 cm.- (Lingua franca)

       Traducción de: César Aira

       ISBN 950-04-2409-6

       I. Título – 1. Antología Literaria Inglesa

Emecé Editores S.A.
Independencia 1668, C 1100 ABQ, Buenos Aires, Argentina
http://www.emece.com.ar

Título original: *The Raymond Chandler Papers.*
Selected Letters and Non-Fiction, 1909-1959

Contents copyright © the Estate of Raymond Chandler, 2000
Introduction copyright © Tom Hiney, 2000
Editorial arrangement copyright © Tom Hiney and Frank MacShane, 2000
© 2002, Emecé Editores S.A.

Diseño de cubierta: *Mario Blanco*
1ª edición: 3.000 ejemplares
Impreso en Industria Gráfica Argentina,
Gral. Fructuoso Rivera 1066, Capital Federal,
en el mes de setiembre de 2002.

IMPRESO EN LA ARGENTINA / PRINTED IN ARGENTINA
Queda hecho el depósito que previene la ley 11.723
ISBN: 950-04-2409-6

Contenido

Introducción

"En general el negocio de la antología me produce un completo disgusto. Gente que no le ha dado nada al mundo en términos de escritura (y nunca lo hará) presume de utilizar el trabajo de otros a precios nominales, y por Dios me refiero a precios nominales, para su propio beneficio y provecho y se justifican como compiladores o críticos o eruditos, en apoyo de lo cual escriben unas vomitivas pequeñas introducciones y se quedan sentados con una sonrisa indulgente y los bolsillos bien abiertos."

Carta a los editores de Sheridan House,
24 de noviembre de 1946

Hace seis años empecé a trabajar en una biografía de Raymond Chandler. No tardé en advertir que la mejor fuente sobre el tema había sido escrita por el mismo Chandler. Esto se debió en parte a la necesidad. Fue un hombre poco sociable, que no dejó esposa o hijos tras su muerte en 1959. Tampoco hubo hermanos o hermanas, ni siquiera primos segundos. Había sido hijo único y no tuvo hijos, y además fue un desarraigado, con más de cien domicilios distintos en el curso de su vida. El hombre que la revista *Time* definió una vez como "el poeta laureado de los lobos solitarios" era el artículo genuino al que se refería su obra. "Conocerme en persona", le advirtió a un corresponsal, "es la muerte de la ilusión".

Pero aunque pudo ser un recluso, Chandler fue un escritor compulsivo de cartas; y en ellas se esconden muchas de las claves del hombre que había detrás de Philip Marlowe. Las copias al carbónico que han sobrevivido de sus cartas están divididas entre una gran colección en la Biblioteca Bodleiana en Oxford y otra en la Universidad de California en Los Angeles. En esas cartas, de las que hay millares, Chandler habla abiertamente sobre la vida, la literatura y la sociedad californiana moderna. Muchas de las cartas incluidas aquí fueron escritas tarde a la noche, dictadas a un grabador para que su secretaria mexicana Juanita Messik las dactilografiara por la mañana. A menudo bebía mientras las dictaba, y representan un viaje insólitamente libre y sincero por la mente de un hombre que había visto mucho, leído mucho, bebido mucho, pensado mucho, y en el proceso se había acercado peligrosamente a la locura. Era tan capaz de un feroz autoescrutinio como antisocial virtuoso; he llegado a convencerme de que nadie podía ser más perspicaz e informativo sobre Chandler que el mismo Raymond Chandler.

Las cartas ocupan un firme lugar en el corazón de su legado escrito, y ha habido dos selecciones de ellas desde su muerte en 1959: *Raymond Chandler Speaking* en 1962 y *The Selected Letters of Raymond Chandler* en 1981. Tengo una deuda con ambas, y particularmente con el trabajo del difunto profesor Frank MacShane. MacShane murió en 1998. Su trabajo sobre Chandler en las décadas de 1970 y 1980 ayudó a convencer al mundo intelectual de que Raymond Chandler fue más que un mero escritor de policiales: fue un moderno chamán californiano y un tesoro literario norteamericano —algo que sus admiradores ya sabían. El generoso trabajo de MacShane está vivo en esta selección, que se basa en la suya de 1981 y la expande. También querría expresar mi gratitud a los herederos de Chandler por haberme puesto a cargo de esta compilación.

Después de pasar mucho tiempo con los papeles de Chandler, creo que he encontrado material nuevo interesante. Para esto hay muchas razones. La mayoría de las cartas de Chandler estaban dirigidas a hombres y mujeres con los que tenía tratos profesionales: editores, agentes, abogados. La mayoría de las cartas empieza con la cuestión de negocios entre manos, y después se extienden en soliloquios sobre cualquier cosa en la que Chandler estuviera pensando en ese momento. Así, por ejemplo, una carta a su contador sobre un asunto de impuestos puede terminar hablando de cine y ajedrez (este último descripto por Chandler como "el más grande desperdicio de inteligencia humana después de la publicidad"). En medio de una discusión con su agente europeo sobre los derechos para la traducción al italiano, Chandler puede hacer una reflexión sobre la actuación del general MacArthur en la Segunda Guerra Mundial. Y así siempre. Al ver cuánto quedaba oculto en la avalancha de correspondencia de negocios (que podría llenar fácilmente dos armarios grandes) decidí revisar su correspondencia del principio al fin. Mi recompensa, como había esperado, fueron algunos momentos clásicos de Chandler, perdidos hasta ahora. Lectores de las dos selecciones anteriores encontrarán mucho material nuevo que disfrutar. Además de lo espigado en papeles existentes (incluyendo piezas periodísticas no recogidas antes), en los últimos diez años han salido a la luz algunas cartas nuevas, especialmente la correspondencia que Chandler mantuvo durante dos años con una admiradora vuelta amante, de nombre Louise Loughner.

Las cartas y artículos de Chandler son una lectura válida aun para los que no conocen su ficción. Como escribió el crítico del *Washington Post* en la reseña a la selección de MacShane en 1981, estas cartas son "compulsivamente legibles". Por momentos alcanzan las alturas de su ficción.

Un esbozo de la vida de Chandler será útil para los que desconocen su historia. En un siglo dominado por la dislocación, Raymond Chandler tuvo una existencia particularmente incierta. Nacido en Chicago en 1888, fue el único hijo de una madre irlandesa y un padre de Pennsylvania. Ambos eran cuáqueros relapsos, y su padre era un alcohólico cuyo trabajo de ingeniero itinerante de ferrocarril, significó que Chandler lo viera poco. El niño y la madre pasaron los primeros años en una casa alquilada en Chicago, después en una serie de hoteles baratos, y cada vez más con parientes en las praderas de Nebraska.

En 1895, Chandler y su madre, ya divorciada, viajaron con sus pertenencias a Irlanda. Allí vivieron como descastados entre la comunidad protestante de Waterford en la que había crecido Florence Chandler. El chico fue enviado más tarde a Londres, a vivir con su abuela y, a expensas de un tío, asistió al Dulwich College, una elegante escuela privada victoriana donde debía usar frac. El tío no estaba dispuesto a pagarle la universidad, así que sacó a Chandler de Dulwich un año antes de la graduación y lo envió a colegios tutoriales en Francia y Alemania, preparándolo para un examen de ingreso en el Servicio Civil británico, recurso habitual para jóvenes de buenas familias sin dinero.

Tras un año en el continente, Chandler dio el examen (salió tercero entre quinientos) y empezó a trabajar en el Almirantazgo británico, en la oficina de municiones. El puesto no le agradó, y renunció al cabo de unos meses. Durante los cinco años que siguieron vivió en una variedad de domicilios precarios en Londres, ganándose malamente la vida con publicaciones en revistas literarias. Su tío se negó a seguir subsidiándolo, y Chandler emigró solo a los Estados Unidos en 1912, el mismo año que se hundió el *Titanic*. No llevaba más dinero que el prestado (se había comprometido a devolverlo con intereses) por su tío. Después de trabajar como encordador de raquetas de tenis, recolector de fruta y vendedor en una tienda, terminó consiguiendo empleo en Los Angeles como asistente administrativo.

En 1917 cruzó la frontera canadiense para alistarse en el cuerpo de los Gordon Highlanders. Sólo el siglo XX podía hacer que un angloirlandés nacido en los Estados Unidos viajara al Canadá para unirse a un regimiento escocés que combatiría a los alemanes en Francia. Chandler sirvió en las filas como soldado, y ascendió a sargento. A su regreso a California (vía Seattle) se casó con una ex modelo divorciada dos veces, y consiguió trabajo en la industria entonces floreciente del petróleo. Los Chandler cambiaron de domicilio constantemente en Los Angeles y alrededores durante los siguientes trece años, y no tuvieron hijos. Es posible que Chandler no lo supiera en el primer momento, pero su esposa era diecisiete años mayor que él, y había alterado diez años su fecha de nacimiento en el certificado de boda. Después de perder su empleo en una compañía petrolera, por alcoholismo, en 1932, la pareja prosiguió su nomadismo, ahora en zonas menos elegantes de Angelino. Chandler empezó a escribir para revistas baratas de crimen. En 1939, completó y publicó su primera novela, *El sueño eterno*, donde aparecía por primera vez un héroe narrador llamado Philip Marlowe. Siete años después, con una fortuna ganada en Hollywood, compraba una lujosa mansión cerca de San Diego. Para entonces, tanto él como Philip Marlowe eran famosos, en la pantalla y en la página impresa.

Tras la muerte de esposa en 1954, Chandler tuvo un final solitario y maníaco en hoteles de Europa y el sur de California. No había tenido amistades duraderas en su vida, y no tenía familia. Sólo diecisiete personas asistieron a su funeral en 1959, incluyendo a un representante local de la Asociación Norteamericana de Escritores de Misterio.

Si a esta historia se le agrega el demonio recurrente del alcoholismo, no puede sorprender que Chandler la describiera emocionalmente como "una vida más bien desdichada". A veces fue más que desdichada: hizo un ebrio intento de sucidio en 1955 que lo llevó a una celda psiquiátrica. Pero en los bordes de la locura hay otras cualidades además de la desesperación, y Chandler las tuvo en abundancia. La recompensa por una vida de accidentes fue la clase de ingenio descarnado que aparece en un escritor apenas una o dos veces por siglo. La clase de mirada que puede ver a través de lo que dice la gente. Pocos autores de su generación han envejecido menos. Esto vale tanto para sus cartas como para sus novelas y guiones, y esta colección, espero, dará nuevas pruebas de ello.

El material del presente libro no se limita a las cartas, sino que incluye otros escritos fuera de sus novelas y guiones. Está ordenado cronológicamente. No se ha conservado ninguna carta de la juventud de Chandler en Londres, así que incluí para esa época algunos de los ensayos y poemas que escribió para revistas. Las cartas empiezan en 1939, aunque la mayoría fueron escritas entre 1943 y su muerte en 1959. Era muy raro que escribiera ficción después de la puesta de sol (decía que los esfuerzos por hacerlo se le volvían demasiado "macabros" cuando los leía al día siguiente), y era en la oscuridad cuando escribía o dictaba sus cartas. Son en consecuencia las crónicas de un hombre de la medianoche, a menudo habladas en voz alta cuando estaba solo, electrificado por un insomnio que lo había perseguido desde su juventud.

Además de las cartas no publicadas antes, se rescatan otras piezas de no ficción, incluyendo un informe inédito de un fascinante encuentro con el gángster exiliado Lucky Luciano, encuentro que tuvo lugar en un hotel de Nápoles dos años antes de la muerte de Chandler. También se publica por primera vez desde que apareció en 1948 su memorable descripción de la ceremonia de los Oscar de ese año, una obra maestra de sátira por un hombre que abandonaba Hollywood.

Pero como sucede con la mayoría de los grandes escritores, la carrera de Chandler empieza con poesía muy mala…

Tom Hiney
República de Sudáfrica, marzo del 2000

Acto I (1909-1912)

Los papeles de Chandler empiezan con su primera producción creativa, poemas y ensayos, escritos en Londres poco antes del estallido de la Primera Guerra Mundial. Chandler tenía alrededor de veinte años por entonces, y había terminado su estancia en el Dulwich College al sur de Londres, y un año de aprendizaje de alemán y francés en el continente. Varios de sus textos fueron publicados en tres revistas literarias del momento: la Westminster Gazette, Academy, y el Chamber's Journal. A pesar de ello, Chandler vivía de la indulgencia de un tío cada vez más impaciente. Su carrera como escritor publicado terminó en 1912, a la edad de veinticuatro años, con su emigración a los Estados Unidos de América. No escribiría para la publicación en veinte años, y cuando volviera a hacerlo, sería para revistas baratas de crimen. Él mismo describió su poesía, más tarde, como "georgiano clase B".

"Camino de una Mujer"
Westminster Gazette, 22 de abril de 1909.

Ven conmigo, amor,
al otro lado del mundo,
donde la gloria se desvanece
y las alas se pliegan,
y caminaremos tomados de la mano
como un chico y una chica en tierra de recreo.

Quédate conmigo, amor,
en la ciudad lóbrega

donde el Sol se atreve apenas
tímidamente a asomar,
y veremos la vida tomados de la mano
como un chico y una chica en tierra de adultos.

Vete de mí, amor,
si no piensas quedarte;
sigue tu camino,
así es mejor.
Y yo creeré tenerte de la mano
como un niño en cuentos del país de hadas.

¿Debo dejarte, amor?
¿Debo irme?
Haz lo que quieras,
tú debes saberlo.
Sólo déjame creer que te tengo de la mano,
y cruzaré contento cualquier tierra.

"Destino"
enviado a la Westminster Gazette, nunca publicado

Cuando las sombras ya no velan la muda ciudad,
y por el camino de las persecuciones no van fantasmas,
cuando ya los reyes no tienen soberbia o damas
        esperándolos,
y no hay ya pálidos narcisos bordeando el camino,
cuando todos los suspiros callan y las músicas se
        quiebran
en el jardín helado y gris, deslumbrado por la Luna,
cuando se desvanece cada flor que fue regalo de amante,
¿nuestro amor se marchitará también y morirá?

Cuando todo lo perdido se haya gastado y abandonado,
y todas las melodías sean oscuras, tristes y viejas,
cuando todos los sueños ardientes que soñamos
sean sólo hojas muertas que ya ni tiemblen en el frío,
cuando no haya rosas que se inclinen o lirios que caigan,
cuando todas las horas inútiles hayan sido lloradas y
              (ilegible)
Dios y el silencio en el altar quebrado
¿nuestro amor será un hueco en la noche?

Las reseñas y artículos de esta época, escritos para las mismas publicaciones de Londres, anticipan mejor la voz que saldría a luz más adelante.

"El Héroe Notable"

en *Academy*, 9 de septiembre de 1911

No se ha desvanecido todavía del recuerdo de los vivos la época en que el héroe de una novela típica tenía que ser, si no una persona con título, al menos miembro de una familia tolerable. Si, en los días de su riqueza, no poseía un valet, o si al abandonar la casa derrotado por los problemas no le regalaba su último soberano al jefe de jardineros, no era probable que tuviera muchos admiradores. El esnobismo de esos días no era mayor que el esnobismo de nuestros días, pero era mucho más simple y más directo. Exigía, con toda honestidad, en nombre del lector de clase media, alternar con sus superiores sociales. Y no puede negarse que tenía toda la razón; si un hombre no puede elegir su compañía ni siquiera en las novelas, las cosas están mal. Pero, sea como sea, la distinción del héroe de aquel entonces estaba del lado del nacimiento y la crianza. Las circunstancias podían obligarlo a asociarse con cargadores de carbón, pero aun cuando su chaqueta tuviera los codos brillosos, el cochero lo llamaba "Señor". Cuando le decía a la casera de su humilde alojamiento que había heredado un marquesado y una renta de cuarenta mil libras al año, ella siempre le recordaba que desde el primer momento lo había tenido por un "caballero genuino". Su cerebro podía ser de escasa calidad (de hecho, lo era habitualmente) pero sus modales eran de lo mejor. Podía no saber cómo hacer frente al complot más infantil en su contra, pero invariablemente sabía qué hacer con las manos en un salón, un problema que ha causado más perplejidad que los enigmas de la vida y la muerte.

En nuestros tiempos, en cambio, los buenos modales suelen dejarse en manos del villano, como una propina sin importancia. El héroe, en lo que respecta a su posición social, puede ser cualquiera. Puede sorberse los mocos, puede ser un pelmazo, puede ignorar las reglas más elementales de la conducta cortés. La simple decencia ya no es en absoluto un requisito necesario. Si es demoníacamente feo, sus aventuras serán tanto más picantes. Inclusive puede ser deforme, y su Vida se venderá por decenas de miles. Puede ser bizco, rengo, puede usar ropa no hecha a medida, puede fumar en la iglesia, puede dispararles a los zorros, puede burlarse de las mujeres y desdeñar a los ancianos, puede hacer cualquiera de estas cosas prohibidas, por hacer la menor de las cuales le retiraríamos el saludo a nuestro amigo más querido, y aun así puede encantar a voraces multitudes. No nos importan nada su ropa ni sus modales ni sus antecedentes, ni sus acciones; en esos aspectos todos somos tolerantes. Pero hay una cualidad que le pedimos: debe ser una persona notable. Importa muy poco dónde se apoya su destino, en el arte, las finanzas, el deporte, la política, la exploración, el galanteo o el crimen, pero su intelecto debe tener la hechura de los grandes.

El motivo superficial no debe buscarse muy lejos. Expulsado a fuerza de sátiras de su vieja, honesta y práctica reverencia por el rango y la riqueza, el lector corriente tiene que satisfacer su innata humildad mirando desde abajo a un superior intelectual. Al prohibírsele actuar como un adulón del aristócrata, se permite a sí mismo adorar a la *prima donna*, al estadista brillante, al jactancioso filibustero o al sutil maestro de la intriga. Como ya no puede deleitarse con la conversacion de un duque, acepta la conversación de un eminente ladrón. Y dado que, por ligero que haya sido su conocimiento de los círculos aristocráticos, su conocimiento de los hombres de genio es menor aún, rara vez puede detectar el fraude del que es víctima con tanta frecuencia. Puede tener cierta idea de cómo se comportaría un duque en una situación dada, pero un hombre de genio está por encima de las leyes, y sus acciones en consecuencia son imprevisibles. De modo que el lector toma, con ojos cerrados y boca abierta, cualquier cosa que el jornalero novelista quiera ofrecerle en materia de héroes inspirados. No sabe que el gran detective al que tanto admira se parece tan poco a cualquier posible gran detective como se parece a un oso hormiguero patagónico; esas acciones misteriosas e incomprensibles no pasan, como deberían, por los esfuerzos bienintencionados, si bien un tanto inútiles, de un autor mediocre por simular inspiración, sino por las insondables profundidades de un semidiós. Cuanto más extraordinarias son, más convencido queda el lector de la calidad de genuino de su héroe. Como resultado, uno lee sobre un gran autor realista que estudia sus situaciones secuestrando gente, y forzándola a actuar para él; o encuentra a un gran ladrón que vive, rodeado de *objets d'art*, en un castillo en una isla rocosa en medio del océano; o un gran poeta que, para buscar la inspiración, vaga como un orate por la faz de la Tierra durante meses, y al volver a su casa escribe cuatro días sin parar, y termina cayendo muerto sobre su obra maestra completada. La conveniencia, para un autor de segunda, de un público que acepte esas creaciones puede calcularse fácilmente. Si la exravagancia es un signo de genio, entonces es infinitamente más fácil retratar al genio que a la mediocridad. El hombre de la calle es perfectamente capaz de juzgar a su prójimo, pero para juzgar las extrañas facciones de un alma inspirada sólo tiene la experiencia poco confiable de las pesadillas. Sólo puede devorar, y extender sus manos inocentes pidiendo más.

Y así crece la curiosa moda, hasta que lo notable se vuelve más común que lo corriente; resultado bastante divertido, si no nos detenemos a pensar con cuánta facilidad estas recetas muy sazonadas pueden destruir cualquier gusto remanente por los productos de un arte discreto y disciplinado.

"Realismo y cuento de hadas"
en *Academy*, 6 de enero de 1912

El cuento de hadas es el sueño que todos tienen de la perfección, y por consiguiente cambia, a la manera de los sueños, según el humor del soñador. Para uno es un escenario de naturaleza virginal y estival no mancillada ni siquiera por los trabajos necesarios de la supervivencia. Para otro es un sitio donde no existen códigos, convenciones o leyes morales, y donde la gente ama u odia a simple vista, y todos tienen sus virtudes y vicios escritos claramente en el rostro. Para otro es una campiña sembrada de hermosos castillos, en los que viven dulces damas vestidas de seda, hilando y cantando mientras hilan, y nobles caballeros que libran corteses combates entre sí en claros del bosque; o una región de magia inquietante, música fantasmal, elfos y aguas encantados. Para otro más puede ser una anarquía de la belleza con un toque de terror, administrada por espíritus que deben ser propiciados con pasteles dejados en la ventana y palabras en voz baja pronunciadas en la chimenea por la noche. No hay dos mentes que vean igual el país de los cuentos de hadas o le pidan los mismos dones; además, se modifica de un día a otro, como cambian los vientos que soplan alrededor de una casa, y con tan pocas razones visibles como tienen los vientos. No obstante, da por contraste un reflejo tan exacto de la vida que el espíritu de una época se retrata de modo más esencial en los cuentos de hadas que en la más documentada crónica de un diarista contemporáneo.

Las visiones de lo que se llama idealismo son sólo reflejos del país de las hadas y sus experiencias; comparten con las escenas del dominio maravilloso el mérito de decir la verdad sobre quienes las ven, y de decirla con más claridad porque la dicen inconscientemente. Pero en el último medio siglo, más o menos, han surgido ciertas personas de caras largas, serias, graves y al parecer muy valientes, que nos informan tristemente que debemos mirar de frente los hechos si queremos ver la verdad, que no debemos engañarnos con sueños rosados de castillos en las nubes. Para mostrarnos cómo proceder rastrillan la basura de la humanidad en sus callejones e inquilinatos en busca de fragmentos de la vajilla moral rota, y huelen los vicios de los desdichados, y los adornan con la peor interpretación posible del sistema social, y, por el simple proceso de multiplicación, deducen de ellos lo que consideran más típico del ser humano. Decididos a no ocultar nada, y a mostrar con imparcialidad todos los aspectos de la vida, olvidan que las cosas que más les llaman la atención en su registro imparcial y aparecen más destacadas en sus obras son meros desechos de los sentidos; del mismo modo, un hombre con un fino sentido del olfato consideraría que el rasgo más notable de la vida en una cabaña son los olores desagradables. Declarando audazmente que harán a un lado todo optimismo ficticio, eligen automáticamente el aspecto oscuro de las cosas para no correr riesgos; como resultado lo desagradable se asocia en sus mentes con la verdad, y si quieren producir un retrato sin fallas de un hombre, todo lo que tienen que hacer es pintar sus debilidades y después, aunque más no sea para propiciar el instinto de bondad remanente por descuido en sus corazones, explicar que sus fallas son la consecuencia inevitable de un plan de vida equivocado. Sólo falta instalar al hombre así retratado en un *milieu*, cuya sordidez y fealdad es "reproducida" con una elaboración monótona y chata antes desconocida en el arte, y se obtiene una obra maestra del realismo. No puede sorprender que cuando ese material es puesto en manos de hombres y mujeres cansados por exceso de trabajo y con los nervios inestables, para que lo estudien en sus horas de ocio, haga que un cierto sabor de desaliento y pesimismo se vuelva característico de la época, con el resultado social de que si algún problema vital difícil clama por solución, los mejor preparados para resolverlo han perdido toda su esperanza y alegría juveniles, y no tienen más energía para la tarea. Pasan de largo con un suspiro, dejando la misión a burócratas y políticos.

Sin duda que es una vieja calumnia decir que el realismo es un recolector de los desechos de la vida, y puede ser justo que todo punto de vista perteneciente a una clase amplia de gente debería tener representación en el arte. Pero nunca se ha probado a satisfacción de los visionarios más razonables y fáciles de convencer que el realista sea un punto de vista definido. Porque en verdad es sólo el humor de las horas aburridas y deprimidas del Señor Todo el Mundo. Todos somos realistas por momentos, así como todos somos sensualistas por momentos, todos mentirosos por momentos, y todos cobardes por momentos. Y si se afirmara que por esta razón, porque es humano, el realismo es esencial al arte, la respuesta obvia es que esta exigencia autoriza como máximo a un nicho en el templo, no como ahora a un dominio sobre todo el ritual, y que la verdad en el arte, como en otras cosas, no debería buscarse mediante ese proceso de agotamiento alentado tan fatalmente en nuestro tiempo por los pedantes de la ciencia, y por la falacia de que se lo descubrirá considerando todas las posibilidades: un método que reniega de la intuición y de todos los mejores instintos del alma para recibir a cambio un puñado de teorías que, comparadas con las formas infinitas de la verdad inmortal conocida por los dioses, son como un puñado de guijarros respecto de mil millas de playa cubierta de guijarros.

No obstante, por fallida que sea su filosofía, el credo realista que domina nuestra literatura no se debe tanto a las malas teorías como al mal arte. Para ser un idealista uno debe tener una visión y un ideal; para ser un realista, sólo un ojo mecánico y laborioso. De todas las formas del arte el realismo es la más fácil de practicar, porque de todas las formas mentales la mente chata es

18

la más común. La persona menos imaginativa y menos educada del mundo puede describir chatamente una escena chata, como el peor constructor puede producir una casa fea. Para los que dicen que hay artistas, llamados realistas, que producen obra que no es fea ni chata ni dolorosa, cualquiera que haya recorrido una calle común de la ciudad al crepúsculo, en el momento en que se encienden los faroles, puede responder que esos artistas no son realistas, sino los más valientes de los idealistas, porque exaltan lo sórdido a una visión mágica, y crean belleza pura del cemento y el polvo vil.

Antes de partir a los Estados Unidos y abandonar su juvenil intento de inmortalidad, Chandler escribió un poema, nunca enviado para su publicación, que llamó "Verso Libre".

Sí, amigo, los viejos métodos son muy sentadores
a cierto tipo de mente,
como un bonete puntiagudo
es sentador
a cierto tipo de cara.
Pero descubro que yo necesito
un poco más de libertad
para expresar mi alma inmortal
(si es inmortal, cosa que uno duda
después de leer a Freud).
Sabes, es tan complicado
aprender los metros
y las rimas,
y hay pocos metros
y menos rimas,
y después de todo, cuando se los ha aprendido,
¿para qué sirven?
Es preciso tener algo que decir

que calce en esa forma seca y cuadrada.
Y yo no tengo.
Realmente en esta civilización que se desintegra
qué puede tener uno que decir
salvo
que todo es un tedio infernal
y eso ya todos lo saben.
Pero esa otra clase de poesía
es como mármol.
Cualquiera, creo, puede hacer una cara
con arcilla
aun si sólo es grotesca (y lo grotesco tiene su atractivo).
¿Pero con mármol?
Habría que ser escultor para eso,
es decir,
alguien que se ha tomado el trabajo
de aprender su duro oficio.
El grabador del camafeo, piensa cuánto tiempo
debe vivir con ese pequeño retrato
antes de terminarlo.
¿No se aburre? Por supuesto, dices,
se aburriría
si no supiera hacerlo bien.
Y yo no sé, como bien sabes.
Aclararía mis ideas inclusive
llamándolas
estados de ánimo.
Un pequeño giro de la frase o el pensamiento
en esta dirección o en aquella
para darle un aire de significar mucho
más de lo que dice.
Una pizca de reacción nerviosa
por el ruido del tren
o el exceso de café

o una mala noche, fumando hasta las dos,
¿a quién se le ocurriría emplear la *forma* para esas cosas?
Y aun así vale la pena ponerlo sobre papel
en parte porque es divertido
y fácil
y en parte porque
ocasionalmente (sólo ocasionalmente)
a uno le pagan por hacerlo.
Este verso mío es pura inspiración,
es tan fácil como caerse de un árbol,
la única dificultad es saber dónde
parar,
pero llego a ese punto vagando
durante
tanto tiempo como quiera
y después
borrando un verso de cada tres:
los agujeros en el sentido (si los hay)
lo hacen todo más
interesante.
Y las palabras mismas significan tanto,
esas cositas bonitas.
"Malva" por ejemplo,
cuánto parece querer decir esa palabra simple,
tanto más de lo que uno puede decir.
Me gusta
escribir una palabra así
y mirarla
con la cabeza inclinada
y darle vueltas
y vueltas y vueltas
hasta marearme un poco
y después sentarme y
charlar un rato

sobre cualquier cosa que me venga
a
la cabeza. Al fin recojo todo
con mi don poético, una suerte de pala, sabes,
y lo salpico caprichosamente sobre
unas pocas
hojas de papel,
y ahí tienes.
Un poema más o menos. Al menos
lo llamamos así
por conveniencia.
No obstante, viejo amigo, espero que consideres
todo esto como confidencial,
estrictamente *entre nous*, podría decirse,
porque
mucha gente está hablando muy en serio
sobre nuestros intelectuales norteamericanos
revolucionarios
y no querríamos que se difunda
que somos sólo intelectuales
en bancarrota,
con el buen sentido de las discordias
de un violín quebrado
tocado por un violinista un tanto indiferente
en la conflagración
de un universo
también indiferente.

Acto II (1918-1943)

Chandler no tenía capital propio, por lo que, después de trabajar como vendedor de tienda en Illinois y encordador de raquetas en San Francisco, estudió contabilidad en una escuela nocturna. Obtuvo su primer trabajo asalariado como contador en la compañía Los Angeles Creamery. En 1917, a los veintinueve años, después de que muchos de sus condiscípulos ingleses hubieran muerto durante los tres años y medio que llevaba la guerra de trincheras, Chandler decidió engancharse en un regimiento canadiense y fue enviado a un centro de reclutamiento en Liverpool, y de ahí al frente. Ascendió al rango de sargento, y en varias ocasiones condujo hombres contra el fuego de las ametralladoras enemigas. Una noche su puesto fue bombardeado, y la mayoría del batallón murió; los sobrevivientes fueron transportados a Inglaterra para recibir instrucción como pilotos. Chandler aprendió a volar, pero la guerra terminó antes de que volviera a entrar en acción. Mientras esperaba embarcarse de regreso a Canadá escribió un breve boceto de la guerra de trincheras.

"Ataque a las trincheras"

El bombardeo sonaba mucho más pesado que lo habitual. La vela pegada a la tapa de una jarra se sacudía por algo más que una corriente de aire. Las ratas ocultas detrás de las lonas que cubrían los muros del pozo estaban quietas. Pero un hombre cansado podía dormir a pesar de todo eso. Empezó a desatar la polaina de su pierna izquierda. Alguien gritó desde la boca del pozo y el haz de una linterna eléctrica se deslizó por los resbalosos pel-

23

daños de arcilla. Soltó un juramento, volvió a atarse la polaina y subió tambaleándose. Al hacer a un lado la manta sucia que servía de cortina antigás, la fuerza del bombardeo lo golpeó como un palo en la base del cerebro. Se arrastró contra el borde de la trinchera, descompuesto por el estruendo. Le parecía estar solo en un universo de ruido increíblemente brutal. El cielo, en el cual el calendario exigía una Luna llena, estaba blanco y ciego con innumerables luces de explosiones, blanco y ciego y enfermo como un mundo que hubiera contraído lepra. El borde del terraplén, desparejo por la acumulación de basura de una limpieza reciente, cortaba esta blancura como una hilera de camellos enloquecidos en una pesadilla contra un demencial claro de luna. Una bala gimió cerca con el sonido lento e íntimo de un mosquito. Empezó a concentrarse en las esquirlas. Si uno las oía, nunca le acertaban. Con cuidado meticuloso se dedicó a identificar la voz de las que se acercaban lo suficiente como para ser posibles introducciones a la inmortalidad. Las escuchó con una suerte de fría pasión exhausta hasta que una disminución de los agudos le indicó que se habían desplazado hacia las líneas de apoyo. Hora de moverse. No debía seguir demasiado tiempo en un mismo lugar. Se arrastró siguiendo la línea de la trinchera hasta el puesto de Lewis. El Número Uno del personal de armas estaba de pie con la mitad del cuerpo dibujándose en silueta sobre el parapeto, inmóvil contra el resplandor de las luces salvo que con una mano estaba tocando escalas sobre el gatillo de la ametralladora.

De vuelta en Los Angeles, Chandler se casó con una divorciada de esa ciudad llamada Cissy Pascal, y consiguió trabajo en la industria del petróleo. Con el boom del negocio petrolero californiano en la década de 1920, la suerte de Chandler mejoró, en su capacidad de contador y mano derecha del magnate Joseph Dabney. Su esposa, empero, resultó ser diecisiete años mayor que él, disparidad que Chandler posiblemente no conoció en el

momento de la boda; hay una diferencia de diez años entre la fecha del
certificado de nacimiento de Cissy y la del acta de matrimonio. Sea como
sea, Chandler empezó a mostrar signos de grave alcoholismo por esta épo-
ca, lo que era especialmente caro, además de ilegal, durante los años de
Prohibición. También empezó a desaparecer por fines de semana de cuatro
días en sesiones de bebida en hoteles, con una secretaria de Dabney. No es-
cribió nada durante este período. En 1932, cuando Chandler tenía cua-
renta y cuatro años, Dabney lo despidió. El matrimonio se mudó a un de-
partamento alquilado en Santa Monica, donde Chandler empezó a enviar
cuentos a revistas populares. Dejó completamente de beber. Logró vender su
primer intento a la revista Black Mask, *y después más trabajos a otras*
revistas del mismo tipo, con lo que empezó a crearse una reputación entre
editores y lectores del género policial, a lo largo de los siguientes cinco años.
Sus cuentos empezaron a aparecer destacados en la tapa, y llegó a cobrar-
los de a cuatrocientos dólares cada uno. Pero aun sin hijos, el matrimonio
vivía muy apretado. De todos modos, Chandler escribía notoriamente me-
jor en cada cuento; su diálogo se hacía más ceñido, y sus personajes más
creíbles.

También esribió poemas durante este período, no pensados, por lo que
puede verse, para la publicación, y en general dirigidos a Cissy.

"Improvisación para Cissy"
29 de octubre de 1935

Tú que me has dado la noche y la mañana,
el silencio de tus ojos, la suavidad de tus labios,
el murmullo de tu corazón como un mar en calma,
y una voz como un coro en un bosque griego
(¿qué te he dado yo a ti?).

Años delgados pasando por el borde del crepúsculo,
cargados de recuerdos, vaciados por dolores viejos,
silencios poblados por las voces de deseos renegados,

y los colores de inalcanzables deleites,
eso te lo he dado,
y con ellos has hecho joyas que usar en tu cabello.
Esto es el amor, esto es el amor.
Cuando el amor es esto, ¿cómo puede haber desesperación?

La gran oportunidad de Chandler se dio en 1938, cuando un agente de Nueva York, llamado Sydney Sanders, leyó algunos de sus cuentos. Chandler firmó un contrato con el editor Alfred Knopf para escribir su primer libro, que sería la novela The Big Sleep (El sueño eterno)*. Por motivos de claridad, en las cartas que siguen los títulos de libros, revistas y películas mencionados por Chandler han sido puestos en cursiva.*

Carta a Alfred Knopf,
19 de febrero de 1939

Por favor, acepte mi gratitud por su carta amistosa y créame que, aunque no me hubiera escrito yo lo habría hecho para agradecerle la espléndida ayuda que está tratando de darme. Como he pasado más o menos en los negocios una gran parte de mi vida, puedo apreciar el esfuerzo que implica, aun cuando no sé nada del negocio editorial.

El señor Conroy me escribió dos veces diciéndome que usted había hablado de la posibilidad de un segundo libro mío, y le respondí que quería esperar hasta hacerme una idea de la recepción que tendría éste. He visto sólo cuatro reseñas, pero dos de ellas parecían más interesadas en lo depravado y desagradable que era el libro que en cualquier otra cosa. De hecho la reseña del *New York Times*, que me envió una agencia de recortes como promoción, me desinfló bastante. No quiero escribir libros depravados. Sabía que esta historia tenía algunos ciudadanos bastante desagradables en su trama, pero aprendí a escribir ficción en una escuela ruda, y probablemente no les presté mucha atención. Me intrigaba más una situación en la que el misterio se resuelve por la exposición y comprensión de un único personaje, siempre puesto en primer plano, antes que por la lenta y a veces sinuosa concatenación de circunstancias. Es un punto que puede no interesar a los reseñadores de primeras novelas, pero a mí me interesó mucho. No obstante, hay una muy buena crítica en el *Los Angeles Times* de hoy, y ya no me siento tanto un especialista en decadencia moral como me sentía ayer. Ponen a Humphrey Bogart haciendo el papel protagónico, cosa que también apruebo. Sólo falta convencer a la Warner Brothers.

En cuanto al siguiente trabajo a presentar a su consideración, me gustaría, si usted lo aprueba, tratar de ajustarlo un poco más. Debería ser algo afilado, fluido y veloz, por supuesto, pero pienso que podría ser un poco menos duro... ¿o usted no está de acuerdo? Me gustaría hacer algo que no fuera automáticamente para el cine, y a la vez que no pierda el público que puedo haber adquirido. *El sueño eterno* está escrito de modo muy desigual. Hay escenas que están bien, pero hay otras demasiado groseras. En la medida en que sea capaz, querría desarrollar (lentamente) un método objetivo que me permita llevar al lector a través de una novela auténticamente dramática, inclusive melodramática, escrita en un estilo muy vívido y mordiente, pero no abiertamente dialectal. Comprendo que esto debe hacerse con prudencia y poco a poco, pero creo que puede hacerse. Ganar delicadeza sin perder fuerza, ése es el problema. Pero probablemente debería escribir un mínimo de tres novelas de misterio antes de probar otra cosa.

Gracias otra vez, y espero que cuando lleguen las devoluciones no se decepcione demasiado.

Suyo sinceramente,
Raymond Chandler

Carta a un escritor colega de *Black Mask* llamado George Harmon Coxe,

que le había escrito a Chandler para felicitarlo por *El sueño eterno* el 9 de abril de 1939. Cuando Chandler menciona a "Shaw" en la carta, se está refiriendo a "Cap" Joseph Shaw, editor pionero de *Black Mask*. Ex oficial del ejército, Shaw había sido nombrado director de la revista en 1926 cuando publicaba toda clase de ficción popular, incluyendo romance, aventuras y ocultismo. Al percibir una veta novedosa y original en los autores de temática policial (incluyendo al joven Dashiell Hammett) Shaw había ido abandonando los otros géneros hasta concentrarse en publicar lo mejor de un género nuevo al que sentía capaz de auténtica grandeza. Víctima de su propia visión, Shaw tuvo tanto éxito en su empeño que, a fines de la década de 1930, el mercado desbordaba de malas imitaciones y se había vuelto más agresivo; un mundo en el que Shaw no supo funcionar, y del cual sería trágicamente expulsado.

Gracias por su carta, y le agradezco sobremanera sus observaciones sobre mi libro y sobre el negocio de la ficción policial en general. Tuve una charla con Sanders cuando estuvo aquí, y después de eso me sorprende que alguien escriba o publique siquiera esas malditas cosas. Me contó sobre los misterios del santasanctórum de Simon & Schuster, por ejemplo. Pero lanzan unas ciento cincuenta novelas policiales al año. Supongo que si se lo hace bien, se puede vivir de eso, aunque apenas. No obstante, yo estoy habituado. No creo que haga carrera en revistas de más categoría, salvo con algun tipo de ficción completamente diferente de lo que he intentado hasta ahora. Como lector, no encuentro divertido ese material, y al parecer eso es fatal. Nunca habría tratado de trabajar para *Black Mask* si en algún momento no hubiera sido un entusiasta lector de la revista.

Knopf parece pensar que si aparece alguien que pueda escribir tan bien como Hammett, debería tener el éxito de Hammett.

Como editor que es, Knopf debe de conocer su oficio, pero lo que yo siento es que podría aparecer alguien que escriba mucho mejor que Hammett y aun así no tuviera el éxito que tuvo Hammett. Pero por supuesto estas cosas son por completo impredecibles. En mi opinión, *Thieves Like Us*, de Edward Anderson, era un libro infinitamente mejor y más honesto que *Of Mice and Men*. ¿Llegó a alguna parte? Lo dudo.

Pero su carta no parece muy feliz. Yo había pensado que le iría bien en Hollywood por largo tiempo, pues usted tenía la suficiente facilidad y el carácter como para no dejarse impresionar por el lado falso. Por supuesto, no lo conozco muy bien. Personalmente pienso que Hollywood es veneno para cualquier escritor, una tumba para el talento. Siempre lo he pensado. Pero quizás he vivido demasiado cerca.

Lamento terriblemente lo de Shaw. Nunca me contó nada sobre sus cosas, siempre tuvo la postura (esa postura mas bien patética de los hombres pequeños tratando de preservar su orgullo) de que sus fracasos se los había buscado él por decisión propia. Se había ido de *Black Mask* por cuestiones de política, y se había ido de la agencia en la que estaba porque ahí pasaban demasiadas cosas que no le daban tiempo para pensar. Esa clase de postura, aunque no con las mismas palabras. Supongo que es natural. Bastante malo es recibir un puntapié en el trasero, como para encima tener que mostrar el moretón. Pero en cuando a su éxito o falta de éxito como agente, no sé absolutamente nada, salvo lo que puedo deducir del hecho de que no tenía secretaria. Supongo que era natural para él pensar que existía una oportunidad para un tipo de agente que fuera algo más que un vendedor de mercadería. A largo plazo, si pudiera persistir, y si mostrara suficiente adaptación, podría haber sido así. Lamentablemente no es muy adaptable y quiere dirigir a sus autores. La única clase de autores a los que se puede dirigir son los que no valen nada, y en ese caso no vale la pena. Es un oficio demasiado duro para gente que tiene que ser conducida en andadores. Pero Shaw tiene, curiosamente, una gran perspicacia en materia de escritores y puede darle un estímulo a un autor que lo necesite, como nadie que yo conozca puede hacerlo, o lo hace. Eso debería valer algo. Estoy de acuerdo con usted en que debería tener una revista. Me gustaría que tuviera la revista que desde hace años vengo preguntándome por qué nadie publica, una revista de historias policiales de alto nivel, apuntada al público bastante amplio que encuentra demasiado juveniles a las revistas de policiales existentes, y que no quiere las grandes revistas por su básica deshonestidad en materia de personajes y motivaciones. Él mismo pensó que el mercado existía, lo sé, aunque dudaba sobre la provisión de material. En eso creo que se equivocaba, porque la revista crearía en poco tiempo su propio material. Sanders me dijo que las grandes revistas están cada vez más necesitadas de material, en gran medida por la baja de precios y calidad en las revistas baratas. No aparecen escritores nuevos para remplazar a los que se van a Hollywood y se quedan allí y aprenden cómo no escribir y nunca lo superan. Y los escritores nuevos no aparecen porque no hay nada más en el negocio, no hay estímulo para hacer un buen trabajo, y no hay reconocimiento si, pese a todas las consideraciones prácticas, uno insiste en hacerlo. Pienso que el efecto de esto es que algunas de las revistas elegantes se volverán más amplias en sus gustos, más receptivas a historias con finales no felices. Probablemente habrá una baja de tarifas para equilibrar la pérdida en publicidad chic. Pero a largo plazo habrá revistas mejores y más legibles. Espero.

Si viene a la Costa a vivir, debería visitar La Jolla antes de decidirse por un lugar. Creo que es un sitio mucho mejor que Laguna en todos los aspectos. Es cara para ser un pueblo chico, pero tiene un clima perfecto tanto en invierno como en verano, las playas más lindas del Pacífico, no hay carteles luminosos ni concesiones playeras, un aire de decencia y buenos modales que es casi asombroso en California. Tiene unos pocos escritores, no demasiados, no hay atmósfera bohemia (pero lo dejan a uno tomarse un trago). Tiene excelentes canchas de tenis públicas y una buena banda de gente que juega bien, pero no demasiado bien. Tiene buenas escuelas, incluyendo una muy buena escuela privada de niñas, y un hospital, y es uno de los sitios de aire más próspero que se pueda ver. No me está pagando la Cámara de Comercio para hacer publicidad. Simplemente siento que La Jolla tiene ese aire intangible de la buena crianza, que uno se imagina que puede existir todavía en Nueva Inglaterra, pero que ciertamente no existe más en, o alrededor de Los Angeles. En teoría uno puede no darle mucho valor a esa cualidad. Uno puede preferir un barrio de vida libre y fácil donde rompan las botellas vacías en la acera los sábados a la noche. Pero en la práctica no es muy cómodo. Espero volver allá en el otoño, porque, me pase lo que me pase, el clima no parece significar mucha diferencia, y odio estas ciudades de gente pobre. Mi idea de la perfección sería una casa en La Jolla y una buena cabaña en el Lago Big Bear, no demasiado cerca de Pine Knot. Quizá llegue a tenerlas antes de que mis articulaciones empiecen a crujir demasiado.

Carta a Erle Stanley Gardner,

creador de Perry Mason y otros detectives de ficción, 5 de mayo de 1939. Ex abogado, Gardner también había iniciado su carrera de escritor con Shaw. Personaje desmesurado, expulsado del colegio por golpear a puñetazos a un maestro, también le había escrito a Chandler para felicitarlo por *El sueño eterno*. Los dos hombres seguirían escribiéndose durante muchos años. Aunque nunca alcanzaría el reconocimiento literario de Hammett o Chandler, las innumerables novelas de Gardner (en una ocasión afirmó haber escrito una en tres días) han vendido más que las de sus dos colegas; a la fecha se han vendido trescientos millones de ejemplares, en todo el mundo.

Cuando hablábamos de la vieja revista *Action Detective* olvidé contarle que yo aprendí a escribir una novela corta a partir de una de usted sobre un hombre llamado Rex Kane, que era un alter ego de Ed Jenkins y se relacionaba con una dama florida en una casa en lo alto de las colinas de Hollywood, que dirigía una organización destinada a combatir el contrabando. Usted no lo recordará. Probablemente es su archivo Nº 54276-84. La idea, que quizá no fue original mía, resultó tan bien que traté de hacérsela probar después a otro aprendiz de escritor, pero él no vio la utilidad de poner el esfuerzo en algo que sabía que no podía vender, y prefirió esforzarse en diecinueve cosas que creía que podría vender y no pudo. Yo me limité a hacer una sinopsis extremadamente detallada de su cuento y a partir de ahí reescribirlo y después compararlo con el suyo, y volver a reescribirlo, y así sucesivamente. Me pareció algo muy bueno. Incidentalmente, descubrí que la parte más difícil de su técnica era la capacidad de crear situaciones que estaban en el límite de lo inverosímil, pero que en la lectura parecían lo bastante reales. Espero que entienda esto como un cumplido. Yo nunca he podido hacerlo, ni de lejos. Dumas tenía esta cualidad en el más alto grado. Dickens también. Probablemente es lo fundamental para todo trabajo rápido, porque naturalmente el trabajo rápido tiene una gran medida de improvisación, y hacer que una escena improvisada parezca inevitable es toda una hazaña. Al menos así me parece.

Y aquí estoy, a las dos y cuarenta de la madrugada, escribiendo sobre técnica, a pesar de mi enérgica convicción de que en el momento en que uno empieza a hablar sobre técnica, está dando pruebas de que se ha quedado sin ideas.

Carta a Blanche Knopf,
esposa y asistente de Alfred Knopf, 23 de agosto de 1939.
Los nazis acababan de invadir Polonia, haciendo real de pronto la amenaza de una Segunda Guerra Mundial.

El esfuerzo por no pensar en la guerra me ha reducido a la edad mental de siete años. Las cosas por las que vivimos son los resplandores lejanos de alas de insectos en un crepúsculo nublado. Pero…
Me gustó mucho conocerla. Hay algo de desértico en todo lo

de California, y en la mente de la gente que vive en ella. Durante los años en que odié el sitio no pude alejarme, y ahora que he llegado a necesitar el olor ácido de la salvia, sigo sintiéndome un tanto fuera de lugar aquí. Pero mi esposa es de Nueva York, y esa temperatura alta con humedad ilimitada no la atrae mucho tampoco.

Si pudiera escribir otras doce mil palabras tendría terminado el borrador de un libro. Sé qué escribir, pero por el momento he perdido el impulso. No obstante, para fines de septiembre, como usted dijo, tendría que haber algo ante lo cual usted pueda arrugar su muy cortés nariz. Es algo un tanto confuso que llegará a las setenta y cinco mil palabras, pero lo más probable es que corte por lo menos cinco mil, quizá más. Me llevará un mes darle forma. El título, si usted lo aprueba, será *El segundo asesino*. Por favor, consulte *Ricardo III*, acto I, escena IV.

SEGUNDO ASESINO: ¿Lo apuñalaremos mientras duerme?

PRIMER ASESINO: No, porque cuando despierte dirá que fue un acto cobarde…

¿Cómo te sientes ahora?

SEGUNDO ASESINO: Para decir la verdad, ciertas heces de la conciencia siguen en mí.

Y la broma es que el segundo asesino es ¿…?

Sanders ha estado insistiéndome en la inevitable necesidad de inventar una historia policial que pueda ser serializada. Es mero sentido común, aun cuando las buenas series rara vez son buenas novelas. No creo que esta obra en particular sea la que está esperando. De hecho, estoy completamente seguro. No creo que sea lo que nadie está esperando, pero hay leyes contra la quema de basura aquí durante la temporada de incendios.

El sueño eterno y su héroe Philip Marlowe habían sido muy apreciados por Alfred Knopf (que había pagado la página inicial de Publisher's Weeekly *para promocionar a su nuevo autor), pero en gran medida ignorado por los críticos, que necesitarían cuatro novelas de Chandler antes de reconocer su valor literario. Mientras seguía escribiendo para revistas, y su segunda novela, él y Cissy se habían mudado del pequeño departamento de Santa Monica. Cansados de la ciudad, estaban viviendo en distintas casas alquiladas en los alrededores de Los Angeles.*

Carta a George Harmon Coxe,

17 de octubre de 1939. El "*Post*" que menciona Chandler es el *Saturday Evening Post*, un semanario elegante que pagaba muy bien a sus colaboradores. El cuento que le vendió se llamaba "Estaré esperando". Cuando habla de Inglaterra, y de los comentarios hechos sobre el país por una tal Margaret Halsey, se refiere a una popular autora de libros de viaje de la época, autora de un libro llamado *With Malice to Some*.

Nunca he ganado dinero escribiendo. Trabajo demasiado lento, descarto demasiado, y lo que vendo no es en absoluto la clase de cosas que realmente quiero escribir. Suelo envidiar a esos tipos cuyas mentes están sintonizadas con la clase de historias que quieren las revistas lustrosas, y creen que realmente es bueno. No puedo reconciliarme con ese punto de vista. Hace poco le vendí un cuento al *Post*, pero lo escribí sobre todo porque Sanders me obligó. No me parecía muy bueno mientras lo escribía; sentía que era artificial, insincero y emocionalmente deshonesto, como toda ficción "lustrosa". A Sanders no pareció gustarle mucho tampoco. Sin embargo, lo vendió. Sigo sin saber si vale algo. Cuando lo leí impreso pensé que sí, pero la imprenta puede ser engañosa. Por otro lado uno de mis más viejos amigos se tomó el trabajo de escribirme dos páginas diciéndome qué malo era. Supongo que usted habrá tenido la misma experiencia. Lo que uno hace nos abofetea en la cara, por lo general desde un ángulo sin protección.

¿Su casa está terminada y usted está viviendo en ella? ¿Cómo le va en su trabajo? Supongo que si yo leyera las revistas que debo leer, lo sabría. Me gustaría mucho ir al Este y encontrar algún lugar donde vivir que no sea demasiado caluroso y lleno de mosquitos en el verano, y no demasiado frío en el invierno. ¿Hay un lugar así, donde pueda vivir un hombre pobre? Estoy harto de California y de la clase de gente que engendra. Por supuesto, me gusta La Jolla, pero La Jolla es apenas una especie de huida de la realidad. No es típica. De todos modos, no se trata en absoluto de lo buena que es California o de lo intransigente que soy yo. Si después de veinte años el lugar sigue sin gustarme, creo que no hay esperanzas. Mi esposa vino de Nueva York. Le gusta California salvo en los meses de calor, pero creo que está de acuerdo conmigo en que el porcentaje de fraudes entre la población está creciendo. Seguramente en los próximos años, o siglos, esto será el centro de la civilización, si queda algo, pero este estadio de fusión me aburre horriblemente. Me gusta la gente con modales, gracia, algo de intuición social, una educación ligeramente por encima del *Reader's Digest*, gente cuyo orgullo de vivir no se exprese en sus aparatos de cocina y sus automóviles. Desconfío de los judíos, aunque admito que el buen judío es probablemente la sal de la Tierra. No me gusta la gente que no puede estar sentada media hora sin un vaso en la mano, aunque por otro lado pienso que preferiría un borracho simpático a Henry Ford. Me gusta una atmósfera conservadora, un sentimiento del pasado. Me gusta todo lo que los norteamericanos de generaciones pasadas iban a buscar a Europa, pero al mismo tiempo no quiero verme limitado por las reglas. Parece como si pidiera un poco demasiado, ahora que lo he escrito. Me gustan todas las cosas de Inglaterra que le gustaban a Margaret Halsey y muchas de las cosas que no le gustaban, pero eso se debe en gran medida a que me eduqué allá y los modales ingleses no me intimidan. Pero no me gusta Margaret Halsey ni ningún escritor para quien un rasgo de ingenio laborioso y retorcido sea mejor que una simple verdad.

Quiero oír noticias suyas.

Carta a George Harmon Coxe,

19 de diciembre de 1939. Chandler encuentra similitudes entre los argumentos de Erle Stanley Gardner y un escritor nuevo llamado A. A. Fair; Fair era un seudónimo que usaba Gardner, cosa que Chandler supo después. En su mención del Beach Club de La Jolla, y de sus canchas de tenis, vale la pena señalar que Chandler había objetado la exclusión de miembros judíos, y él jugaba en canchas públicas. Max Miller fue un autor que vivió en La Jolla, ocasional compañero de bebida de Chandler.

Gracias por su jugosa carta del 30 de octubre, que me apresuro a responder con mi precipitación habitual. Gracias también por la foto de su casa. Debe de ser agradable tener un hogar. Nosotros hace tanto tiempo que no lo tenemos que recuerdo con un toque de nostalgia cualquier sitio donde hayamos pasado seis meses. No creo que sigamos mucho tiempo aquí tampoco. Demasiado caro, demasiado húmedo, demasiado viejo, lindo lugar, como observó un visitante esta tarde, para ancianos con sus padres.

Si todavía tiene ese ejemplar de su anteúltimo libro, espero que siga sintiéndose generoso al respecto. La provisión de la biblioteca pública queda descartada. Usted no está representado. Pero tampoco lo están muchos que deberían estar, y sí lo están muchos débiles intentos de ficción policial. Qué pensar de una biblioteca que tiene un solo libro de Hemingway; nada de Faulkner o de Hammet; dos de un mierdoso sabelotodo irritante llamado Kurt Steel; todo lo que escribió un tal J. S. Fletcher, un hermano británico que es mucho, mucho más aburrido de lo que tiene derecho a ser un hermano británico; nada de Coxe, Nebel, Whitfield, o nadie que pudiera ser considerado como representativo. Y, Dios mío, nada de Gardner, pero sí un libro llamado *The Bigger They Come*, de A. A. Fair, que copia al detalle la técnica de Gardner y hasta robó la idea de Gardner de cómo no podía extraditarse a Ed Jenkins.

Tuve que abandonar mi segundo libro, lo que me deja sin nada que mostrar del trabajo de los últimos seis meses, y posiblemente nada que comer por los próximos seis. Pero también hace del mundo un sitio mucho mejor para vivir que si no lo hubiera abandonado.

La colonia literaria local ha sufrido unas pocas modificaciones desde nuestro paso por aquí el año pasado. Esto es, los que están ganando dinero ahora juegan al tenis en el Beach Club. El viejo sistema de castas está en funcionamiento otra vez. No creo que el Club sea muy caro, pero unos pocos dólares sustraídos a su ración de whisky son fatales para la inspiración de un escritor. Max Miller sigue frecuentando las canchas públicas. Es un sujeto agrio, alto y anguloso, con pelo comido por las polillas y modales insolentes y el hábito de soltar juramentos en susurros para sí mismo y a los gritos a su contrincante. Es un espléndido ejemplo de la sabia regla: Nunca conozcas a un escritor si te gustó su libro. También hay un autor de cuentos policiales que escribe bajo el nombre de Dale o algo así, creo que podría averiguarlo. Quizá sea Dale Carnegie. Tiene los hombros de un levantador de pesas y es muy temperamental, arroja la raqueta y le hace gestos trágicos al cielo, con los dos brazos extendidos y cara de agonizante.

Carta a Blanche Knopf,
17 de enero de 1940.

Lamento muchísimo demorarme tanto en hacerle llegar mi trabajo. He tenido mala suerte, mala salud y una mala disposición durante mucho tiempo. Al fin terminé un esbozo muy imperfecto, pero no quedé para nada satisfecho y tuve que hacerlo a un lado por un tiempo, con la esperanza de poder descubrir más adelante si era simplemente malo o si se trataba de un punto de vista distorsionado de mi parte que me hacía pensar tal cosa. No obstante, mi ánimo se ha levantado un poco sobre el libro (sin releerlo) en tanto mis investigaciones me han convencido de que "simplemente malo" es la temperatura normal de la novela policial.

Los problemas de la edad me alejan de La Jolla. Ahora me ha aparecido reuma en el brazo derecho. Todavía no hemos encontrado un lugar donde vivir, pero espero que lo hagamos pronto y cuando haya un poco de paz en un mundo que no sabe de paz (todo lo que pido es un rincón tranquilo y vecinos sordos y mudos) volveré a trabajar. Supongo que usted no podría hacer nada con ese borrador ahora, de todos modos.

Carta a Blanche Knopf,
14 de junio de 1940

Lamento no tener fotos para enviarle, todavía. No sé cuánto tiempo hay. Mi esposa tratará de tomar algunas, proceso muy complicado para los dos, porque ella es muy meticulosa, y yo me porto muy mal. Las fotos comerciales no valen nada. Estoy llegando a la edad en que se necesita un toque artístico para sacar algo de mi apariencia. Los que tienen ese toque piden demasiado dinero, y dudo de la importancia de la causa. Si bien me siento obligado, por el peso de la opinión, en parte experta, en parte francamente prejuiciosa, a admitir que he sido uno de los hombres más apuestos de mi generación, también tengo que conceder que la generación ya está un poco enmohecida, y yo también.

La última vez no me enviaron pruebas. Su señor Jacobs, con el que discutí el tema, consideró que no era necesario. Supongo que tenía razón. Por mi parte, nunca pensé que fuera necesario. Cuando el libro apareció, hubo, creo, dos ligeros errores tipográficos, lo que representa un promedio muy bajo para este tipo de libro. Por cierto que no quiero leer dos juegos de pruebas de páginas si no tengo que hacerlo. Tampoco quiero el juego de pruebas de galera con las correcciones finales, que me enviaron. Parece ser una costumbre, pero lamento decir que las quemé. Demasiado pesadas para llevar en el bolsillo.

Una cosa que me gustaría es hacer unos pequeños cambios en la optimista biografía resumida en la solapa, si es que va a repetirse. No tengo un ejemplar del libro aquí; el último que tenía se lo presté a un amigo que hasta el momento no me lo devolvió. De memoria, recuerdo tres cosas que no me gustaron, una de las cuales se debía a mi culpa, la segunda a un malentendido, la tercera al uso de la expresión "carrera accidentada", que para mí tiene una connotación peyorativa. El error mío fue usar la frase "experto en impuestos". El tercer punto fue que su hombre de promoción pareció quedar con la impresión de que el Dulwich College era una universidad. En realidad es una de las Escuelas Públicas más grandes de Inglaterra, no al nivel de Eton, Harrow, Charterhouse o Marlborough, pero sí por encima de muchas de las que aparecieron tan ensalzadas en el último número de *Life*. Incidentalmente, los editores de *Life* parecen por completo ignorantes del hecho de que una Corbata de Alumno y una Corbata de ex Alumno son cosas enteramente diferentes. Pero yo diría que estas patéticas reliquias de un mundo perdido ya no merecen ninguna corrección.

Cuarto punto, al que me muestro sensible, pero que es difícil de hacer entender a otros norteamericanos. No soy un norteamericano-irlandés en el sentido en que se lo entiende comúnmente. Soy descendiente de cuáqueros por los dos lados. La familia irlandesa a la que pertenecía mi madre no tenía un solo pariente o amigo católico, ni siquiera por enlace. Además, las clases profesionales en el sur de Irlanda son, y siempre han sido, en su gran mayoría no católicas. Los pocos patriotas irlandeses que han tenido cerebro además de resentimiento tampoco han sido católicos. No querría decir que en Irlanda el catolicismo llegó a su nivel más bajo de ignorancia, suciedad y degradación general del clero, pero en mi infancia era bastante malo. Es un gran mérito de los irlandeses que sus muchedumbres de mezquinos mentirosos y borrachos no se hayan lanzado a una verdadera persecución de los elementos no católicos.

Carta a George Harmon Coxe,

27 de junio de 1940. Al referirse a su próxima segunda novela,
Chandler menciona la resistencia mostrada por Alfred y Blanche
Knopf al título de *Farewell, My Lovely* (*Adiós, muñeca*).

Su carta suena más bien sombría. Si realmente se siente pesimista, le aseguro que no tiene motivos. El Canal de la Mancha, aun en su punto más estrecho, vale por cincuenta líneas Maginot, y las tropas inglesas son por lo menos iguales a las alemanas, y las tropas coloniales británicas son mucho mejores. Desembarcar en Inglaterra tropas de ataque, tanques y armas suficientes para invadir el país es probablemente una posibilidad en términos militares, pero es infinitamente más difícil que cualquier otra cosa que hayan intentado hasta ahora los nazis. Es probable que no haya nada que Hitler desee más en el mundo que destruir al ejército británico, pues así tendría todos los naipes en su poder.

En cuanto al bombardeo, será grave, pero lo será en ambos sentidos. Si Hitler usa gases sobre Inglaterra, los ingleses los usarán sobre Alemania. Si bombardea Londres, Berlín será bombardeada. Y los bombarderos nocturnos británicos son mejores que los alemanes, porque los británicos llevan veinticinco años especializándose en bombardeos nocturnos. Y encima de todo esto la población civil inglesa es la menos histérica del mundo. Pueden estar bombardeándolos a pleno, y ellos siguen plantando lobelias.

Por recomendación suya, y nada más que por eso, leí *And Then There Were None* de Agatha Christie, y después de leerla escribí un análisis, porque había sido publicitada como la trama criminal perfecta, libre de toda deshonestidad en razón del modo en que estaba construida. Como entretenimiento prefiero la primera mitad, y en especial el comienzo. La segunda mitad palidece. Pero como historia criminal honesta, honesta en el sentido de que al lector se le ofrece un pacto claro y la motivación y mecanismos de los crímenes son sólidos... no vale nada. Me molestó especialmente la concepción básica del libro. Hay un juez, un jurista, y este hombre condena a muerte y asesina a un grupo de gente apenas sobre la base de pruebas de oídas. En ningún caso tenía la más mínima prueba de que alguno de ellos hubiera cometido realmente un crimen. En todos los casos se trataba apenas de la conjetura de alguien. Pero pruebas, o inclusive una convicción personal absoluta, simplemente no existen. Algunas de estas personas confiesan sus crímenes, pero lo hacen siempre después de que los asesinatos han sido planeados, el juicio realizado y la sentencia pronunciada. En otras palabras, es el mayor y más desvergonzado embaucamiento al lector que se haya perpetrado nunca. Y no entraré en el mecanismo de los crímenes, la mayoría de los cuales quedan librados al puro azar, y algunos son imposibles en los hechos. También muestra una ignorancia abismal sobre drogas letales y su acción. Pero estoy muy contento de haber leído el libro porque finalmente, y para siempre, resolvió un asunto en mi mente que tenía al menos una sombra de duda. Se trataba de saber si era posible escribir un policial del tipo clásico estrictamente honesto. No lo es. Para lograr la complicación se falsifican las pistas, los horarios, el juego de las coincidencias, se presuponen certezas donde sólo existe, como máximo, un cincuenta por ciento de posibilidad. Para sorprender con la identidad del asesino se falsifican los personajes, que es lo que me molesta más que nada, porque los personajes me importan. Si los lectores quieren jugar este juego, no pondré objeciones. Pero por todos los cielos, no me hablen de policiales honestas. No existen.

Intervalo, mientras respiro profundo.

El título de mi libro no es *El segundo asesino*, y no era ése el título que tenía en mente cuando hablé con usted. Lo usé por un tiempo como título provisorio, pero no me gustaba, aunque a la señora Knopf sí. No sabía que había sido anunciado bajo ese nombre. Cuando entregué el manuscrito lanzaron gritos desesperados sobre el título, que no es en absoluto un título de policial, pero al fin cedieron. Ya veremos. Pienso que el título es una ventaja. Ellos pien-

41

san que juega en contra. Uno de los dos tiene que equivocarse. Supongo, ya que son ellos los que están en el negocio, que el equivocado debo de ser yo. Por otro lado, nunca he tenido mucho respeto por la capacidad de agentes, editores, productores teatrales o cinematográficos, para adivinar qué querrá el público. Los antecedentes están contra ellos. Yo siempre he tratado de ponerme en el lugar del consumidor final, el lector, e ignorar a los intermediarios. He supuesto que existe en el país gente educada, y algunos educados por la vida, a los que les gusta lo que me gusta a mí. Por supuesto, el problema es que uno puede ser leído por una enorme cantidad de gente que no compra libros. Mi libro se supone que saldrá en agosto. Las pruebas son un desastre. Acabo de terminar de revisarlas, y no quedé con la sensación de que estén claras todavía.

Lo mejor para usted,

Ray

Carta a Blanche Knopf,

9 de octubre de 1940. Pese a los esfuerzos de Knopf, la segunda novela de Chandler había sido en gran medida ignorada por los críticos. Knopf culpaba amargamente del fracaso al título.

Gracias por la suya del 1º de octubre, que acaba de llegarme. Lamento terriblemente lo del título y todo eso, y la desilusión que sufrieron con las ventas, pero deben recordar que yo no me negué a cambiar el título; simplemente no se me ocurrió otro, ustedes no me dieron tiempo, y aunque dije que el título me gustaba, eso no debió hacerlos marchar a ustedes en contra de su juicio comercial. A toda la gente que conozco el título le ha gustado mucho, pero por supuesto no está en el negocio. Y sigo pensando que *Zounds, He Dies* era un buen título. Si hubiera tenido algo del tiempo que tardó el libro en imprimirse, estoy seguro de que se me habría ocurrido algo que los habría satisfecho. Pero me tomaron desprevenido.

Personalmente, y en esto me apoyo en una opinión profesional, pienso que el inconveniente del título será sólo temporal, y que si las ventas no crecen será en realidad por alguna otra causa. Por ejemplo, la guerra. Una mujer de aquí que dirige una cadena de bibliotecas ambulantes en Hollywood y alrededores le dijo a un amigo mío que una de sus sucursales tenía diez ejemplares del libro, todos prestados, y que ella rara vez compraba más de dos ejemplares de una novela policial. Dijo que creía que esto en parte se debía a la "muy maravillosa" reseña en el *Hollywood Citizen News* del 21 de septiembre. Espero que la hayan leído. Evidentemente se adelantaron a la fecha de aparición. Por supuesto, esto tendrá sólo una influencia local, pero el mero hecho de que un crítico que confiesa no amar las policiales y las considera basura se tome en serio este libro como un espécimen literario, significa muchísimo para mí. Porque no soy un escritor popular nato.

Syd Sanders me envió un recorte de la publicidad que ustedes hicieron en el *New York Times*. No me explico cómo pueden permitírselo. Si eso no inicia una avalancha de ventas, ¿de qué sirve?

Carta a George Harmon Coxe,
5 de noviembre de 1940

Cosa rara, la civilización. Promete tanto, y todo lo que da es producción en masa de mercadería vulgar para gente vulgar.

Carta a Erle Stanley Gardner,
1º de febrero de 1941. "Los streps" significa los
estreptococos, una infección bacteriana.

Dios santo, hemos vuelto a mudarnos.

Viviendo, si puede usarse esa palabra, en un gran edificio de departamentos en Santa Monica, flamante y todo eso, añoraba su

43

rancho. Añoraba un lugar donde pudiera salir de noche y escuchar y oír crecer la hierba. Pero por supuesto no sería para nosotros, nosotros dos solos, aun si yo tuviera lo que cuesta un trozo de colina virginal. Aquí estamos mejor, en silencio, en una casa en medio de un lindo jardín. Pero están empezando a construir enfrente. No me molestará tanto como los buenos vecinos rebotando en los flejes de la cama en el departamento de encima.

Lamento mucho saber que estuvo enfermo. Sé lo que pueden hacerle los streps a uno. La sulfanilamida parece capaz de curarlo todo salvo la chatura mental, que es lo que sufro.

Saludos a su banda.

Silencioso durante un año en el que apenas si escribió alguna carta, Chandler trabajó en una tercera novela. Empezaba a desalentarlo la falta de éxito.

Carta a Blanche Knopf,
15 de marzo de 1942

Su carta, amable y encantadora como siempre, me llega en un muy mal momento. Me temo que el libro no les parecerá bueno. No hay acción, no hay personajes queribles, no hay nada. El detective no hace nada. Entiendo que lo están dactilografiando, lo que parece un desperdicio de dinero, y les será enviado, y no estoy seguro de que sea buena idea hacerlo, pero ya ha salido de mi control. Al menos siento que deberían sentirse libres de la menor necesidad de ser amables conmigo en una situación en que la amabilidad probablemente no sirva de nada. Casi todo lo que puedo decir a modo de disculpa es que hice todo lo que pude y me pareció que tenía que sacarme eso de encima. Supongo que de otro modo habría seguido remendándolo indefinidamente.

Lo que me deprime es que cuando escribo algo que es duro y

rápido y lleno de acción y crimen, me atasco por ser duro y rápido y lleno de acción y crimen, y entonces cuando trato de bajar un poco el nivel y desarrollar el lado mental y emocional de la situación me atasco por apartarme de lo que me atascó antes. El lector espera esto y aquello de Chandler porque lo hizo antes, pero cuando lo hizo antes se le informó que podría haber sido mucho mejor si no lo hubiera hecho.

No obstante, todo esto es más bien inútil ahora. A partir de ahora, si cometo errores, como lo haré sin duda, no los cometeré en un inútil intento de evitar cometer errores.

Sinceramente,
Raymond Chandler

Carta a Alfred Knopf,
16 de julio de 1942. El tercer libro se publicó bajo el título *The High Window.*

Creo que con la edición hicieron realmente un buen trabajo. Me gusta especialmente la tipografía, que al ser más pequeña, y aun así muy clara, impide que la página parezca demasiado llena. La portada también parece muy eficaz. A mi esposa no le gusta la foto en la contratapa. Todas las fotos que le envié eran malas, y ésta es quizá la mejor, a excepción de la primera, en la que no parezco yo. Estaba leyendo un libro inglés el otro día y observé esta frase, "la clase de mirada que tiene su retrato en la contratapa de su libro", o algo así. Me sentí bastante identificado. Es la costumbre del país, por supuesto, pero la mayoría de los escritores son gente tan fea que sus caras destruyen un sentimiento que quizá podría haberles sido favorable. Quizá soy demasiado sensible, pero varias veces me he sentido tan repugnado por esas caras que no he podido leer los libros sin que la cara se interpusiera. Especialmente esas caras de mujeres maduras gordas con ojos de cuervo.

Carta a Blanche Knopf,

22 de octubre de 1942. *The High Window* (*La ventana siniestra*), una vez más, fue ignorada por los críticos.

Gracias por escribirme sobre las ventas de mi última novela, y muchas gracias también por su amable invitación a almorzar. Pero, lamentablemente, estoy aquí en el desierto, a ciento treinta millas de Beverly Hills, y me temo que simplemente no podré aceptar esta vez. Estoy tratando de curarme de una sinusitis que me ha venido debilitando hace años. No espero tener mucha suerte, pero sentí que tenía que intentarlo. Espero que usted y el señor Knopf estén bien y soporten las muchas cargas de nuestros tiempos.

Lamento tanto que se sientan mal por las ventas de *La ventana siniestra*. La última vez que estuvieron aquí me dijeron que cuatro mil ejemplares era el techo para una policial. O bien lo estaban diciendo para consolar a un corazón destrozado, o ahora se están quejando gratuitamente. ¿Por qué iba a venderse más? ¿Y por qué ustedes habrían de gastar tanto en publicidad, y en publicidad tan costosa? No sé nada sobre promoción, pero cuando el señor Knopf estuvo aquí me dio cifras sobre lo que se había gastado en promover *Farewell my Lovely* (*Adiós, muñeca*), y me parecieron cifras muy altas. Le pregunté si podían permitírselo. Me respondió: "No". Pero siguen haciéndolo. ¿Por qué? *La ventana siniestra* no era la obra asombrosa y original que valiera la pena publicitar en grande. Hubo gente a la que le gustó más que mis otros trabajos, hubo gente a la que le gustó menos. Pero nadie se puso a gritar en un sentido o en otro. Yo no estoy desilusionado con las ventas. Creo que está bien que se haya vendido lo que se vendió. Estoy seguro de que Sanders piensa lo mismo. Espero que el próximo sea más vivaz y mejor y más rápido, porque, como usted sabe muy bien, es el ritmo lo que cuenta, no la lógica o la plausibilidad del estilo. Estuve leyendo un libro llamado *Phantom Lady*, de William Irish, sea quien sea ese sujeto. Tiene una de esas tramas ingeniosas y artificiales y está lleno de pequeñas pero excesivas demandas a la Diosa del Azar, y es un buen trabajo de escritura, que le da todo lo que necesita cada personaje, cada escena, y nunca, como muchos de nuestros sobrevalorados novelistas, se limita a hacer un esbozo y asustarse y salir corriendo. Yo admiro mucho esta clase de escritura. No he visto publicidad del libro en ninguna parte, y las reseñas que he leído de él muestran una absoluta ceguera a sus méritos técnicos. Así que, qué importa.

Pero como digo el próximo será mejor, y espero que uno de estos días escribiré uno que tendrá ese toque fresco y súbito que encenderá la llama. Y sobre todo, quizás, en mi mente sensible, espero que llegue el día en que no tenga que ver mi nombre junto al de Hammett y James Cain, como un mono de organillo. Hammett está bien. Le concedo todo. Hubo una cantidad de cosas que no supo hacer, pero lo que hizo lo hizo excelentemente. Pero James Cain… ¡por favor! Todo lo que toca queda oliendo a chivo. Es en todos los detalles la clase de escritor que yo detesto, un *faux naïf*, un Proust en overol grasiento, un niñito de mente podrida con una tiza y una pared y nadie mirando. Esa gente es la hez de la literatura, no porque escriban sobre cosas sucias, sino porque lo hacen de un modo sucio. Nada duro y limpio y frío y ventilado. Un burdel con un olor de perfume barato en la sala y un balde con agua jabonosa en la puerta trasera. ¿Yo sueno así? Hemingway con su eterna bolsa de dormir llegó a ser bastante cansador, pero al menos Hemingway lo ve todo, no sólo las moscas en la lata de basura.

En fin. Creo que escribiré una policial a la inglesa, sobre el portero Jones y dos hermanas ancianas en esa cabaña de techo a dos aguas, algo que tenga latín y música y muebles de época y un caballero auténtico; uno de esos libros en los que todos salen a dar largas caminatas.

Carta a Alfred Knopf,

Gracias por la suya del 14 de enero, que fue amistosa, comprensiva y bienvenida, como siempre. Gracias también por la segunda edición de *El sueño eterno*. La estuve mirando y la encontré mucho mejor y mucho peor de lo que había esperado, o de lo que recordaba. Me han puesto tantas veces etiquetas como duro, "hardboiled", etcétera, que es casi un shock descubrir señales ocasionales de una sensibilidad casi normal en la escritura. Por otra parte, se nota cómo perseguí los símiles.

William Irish es un hombre llamado Cornell Woolrich, también escritor bajo su verdadero nombre, y uno de los obreros con más experiencia en el negocio de la policial barata. En el gremio se lo conoce como un escritor de ideas, al que le gusta el *tour de force* y no se preocupa gran cosa por los personajes. Creo que su trabajo es muy legible, pero no hay calidez por debajo.

No, no creo que la sinusitis esté mejorando. Este lugar me aburre. Pero me han convencido de seguir en las montañas y el desierto por un año más. Después de eso, al diablo con el clima, y trataré de ver gente. Aquí tenemos un pueblo con un solo almacén, y la situación de la carne lo haría gritar. El miércoles a la mañana el tipo abre a las siete, y todas las ratas del desierto están ahí esperando a que les dé los tiques numerados del racionamiento. El que se demore lavándose la cara es clasificado automáticamente como parásito y recibe un número alto, si es que lo recibe. El jueves a las diez los habitantes traen su bronquitis y halitosis al almacén y se instalan frente al mostrador de carne, donde se gritan los números. Cuando nosotros, con un número muy tardío, nos abrimos paso hacia la montaña derrumbada de hamburguesas, somos saludados con una sonrisa nerviosa que sugiere a un diácono sorprendido con las manos en la bolsa de caridad, y nos vamos con carne suficiente para el gato. Esto sucede una vez por semana, y es todo lo que sucede, en términos de carne.

Por supuesto vamos a Palm Springs. Si no lo hiciéramos, yo no estaría escribiendo esta carta. Estaría en el desierto tratando de desenterrar un topo muerto. Hace un par de semanas dimos con un asado de costillas, simplemente entramos, dijimos hola, y ahí estaba esa cosa. Lo comimos durante seis noches seguidas, detrás de las persianas bajas, masticando en silencio para que no nos oyeran los vecinos.

En Washington hay una banda de tipos de mentes puras y elevadas, pero de vez en cuando anhelo un toque de sucia política irlandesa.

Espero tener un libro pronto. Estoy tratando de pensar un buen título para que ustedes quieran cambiármelo.

Pese a su inquietud, Chandler se interesaba cada vez más por la mecánica de la escritura y la narración. También hubo algún vislumbre de un cambio de suerte para él, proveniente de Inglaterra. Sus primeras dos novelas habían sido publicadas en Gran Bretaña por Hamish Hamilton, y aunque allí también había sido ignorado por los críticos, había empezado a formarse un importante núcleo de admiradores, incluyendo algunos en altos círculos literarios. En reconocimeinto de este hecho, La ventana siniestra *recibió una prominente reseña en* The Sunday Times. *Sus ventas británicas ya igualaban las norteamericanas.*

Chandler había empezado a reunir algunos de sus pensamientos sobre el oficio de escribir, para referencia propia. De este primer período, seleccionamos los siguientes.

Notas (Muy breves por favor) sobre los idiomas inglés y norteamericano

Los méritos del inglés de los norteamericanos son menos numerosos que sus defectos y molestias, pero son más poderosos.

Es una lengua fluida, como el inglés de Shakespeare, y adopta con facilidad palabras nuevas, sentidos nuevos para palabras viejas, y toma prestados a voluntad los usos de otros idiomas, por ejemplo del alemán la composición libre de palabras y el uso del sustantivo o adjetivo como verbo; del francés la simplificación de la gramática, el uso del impersonal, etcétera.

Sus matices no están estilizados en una convención de sutileza social que en los hechos configure una lengua de clase. Si existen, tienen una referencia en la realidad.

Le molestan más los clichés. Véase el uso de clichés abrumador, porque aparentemente inconsciente, que hace un escritor tan bueno como Maugham en *The Summing Up*, la mortal repetición de palabras favoritas hasta que a uno lo hacen gritar de impaciencia. Y las palabras favoritas son siempre pequeñas palabritas a medias arcaicas como *jejune* y *umbrage* y *vouchsafe*, ninguna de las cuales la persona de educación promedio podría siquiera definir correctamente.

Su impacto es sensorial más que intelectual. Expresa las cosas experimentadas antes que las ideas.

Es una lengua de masas sólo en el mismo sentido en que su argot de béisbol nació de los jugadores de béisbol. Es decir, es una lengua que está siendo moldeada por escritores para hacer cosas delicadas y aun así quedar dentro del alcance de gente superficialmente educada. No es un crecimiento natural, por mucho que les guste creerlo a los escritores proletarios. El inglés de Inglaterra en cambio, comparado con su mejor época, ha llegado al estadio alejandrino de formalismo y decadencia.

Tiene desventajas.

Hace trabajar demasiado sus frases hechas hasta que no sólo se vuelven sonidos sin sentido, como las frases hechas inglesas, sino nauseantes, como las canciones populares demasiado trabajadas.

Su argot, al ser inventado por escritores y untado sobre simples matones o jugadores de pelota, suele tener un sonido falso, aun cuando sea recién inventado.

El idioma no tiene conciencia del fluir continuo de la cultura. Esto puede deberse o no al colapso de la educación clásica y puede o no suceder también en el inglés de Inglaterra. Sin duda alguna, se debe a una falta del sentido histórico y a la educación vulgar, porque el norteamericano es un lenguaje incómodo, sin modales o autocontrol.

Siente un cariño excesivo por el *faux naïf*, término con el que me refiero al uso de un estilo como el que podría ser hablado por una mentalidad muy limitada. En manos de un genio como Hemingway esto puede ser eficaz, pero sólo escapando sutilmente a los términos del contrato, es decir por medio de un uso artístico del detalle revelador que el hablante nunca habría notado. Cuando no es usado por un genio es tan chato como el discurso de un rotario.

Este último rasgo es probablemente resultado de la sumergida pero todavía muy enérgica revuelta casera contra la superioridad cultural inglesa. "Somos tan buenos como ellos, aun si no hablamos con buena gramática." Esta actitud se basa en la completa ignorancia del pueblo inglés como masa. Muy pocos de ellos hablan con buena gramática. Los que lo hacen probablemente hablan con más corrección que sus pares de Estados Unidos, pero el inglés corriente usa tanta mala gramática como el norteamericano, con algunos errores tan viejos como el *Piers Ploughman*, pero siempre errores. Pero no se oye a profesionales ingleses cometiendo errores elementales en el uso de su propia lengua. En los Estados Unidos se los oye constantemente. Por supuesto, cualquiera que así lo desee puede cuestionar la idea de corrección de otro. Naturalmente esto es histórico hasta un punto, y contemporáneo hasta otro. Debe haber algún punto intermedio, o todos seríamos alejandrinos o brutos. Pero cuando se trata del habla simple y corriente, uno oye a médicos y abogados y maestros norteamericanos expresándose de tal modo que es muy claro que no tienen una genuina comprensión de su propio idioma y su buena o mala forma. No me refiero al uso deliberado del argot o los coloquialismos; me refiero a intentos patéticos de esas personas de hablar con una corrección no acostumbrada, y fallando horriblemente.

En Inglaterra entre la misma clase de gente no se oye esta especie de colapso de la gramática.

Es bastante obvio que la educación norteamericana es un fiasco cultural. Los norteamericanos no son un pueblo bien educado culturalmente, y su educación vocacional con frecuencia tiene que ser adquirida a partir de cero después de terminar la escuela o la universidad. Por otro lado tienen mentes rápidas y abiertas y si su educación tiene escaso valor positivo, no tiene los efectos idiotizantes de un entrenamiento más rígido. Su tradición en el uso del idioma deriva de la tradición inglesa, y esto provoca la medida justa de resentimiento como para producir un uso perverso de los errores gramaticales, "para que vean".

Los norteamericanos, al tener la civilización más compleja que haya visto el mundo, siguen queriendo verse como un pueblo simple. En otras palabras, les gusta pensar que el artista de comics es mejor dibujante que Leonardo, sólo porque es un artista de comics, y el comic está dirigido a la gente simple.

El inglés hablado por los norteamericanos no tiene cadencia. Sin cadencia un idioma no tiene armonía. Es como una flauta tocando sola, una cosa incompleta, muy diestra o muy estúpida según sea el caso, pero siempre incompleta.

Como el poder político sigue dominando la cultura, los norteamericanos dominarán a los ingleses por un largo futuro. Los ingleses, al estar a la defensiva, son estáticos y no pueden contribuir en nada salvo en una especie de crítica altanera de formas y modales. Los Estados Unidos son una tierra de producción masiva, que apenas está llegando al concepto de calidad. Su estilo es utilitario y esencialmente vulgar. ¿Por qué entonces puede producir gran literatura, o, al menos, literatura tan grande como puede producir esta época? La respuesta es que no puede. Toda la mejor literatura norteamericana ha sido hecha por hombres que son, o que fueron en algún momento, cosmopolitas. Aquí encuentran una cierta libertad de expresión, una cierta riqueza de vocabulario, una cierta amplitud de interés. Pero tienen que tener un gusto europeo para usar el material.

Nota final (sin orden): suele no observarse la calidad tonal de la dicción inglesa. Esta calidad tonal es infinitamente variable y contribuye a hacer infinitos los sentidos. La voz norteamericana es chata, sin tonos, y aburrida. La calidad tonal inglesa implica un vocabulario más escaso y un uso más formalizado de la lengua, capaz de infinitos significados. Sus tonos, por supuesto, se leen en el discurso escrito por asociación. Esto hace del buen inglés un idioma de clase, y ése es su defecto fatal. El escritor inglés es un caballero (o no es un caballero) primero, y un escritor después.

Al terminar su cuarto libro protagonizado por Marlowe, The Lady in the Lake (La dama en el lago), *a comienzos de 1943, el entusiasmo de Chandler por el género policial empezaba a desvanecerse. La idea de iniciar un quinto libro no lo entusiasmaba, como tampoco escribir para las revistas. Seguía casi sin dinero, y estaba harto de su nomadismo, así como de su intensa reclusión. Fue en esta impasse que recibió un llamado telefónico desde Los Angeles. Los estudios Paramount estaban buscando a alguien para adaptar la novela* Double Indemnity *de James Cain, y un productor llamado Joe Sistrom había leído un ejemplar barato de* La ventana siniestra *y le había gustado. Llamó a Chandler y le preguntó si estaba interesado en el trabajo. Chandler fue al estudio y conoció a Sistrom y al director de la película, Billy Wilder. Esa reunión inició un período de cuatro años en Hollywood que haría de Chandler un hombre rico y famoso.*

Acto III (1944-1946)

Durante su período en Hollywood, y a pesar de haber vuelto a la bebida, Chandler siguió llevando una vida solitaria, ajena al estilo festivo del lugar. La mayoría de sus nuevas amistades siguieron forjándose en la escritura nocturna de cartas, desde su casa alquilada en Drexel Avenue, después de que Cissy (que ya había pasado los setenta años) se dormía.

La adaptación de Double Indemnity, *el primer guión de Chandler, resultó un éxito de crítica y público, y Paramount decidió contratar de modo estable a su hallazgo, que les devolvió a la vida guiones de bajo nivel. A medida que sus acciones subían rápidamente en Hollywood, y la Warner Brothers anunciaba su plan de hacer una adaptación de su primera novela,* El sueño eterno, *con Humphrey Bogart como protagonista, Chandler se apegó más a Hollywood. Fue una relación breve e intensa.*

Dos nombres nuevos empiezan a aparecer en la correspondencia de esta época. Charles Morton era un admirador de la primera hora, y dirigía en la Costa Este una revista intelectual, Atlantic Monthly, *en la que convencería a Chandler a colaborar ocasionalmente. James Sandoe también era un admirador de Chandler, un crítico de novelas policiales y bibliotecario universitario en Colorado.*

Carta a James Sandoe,
26 de enero de 1944.

Lo que me dice sobre Cain y yo es muy amable. Siempre me irritó que me compararan con Cain. Mi editor piensa que me convenía porque él tuvo un gran éxito con *El cartero siempre llama dos veces,* pero sean cuales sean mis méritos o defectos como escritor, no soy en absoluto como Cain. Cain es un escritor del tipo *faux naif*, que me disgusta especialmente.

A usted no le falta compañía en su deseo de que "se haga algo contra la segregación en las reseñas entre novelas y novelas policiales". Una vez cada tanto, muy rara vez, un autor de policiales es tratado como un escritor. No obstante, creo que hay algunos muy buenos motivos para que sea así. Por ejemplo: a) La mayoría de las novelas policiales están muy mal escritas. b) Sus compradores principales son las bibliotecas ambulantes que dependen de un servicio comercial de lecturas y no les prestan atención a las críticas. c) Creo que la novela policial está mal comercializada. Es absurdo esperar que la gente pague más por ellas de lo que pagarían por ver una película. d) La novela policial como forma artística ha sido tan meticulosamente estudiada que el verdadero problema para un autor ahora es evitar escribir una novela policial mientras lo hace. No obstante, ninguna de estas razones, sea cual sea su validez, cambia la irritación esencial del escritor, que consiste en saber que por bien que escriba una novela policial, ésta será tratada en un párrafo, mientras que se le dedicará una columna y media de respetuosa atención a cualquier relato de cuarta categoría, mal construido, de la vida de una banda de recolectores de algodón en el sur profundo. Los franceses son los únicos, que yo sepa, que piensan en la escritura como escritura. Los anglosajones piensan primero en el tema, y después, si es que lo piensan, en la calidad.

Carta a James M. Cain,
20 de marzo de 1944. *Mildred Pierce* era otra novela de Cain,
que pronto sería llevada al cine por la Warner Brothers.
Chandler no trabajaría en el proyecto.

Muy amable de su parte enviarme un ejemplar dedicado de su libro, y se lo agradezco mucho. Hace un mes que estamos en el desierto, con poca suerte en el clima. No lo digo como excusa por no escribir antes; la verdad es el que estaba tan completamente exhausto después de nueve meses en Paramount que no podía obligarme siquiera a escribir una carta. Sólo podía sentarme y mirar las dunas de arena por la ventana.

Me alegra saber de la adaptación de *Mildred Pierce* que prepara la Warner. Según parece yo tendría una posibilidad de trabajar para ellos, pero Paramount no se mostró muy ansiosa por prestarme. *Double Indemnity* les gustó a todos los que la vieron (al menos a todos los que hablaron conmigo). En general sienten que es una muy buena película y, por una vez, una historia emocionalmente integrada llegó a la pantalla en la atmósfera en que fue escrita. No creo que ninguno de los cambios que hicimos estuviera en conflicto con su concepto básico. De hecho, usted mismo habría tenido que hacer esos cambios. No dudo de que algunos de ellos podrían haberse hecho mejor, pero tenían que hacerse. La integración emocional se debe al hecho de que los tres tipos que colaboraron en el trabajo en ningún momento tuvieron un desacuerdo sobre lo que querían lograr, sino sólo sobre cómo lograrlo.

Un asunto curioso sobre el que me gustaría llamarle la atención, aunque probablemente usted lo ha pensado por su cuenta, es su diálogo. Nada podría ser más natural y fluido en el papel, y sin embargo no funciona en la representación. Lo probamos haciendo que una pareja de actores hiciera una escena directamente del libro. Tenía una suerte de efecto remoto que yo no podía entender. Después me di cuenta de que el efecto de su diálogo escrito es sólo en parte sonido y sentido. El resto es efecto del dibujo que forma sobre la página. Esos renglones desiguales de diálogo rápido producen en el ojo una suerte de efecto explosivo. Se lo lee en bloques, no en réplicas individuales. En la pantalla todo eso se pierde, y la blandura esencial de las frases se presenta como falta de fuerza. Me dicen que ésa es la diferencia entre el diálogo fotográfico y el diálogo escrito. Para la pantalla todo tiene que ser afilado y agudo y en lo posible elidido. Pero por supuesto usted sabe de esto más que yo.

Espero que le hagan un guión igual de bueno de *Mildred Pierce*. No necesita uno tan conciso. ¿Lo está trabajando usted mismo?

Carta a Charles Morton,
12 de octubre de 1944

El otro día pensé en su sugerencia de un artículo de estudiado insulto sobre la policía de Bay City (Santa Monica). Un par de investigadores de la policía judicial recibió un informe sobre un garito en Ocean Park, un suburbio de Santa Monica. Fueron allá y en el camino recogieron un par de policías de Santa Monica, diciéndoles que iban a hacer un allanamiento, pero sin decirles dónde. Los policías los acompañaron con la natural repugnancia que siente un buen policía a hacer cumplir la ley con un cliente que paga, y cuando descubrieron de qué sitio se trataba, murmuraron tartamudeando: "Deberíamos hablar con el capitán Brown sobre esto antes de hacerlo, muchachos. Al capitán Brown no le gustará esto". Los federales, sin piedad, los hicieron meter en el garito, varios supuestos apostadores fueron detenidos y el equipo que se decomisó como prueba (un camión lleno) fue depositado bajo custodia en un local del cuartel de policía. Cuando los judiciales volvieron a la mañana siguiente todo había desaparecido salvo un puñado de fichas de póquer. No habían roto los candados, y no se hallaron rastros del camión ni del chofer. Los policías sacudieron sus cabellos canos en gesto de desconcierto, y los judiciales volvieron a la ciudad a contarle la historia al juez. No se hará nada. Nunca se hace nada. ¿Le asombra que yo ame a Bay City? Lamento que ya no estén sus casinos flotantes. El actual gobernador de California se ganó el puesto haciéndolos desaparecer. Otros habían tratado (o simulado tratar) de hacerlo durante años y años. Pero siempre estaba el argumento legal sobre si el límite de doce millas debía medirse a partir de este sitio o aquel. Warren lo resolvió de modo muy simple, y sin duda completamente ilegal. Envió lanchas y policías suficientes para rodear los barcos e impedir que nadie los dejara o llegara a ellos. Y se quedó mirando hasta que ellos se rindieron.

Un estudio realmente cínico de una ciudad así sería fascinante de leer.

Ese otoño Chandler escribió un artículo sobre la novela policial, publicado en diciembre en la revista de Morton bajo el título "El simple arte de matar".

Hammett sacó al crimen del jarrón veneciano y lo arrojó al callejón; no necesita seguir ahí para siempre, pero fue una buena idea… Hammett le devolvió el crimen a la clase de gente que lo hace por un motivo, no sólo para proporcionar un cadáver; y con los medios a mano, no con pistolas de duelo talladas a mano, curare o peces tropicales. Llevó al papel a esa gente tal como es, y la hizo hablar y pensar en la lengua que usa habitualmente con esos propósitos… Fue parco, frugal, duro, pero hizo una y otra vez lo que sólo los mejores escritores pueden hacer. Escribió escenas que parecía como si nunca hubieran sido escritas antes…

Carta a Charles Morton,
20 de noviembre de 1944. Ak-Sar-Ben, al que se refiere
Chandler en la carta, era un movimiento populista que
floreció en la Nebraska de su infancia; el nombre no es otra
cosa que Nebraska al revés. "Bryan" es el senador William
Jennings Bryan, nominado como candidato presidencial
demócrata en la década de 1890 (perdió), que más tarde
reapareció como abogado de la fiscalía en el famoso
proceso contra un maestro de Tennessee que les había
enseñado a sus alumnos la teoría de la evolución.

Quizá yo debería vivir en Boston. La inteligencia civilizada es muy rara en el Oeste. Esto suena esnob, pero he vivido aquí largo tiempo y conocido poca gente que no estuviera a medio cocinar de un modo u otro. Hollywood está lleno de gente muy inteligente, algunos de ellos casi más que inteligentes, pero la pátina dura y brillante de la inteligencia de Hollywood o Nueva York me deprime. Se encuentra gente brillante que ha escrito algo de éxito y ha triunfado y es muy consciente de ese hecho. Se encuentran jóvenes vivaces realmente ansiosos por hacer buenas películas, si tal cosa es posible. Pero no se encuentra la clase de mente tranquila, discreta, cortés y no llamativamente inteligente, que es tan común en Inglaterra y supongo que también en Nueva Inglaterra. Al menos eso espero.

Uno de estos días le escribiré algo sobre mí. Mientras tanto, las cosas no van demasiado bien. P. Marlowe está ocioso, he tenido muchas interrupciones, y también un largo y enredado combate con la Paramount respecto de un contrato. Ojalá yo tuviera uno de esos cerebros fecundos en tramas fáciles, como Erle Gardner o alguien. Tengo buenas ideas para cuatro libros, pero el trabajo de transformar esas ideas en tramas me abruma.

Hubo una época en que yo habría adorado la clase de trabajo que hace usted, pero habría sido incapaz de hacerlo. En realidad nunca tuve un impulso muy fuerte por escribir ficción, que se está volviendo más y más un pseudoarte. (Hay un artículo en esa idea). Pero ustedes tienen una obligación también. Esto es, evitar la escritura pomposamente mala y la clase de tedio que se produce cuando se deja que unos imbéciles flatulentos pontifiquen sobre cosas de las que no saben más que el vecino, si es que saben tanto. Hay un ejemplo asombroso (para mí) de esto en el *Harper's* de noviembre, llamado "Saludo a los Literatos". Observe:

"Pues los escritores son personas de peculiar sensibilidad a los vientos de doctrina que soplan con especial violencia en un momento de cambio rápido —algunos más que otros, pero ninguno, salvo el completo burócrata, del todo inmune".

Considero esta frase como una vergüenza para la prosa inglesa. No dice nada y lo dice sonoramente, estereotipadamente y sin sintaxis. "Algunos" obviamente, por el sentido, se refiere a los escritores, pero de modo igualmente obvio por la construcción se refiere a los "vientos de doctrina". (¿No podríamos dejarle frases como ésa a Somerset Maugham?) ¿Hasta dónde puede ser completo un burócrata? ¿Y cómo se es inmune del todo? Bah. Sigo:

"Reaccionan de este modo y de aquel; se resisten a las corrientes y corren con ellas: y mientras algunos producen obra de poco valor en términos literarios u otros, otros de mayor capacidad y sustancia, en consecuencia de mayor importancia, exhiben las mismas tendencias en escritos de un alto grado de excelencia".

¿Se dice algo ahí que no pudiera decirse con un eructo? Un poco después dice:

"Cuando la actual guerra estaba preparándose, las marcas máximamente indicativas del sismógrafo literario estaban en rojo".

Cuando le mostré esto a mi pequeño sismógrafo empezó a indicar breves palabritas en un feo matiz del violeta, y tuve que encerrarlo en un cuarto a oscuras.

"Máximamente indicativas", "sismógrafo literario", "correr con la corriente", dos mil años de cristianismo y esto es lo que puede mostrar una revista literaria. ¡Vergüenza para todos ustedes!

Yo tenía un tío en Omaha que era un político menor, muy corrupto, si se me permite abrir juicio. Estuve allá una o dos veces. De niño me mandaban a pasar parte del verano en Plattsmouth. Recuerdo los robles y las altas aceras de madera sobre las calles de tierra y el calor y las luciérnagas y los bastones de marcha y una cantidad de insectos extraños y la recolección de uvas silvestres en otoño para hacer vino y el ganado muerto y una vez un hombre muerto flotando en el río barroso y el elegante retrete con tres agujeros detrás de la casa. Recuerdo Ak-Sar-Ben en la época en que estaban tratando de elegir a Bryan. Recuerdo las mecedoras en las aceras haciendo una sólida fila frente al hotel, y las escupidas de tabaco por todas partes. Y recuerdo un recorrido de prueba en el coche del correo con una máquina que inventó mi tío para entregar el correo sin detenerse, pero alguien le robó la idea y nunca ganó un centavo. Tras lo cual me fui a Inglaterra y me educaron enseñándome latín y griego, como a usted.

Carta a Charles Morton,
18 de diciembre de 1944.

No puedo completar mi artículo sobre guiones y guionistas por la simple razón de que no lo hago con honestidad. Puedo despertarme mañana con una idea distinta, pero no podrá obligarme a enviarle algo sobre lo que tengo dudas tan mortales. Hay cosas que deberían decirse, pero cuando uno las dice se mete en un lío. Por ejemplo, 1. No hay un arte maduro del guión cinematográfico, y por maduro no me refiero a la escritura de las revistas intelectuales o académicas o esnobs. Me refiero a un arte que sabe lo que está haciendo y tiene las técnicas necesarias para hacerlo. 2. Un arte adulto del cine, es decir sucio o de lenguaje obsceno, podría existir en cualquier momento en que la Oficina Hays o las juntas locales de censura lo permitan, pero no sería más *maduro* de lo que es *Going My Way*. 3. No hay disponible un cuerpo de bibliografía de guiones, porque ésos pertenecen a los estudios, no a los autores, y los estudios no los mostrarán. Por ejemplo, yo traté de pedir prestado de la Warner el guión de *El halcón maltés*; no me lo dieron. Todo lo que puede hacer el escritor es mirar las películas. Si está trabajando en un estudio, puede tomar los guiones de ese estudio, pero el tiempo no es suyo. No puede hacer un estudio detallado y reconstrucción de los problemas. 4. No hay enseñanza del arte del guión porque no hay nada que enseñar; si usted no sabe cómo se hacen las películas, no puede saber cómo escribirlas. Ningún extraño lo sabe, y ningún autor se molestará en enseñar, salvo que haya fracasado o esté sin trabajo. 5. El guión tal como existe es el resultado de una enconada y prolongada batalla entre el escritor (o escritores) y la gente cuyo objetivo es explotar su talento sin darle la libertad de usar ese talento. 6. Apenas han pasado tres años desde que los grandes (y sólo este año los pequeños) estudios se vieron obligados, tras una prolongada y enconada batalla, a tratar al autor con un monto razonable de ética comercial. En esta batalla los escritores en realidad no estaban combatiendo a la industria del cine; estaban combatiendo a esos poderosos elementos en la industria que hasta entonces habían acaparado toda la gloria y el prestigio y que sólo podían seguir haciéndolo vendiéndose al mundo como los hacedores de las películas. Esta batalla sigue en marcha, y los escritores la están ganando, y la están ganando del peor modo: volviéndose productores y directores, es decir volviéndose parte de la maquinaria en lugar de artistas creativos. Esto no servirá de nada al arte del guión y en realidad dañará a los escritores que por temperamento no estén preparados para el espectáculo (y esto incluirá siempre a los mejores). 7. El escritor está todavía muy lejos de ganar el derecho de crear un guión sin interferencia de su estudio. ¿Por qué? Porque no sabe cómo, y los productores y directores tienen interés en impedir que aprenda. Si un cuarto apenas de los *bien pagados* guionistas de Hollywood (dejando de lado a la gente que trabaja en películas programadas) pudiera producir un guión completamente integrado e íntegramente filmable, con el monto mínimo de interferencia y discusión necesario para proteger la inversión del estudio en actores y verse libre de problemas de demandas y censura, entonces el productor se volvería un coordinador del negocio y el director se volvería el intérprete de una obra completada, en lugar de, como ahora, el hacedor de la película. Lucharán a muerte por impedirlo.

Yo tengo un contrato de tres años con Paramount, por veintiséis semanas de trabajo por año, y una enorme suma de dinero (según mis pautas). Nada de lo anterior sería especialmente dañino para el estudio, pero una gran parte causaría resentimiento en muchos individuos y me metería en un sinfín de discusiones que me agotarían. Pero todavía hay más, y es peor. Un sistema como éste, prolongado a lo largo de un período extenso, produce una clase de escritores mantenidos sin iniciativa, independencia o espíritu de lucha; existen sólo conformándose a las normas de Hollywood, pero pueden producir arte sólo desafiándolas. Pocos, muy pocos de ellos, son capaces de ganarse la vida como escritores independientes, pero siempre serán necesarios, porque nunca se encontrará talento suficiente en todo Hollywood como para hacer un décimo de sus películas con un mínimo de calidad. Admito que se hacen demasiadas; seguirán haciéndose, o los cines se cerrarán. Enormes intereses creados y la vida de incontables miles de personas están en juego. Admito también que el noventa por ciento de las películas de Hollywood no valdría la pena hacerlas; digo que el noventa por ciento de los libros y obras teatrales y cuentos a partir de las que se hacen no vale la pena verlos o leerlos, según las mismas normas. Y usted y yo sabemos que esas normas no cambiarán mientras estemos vivos.

Pero un escritor, como yo, que tiene poca experiencia en Hollywood y se pone a hablar de los escritores de Hollywood, debe o bien mentir o decir que son burócratas incompetentes y serviles, demasiado bien pagados y demasiado vestidos. Todo el progreso en el arte del guión depende de una muy pequeña cantidad de gente que está en posición (y tiene el carácter y la dureza) para combatir por la excelencia. Hollywood los ama por ello y está ansiosa por recompensarlos haciéndolos algo más que escritores. La postura de Hollywood para con los escritores está necesariamente condicionada por la masa de sus escritores, no por los pocos que tienen lo que se llama integridad. Ama esta palabra, aunque tiene tan poco de la cualidad que la palabra nombra. Pero no sería justo de mi parte decir por escrito que los escritores de Hollywood son lo que son; tienen un sindicato y es posible que en una industria tan grande deban luchar como grupo; es obvio que no he hecho nada por ayudarlos a lograr lo que han logrado, y no es probable que lo haga, salvo indirectamente, ayudándolos a elevar unas pocas películas un poco por encima del nivel corriente. No es siquiera justo decir que están demasiado bien pagados; porque otros escritores como grupo están siniestramente mal pagados; Hollywood es la única industria en el mundo que paga a sus trabajadores los montos de dinero que en otras industrias sólo ganan los capitalistas y los grandes ejecutivos. Si bien es algo menos que el ideal, es la única industria que intenta con el idealismo; si hace un arte malo, ninguna otra hace arte, salvo como subproducto de la ganancia. Si gana dinero con películas malas, podría hacer más dinero con películas buenas, y lo sabe y trata de hacerlas. Simplemente no hay talento suficiente en el mundo con el cual hacerlas, en esa escala. Sus películas cuestan demasiado y en consecuencia deben ser seguras y producir grandes ganancias; ¿pero por qué cuestan demasiado? Porque se le paga a la gente que hace el trabajo. Si acapara todo el talento literario que hay en el mundo y después procede a destruirlo por el modo en que lo trata, ¿por qué tiene la capacidad de acaparar ese talento? Porque sabe cómo pagarle. El hombre que publica mis libros ha ganado más conmigo que yo con él, y no lo ha hecho vendiendo los libros sino apoderándose de una tajada de los derechos de adaptación a la radio y al cine, cosa que no le costó un centavo. ¿Arriesgó algo con los libros? Por supuesto que no, ni un centavo. Estaba asegurado contra las pérdidas por las bibliotecas ambulantes. Ni siquiera sabe cómo vender la clase de libros que yo escribo, o cómo promoverlos o cómo hacer que los reseñen. Se limita a quedarse sentado y esperar que pase algo, y cuando pasa, se frota las manos y se corta una buena tajada. Pero Hollywood me paga un gran sueldo sólo por tratar de escribir algo que quizá pueda usar. Y cuando escribo algo que da ganancias, entonces rompe mi contrato y redacta uno mejor. No puedo despreciar a una industria que hace eso.

Tengo una historia en mente que espero escribir antes de morirme. No tendrá casi nada de dureza en la superficie, pero la actitud de mandarlo todo al infierno, que en mí no es una pose, probablemente aparecerá de todos modos.

El nombre de mi tío dudosamente honesto (tío sólo por matrimonio) era Ernest Fitt, y era inspector de calderas o algo así, al menos nominalmente. Ya murió. Lo recuerdo muy bien. Solía venir a casa por la noche, en el período de Plattsmouth, ponía el diario sobre el atril del piano e improvisaba mientras leía. Leí en alguna parte que Harold Bauer tocaba sus programas mientras leía el diario, pero siempre lo consideré un pianista aburrido, así que no me sorprende. Mi tío tenía talento, pero no había recibido educación musical. Tenía un hermano que era un personaje asombroso. Había sido empleado o gerente en un Banco de Waterford, Irlanda (de donde venía toda la familia de mi madre, aunque ninguno de ellos era católico) y había robado dinero. Limpió la caja un sábado y, con ayuda de los masones, escapó de la policía yéndose al continente europeo. En un hotel de Alemania le robaron su dinero, o la mayor parte de él. Cuando lo conocí, mucho después, era un anciano extremadamente respetable, siempre vestido de punta en blanco y de una increíble parsimonia. Una vez me invitó a cenar. Después de la cena se inclinó sobre la mesa y me dijo en un susurro confidencial: "Cada cual pagará lo suyo". No tenía tampoco una gota de sangre escocesa. Puro irlandés protestante de clase media. Tengo muchísimos parientes irlandeses, algunos pobres, algunos no pobres, y todos protestantes y algunos independentistas y algunos enteramente pro británicos... Aquí la gente no entiende a los irlandeses. Un tercio de la población de Eire es protestante, y es de lejos el tercio más educado y más influyente. Casi todos los grandes rebeldes irlandeses fueron protestantes, y la tonalidad general de la nación en el presente es calvinista más que católica. Yo crecí con un terrible desprecio por los católicos, y todavía hoy tengo problemas con ellos. El ama de llaves esnob de mi tío no admitía criados católicos en la casa, aunque probablemente habrían sido mucho más útiles que la basura que empleaba. ¡Qué mundo! El desenlace divertido en el caso de mi tío fue que terminó con una amante judía en Londres, crió al hijo de ella, tuvo otros dos hijos ilegítimos, y al fin se casaron. *¡Pero nunca la llevó a Irlanda!* Podría escribir un libro sobre esa gente, pero soy demasiado irlandés para poder decir la verdad sobre ellos.

Bueno, Hollywood también tiene lo suyo. Me tienen bajo contrato, pero no me dan ninguna historia en la que trabajar. Así que pergeñé una idea y fui y se la conté y ellos se frotaron las manos y dijeron perfecto, ¿cuándo empezamos? Pero cuando mi agente preguntó cuánto se proponían pagar por la idea, se rasgaron las vestiduras y arrojaron ceniza sobre sus cabezas. Fueron necesarias varias semanas de acerbo combate para hacerles ver la luz. No me importa nada el dinero, sólo me gusta pelear. Soy un viejo cansado, pero se necesitaría algo más que un estudio cinematográfico para abusar de mí.

Carta a Dale Warren,

director de publicidad de la editorial Houghton Mifflin, 7 de enero de 1945. La relación de Chandler con Alfred Knopf se había agriado durante su período en Hollywood, a consecuencias de un incidente de plagio. Un admirador le había hecho notar que el escritor James Hadley Chase estaba copiando pasajes enteros de viejas ficciones de Chandler, sobre todo en un libro llamado *No hay orquídeas para Miss Blandish*. Chandler se había puesto en contacto con sus editores británico y norteamericano. Mientras que Hamish Hamilton obligó a Chase a publicar una disculpa en la prensa británica, Knopf, por consejo de su abogado, decidió no presionar. Fastidiado,

Escribo melodramas porque cuando miré alrededor era la única clase de ficción que encontré relativamente honesta, además de que no me llevaba a entrometerme en terrenos ajenos. Ahora hay tipos hablando sobre la prosa, y otros diciéndome que yo tengo una conciencia social. Philip Marlowe tiene tanta conciencia social como un caballo. Tiene una conciencia personal, que es algo por completo diferente. Hay gente que piensa que yo me complazco en el lado feo de la vida. ¡Que Dios los ayude! ¡Si supieran qué poco les he hablado de eso! A P. Marlowe no le importa un bledo quién es presidente; a mí tampoco, porque sé que será un político. Hubo inclusive uno que me informó que yo podía escribir una buena novela proletaria; en mi mundo limitado no existe ese animal, y si lo hubiera, yo sería el último en apreciarlo, ya que soy por tradición y largo estudio un completo esnob. P. Marlowe y yo no despreciamos a las clases altas porque se bañan y tienen dinero; los despreciamos porque son farsantes. Etcétera. Y ahora veo delante de mí una aguda autoconciencia de cosas simples que nunca se me ocurrió explicar, o una necesidad de explicarlas en extenso, y con furia, en la misma jerga que había estado tratando de olvidar. Porque es la única jerga en que las aceptará la gente que puede entender explicaciones de este tipo.

Recibí carta de una señora de Caracas, Venezuela, preguntándome si quería ser su amigo si ella viniera a Nueva York. Me trajo el recuerdo de otra carta que recibí una vez de una chica en Seattle que me decía que estaba interesada en música y sexo, y me dio la impresion de que, si yo hubiera tenido prisa, no debía molestarme siquiera en llevar el pijama.

Carta a Hamish "Jamie" Hamilton,

editor británico de Chandler, 11 de enero de 1945. Chandler
cita una carta reciente de Hamilton, a quien no conoce
personalmente.

"Supongo que es un personaje muy importante en Hollywood hoy en día, y podría ofenderse por un consejo, quienquiera que se lo dé y cualesquiera que sean sus intenciones". La descripción es un poco apresurada. No soy un personaje importante en Hollywood ni en ninguna otra parte, y no tengo ninguna gana de serlo. Por el contrario, soy en extremo alérgico a los personajes importantes de todo tipo, y no pierdo oportunidad de insultarlos si es que puedo hacerlo. Además, amo los consejos y si es muy raro que los siga, en el tema de la escritura, eso se debe sólo a que prácticamente no he recibido ninguno, salvo de mi agente, Sydney Sanders, y él se ha concentrado en tratar de hacerme escribir material para las revistas que aquí llamamos "slick", esto es, los grandes semanarios y mensuarios de papel lustroso que se fijan principalmente en el gusto de las mujeres. Siempre me he sentido enteramente incapacitado para esta clase de literatura. Prefiero con mucho Hollywood, con todas sus desventajas.

¿Por qué no probar de darme un pequeño consejo alguna vez? Estoy seguro de que trataría los suyos con el mayor respeto, y de todos modos me gustaría oírlos.

Carta a Charles Morton,

15 de enero de 1945. Chandler acababa de firmar otro
contrato para trabajar en la Paramount, en un guión original.
"HJ" es Henry James.

Sí, sé perfectamente que Harry Fitt pertenecía al clan de Limerick. No sabía que bebía, pero la bebida era un vicio familiar. Los que le escaparon o bien se volvieron hacia la religión o o se volvieron locos, como mi tío Gus. Harry, el obrero de su padre, debe de haber sido primo de mi tío. No era pariente cercano y apenas si lo conozco, pero al leer su carta recordé que había un Harry Fitt, que vivía en Omaha y que trabajaba en un almacén de herramientas. Como yo acababa de llegar de Inglaterra en ese momento y un almacén de herramientas era un "oficio", mal podía esperarse que yo entrara en el menor término de familiaridad con él. ¡De ninguna manera! ¡Por favor!

He vuelto al trabajo, y durante un tiempo da lo mismo que me escriba a casa o a la oficina. No hay diferencia. (Quizás usted no me escribirá nunca más). En menos de dos semanas escribí una historia original de noventa páginas como ésta. Toda dictada y sin mirar hasta que estuvo terminada. Fue un experimento, y para un tipo víctima como yo, desde su infancia, de constipación de tramas, toda una revelación. Algo de lo que salió es bueno, mucho no lo es. Pero no veo por qué el método no podría ser adaptado a la escritura de novelas, al menos por mí. Improvisar la historia lo mejor que se pueda, con tanto o tan poco detalle como vaya sugiriendo el ánimo, escribir diálogo o dejarlo para después, pero cubrir el movimiento, los personajes, y darle vida a todo. Empiezo a ver la gran cantidad de historias que nos perdemos nosotros los meticulosos, simplemente porque dejamos que nuestras mentes se congelen en los errores en lugar de dejarlas trabajar un tiempo sin la supervisión crítica, encarnizándose en todo lo que no sea perfecto. Puedo ver en qué punto puede emerger también un vicio particular de esta clase de escritura; de hecho, dos: la extraña ilusión de que algo escrito tiene un sentido sólo porque está escrito. (Mi reverenciado HJ se derrumbó cuando empezó a dictar). También, la tendencia a adorar la producción por la producción misma. (Gardner sufre un caso grave de esto: pero Dios nunca tuvo el proyecto de hacer de él un escritor, de todos modos. Con Edgar Wallace pasa lo mismo. Pero Dumas *père* pudo perderse algo trabajando para la máquina de salchichas.)

Recibí una amable carta de Dale Warren, pero preferiría que

la gente deje de escribir cartas sobre las obras olvidadas de Raymond Chandler. Estoy tan poco olvidado que con frecuencia me siento avergonzado por el exceso de atención que recibo.

Carta a Charles Morton,
21 de enero de 1945

Tengo una queja que presentar, y es vieja: el frío silencio y la paralización que sobrevienen cuando aparece algo que no está bien o no es oportuno. Me lastima, y me lastimará siempre. No se necesitan semanas para decirle a alguien (aun por el más lento de los correos) que su artículo está mal, cuando puede decirle en cuestión de días que está bien. Los editores no hacen enemigos por rechazar manuscritos, sino por el modo en que lo hacen, por el cambio de atmósfera, la postergación, la nota impersonal que se arrastra. Siempre he odiado el poder y el negocio, y sin embargo vivo en un mundo donde tengo que negociar brutalmente y explotar cada átomo de poder que tengo. Pero en mis tratos con el *Atlantic* no hay nada de esto. No escribo para usted por dinero o por prestigio, sino por cariño, por el extraño amor remanente a un mundo donde los hombres pueden pensar en sutilezas y hablar en la lengua de culturas casi olvidadas. Me gusta ese mundo.

Carta a Jamie Hamilton,
26 de febrero de 1945.

Fue amable de su parte escribirme, y me gusta escribirle. Supongo que los agentes son necesarios para un escritor porque el escritor, viviendo por lo general una vida más o menos recluida, no puede saber qué está pasando en el mundo literario, cuánto debe cobrar por su trabajo, y en qué condiciones debe venderlo. Pero pienso que las funciones del agente terminan ahí. No bien trata de influir sobre un escritor en su trabajo, se vuelve una molestia.

Carta a Charles Morton.
19 de marzo de 1945.

Un hombre llamado Inkstead me sacó algunas fotos para *Harper's Bazaar* hace un tiempo (nunca pude descubrir por qué) y una en la que yo estaba con mi secretaria sentada sobre las rodillas salió realmente muy bien. Cuando reciba la docena que pedí le enviaré una. Quizá convenga aclarar que la secretaria es una gata persa negra, de catorce años, y la llamo así porque ha estado conmigo desde que empecé a escribir, por lo general sentándose sobre el papel que quiero usar o los escritos que quiero revisar, a veces saltando sobre la máquina de ecribir y a veces mirando tranquilamente por la ventana desde un rincón del escritorio, como diciendo "Lo que estás haciendo es una pérdida de tiempo, compañero". Su nombre es Taki (originariamente era Take, pero nos cansamos de explicar que era una palabra japonesa que significa bambú, y debe pronunciarse en dos sílabas), y tiene una memoria como ningún elefante puede haber intentado tenerla. Por lo general es cortésmente distante, pero de vez en cuando se pone de humor discutidor y habla durante diez minutos sin parar. Ojalá yo supiera lo que está diciendo, pero sospecho que se resume en una versión muy sarcástica de "Podrías hacerlo mejor". He amado a los gatos toda mi vida (no tengo nada contra los perros salvo que necesitan mucha diversión) y nunca he podido entenderlos del todo. Taki es un animal completamente aplomado y siempre sabe a quién le gustan los gatos, nunca se acerca a alguien a quien no le gustan, y siempre va directamentee hacia cualquiera, por tarde que llegue y desconocido que sea, que realmente los quiera. No pasa mucho tiempo con ellos, no obstante, se limita a un monto moderado de caricias y juegos. Tiene otro truco curioso (que puede o no

ser excepcional), y es que nunca mata a ninguna presa. Las trae vivas y deja que uno las tome. En diversas ocasiones ha traído a la
casa presas como una paloma, un loro azul, y una gran mariposa.
La mariposa y el loro estaban enteramente indemnes y siguieron
su vida como si nada hubiera pasado. La paloma le dio algunos problemas, pues al parecer no quería ser transportada, y tenía una pequeña mancha de sangre en el pecho. Pero la llevamos a un veterinario y estuvo bien muy pronto. Sólo un poco humillada. Los
ratones la aburren, pero los atrapa si ellos insisten, y después yo
tengo que matarlos. Tiene una especie de cansino interés en los topos, y puede observar con cierta atención una cueva de topo, pero
los topos muerden y después de todo, ¿quién quiere un topo? Así
que se limita a simular que podría atrapar uno, si quisiera.

Va con nosotros a todas partes donde viajamos, recuerda todos
los sitios donde ha estado antes y en general se siente a gusto en
cualquier lado. Uno o dos lugares le cayeron mal, no sé por qué.
Simplemente no se adaptó a ellos. No tardamos en entender las
alusiones. Lo más probable es que en ese sitio haya habido algún
asesinato brutal, y que estaríamos mucho mejor en otra parte. El
asesino podría volver. A veces me mira con una expresión peculiar
(es el único gato que conozco que lo mira a uno a los ojos) y tengo la sospecha de que lleva un diario, porque la expresión parece
decir: "Hermano, en general se te ve muy satisfecho contigo mismo, ¿no? Me pregunto qué sentirías si yo decidiera publicar algo
de lo que he venido anotando en mis ratos libres". En ciertos momentos tiene el gesto de levantar una pata delantera y dejarla colgando, mirándola especulativamente. Mi esposa piensa que está
sugiriendo que le compremos un reloj de pulsera; no lo necesita
por ningún motivo práctico (sabe la hora mejor que yo) pero después de todo las chicas necesitan tener alguna joya.

No sé por qué estoy escribiendo todo esto. Debe de ser porque no se me ocurre ninguna otra cosa o (aquí es donde se pone
siniestro), ¿lo estoy escribiendo en realidad yo? Podría ser que…
No, debo de ser yo. Digamos que soy yo. Tengo miedo.

P.S.: Estoy trabajando en una adaptación a la pantalla de *La dama en el lago* para la MGM. Me aburre a muerte. Es la última vez que hago un guión de un libro que yo mismo escribí. Es como revolcarse sobre huesos secos.

Carta a Charles Morton,

13 de octubre de 1945. Chandler escribía desde Big Bear Lake, un lugar de montaña que Cissy y él solían usar como escape del infierno de Angelino. "La Hellman" se refiere a Lillian Hellman, la dramaturga de Nueva York, compañera durante muchos años de Dashiel Hammett.

En cuanto a hablar de Hammett en pasado, es lo que hice en ese ensayo. Espero que no se enoje. Por lo que sé, está vivo y bien, pero ha pasado tanto tiempo sin escribir (salvo que cuente un par de trabajos de guionista que, según el rumor, en realidad le escribió la Hellman), que me entran dudas. Fue uno de los tantos que no pudo enfrentar a Hollywood sin tratar de desbancar a Dios. Me contaron de un incidente de cuando Hammett estaba ocupando una suite en el Beverly-Wilshire. Alguien quería hacerle una propuesta y fue a verlo a la mañana, cerca del mediodía; le abrió la puerta un mucamo de Hammett, que lo hizo pasar a una sala, y después de una muy larga espera se abrió una puerta y apareció el gran hombre, envuelto en una costosa bata (seguramente con sus iniciales en el bolsillo), y una bufanda dándole artísticas vueltas al cuello. Se quedó en silencio mientras el hombre exponía su asunto. Cuando terminó, respondió con un cortés "No". Se volvió y salió, la puerta se cerró, el mucamo condujo al caballero afuera, y se hizo el silencio, interrumpido sólo por el gorgoteo del whisky desde un cuarto interior. Si usted vio alguna vez a Hammett, podrá imaginarse la dignidad y el dramatismo de esta pequeña escena. Es un tipo de aire muy distin-

73

guido, y supongo que podrá decir "no" sin el menor rastro de acento de Brooklyn. Yo lo apreciaba mucho y era un borracho increíblemente eficaz, cosa que yo, con mi poca resistencia al alcohol, siempre admiro. Fue una gran pena que dejara de escribir. Nunca supe por qué. Supongo que puede haber llegado al fin de sus recursos en cierto estilo y le faltó la profundidad intelectual para compensar probando otra cosa. Pero no estoy seguro. Creo que se lo ha sobrevalorado, y a la vez subvalorado. Este amigo de usted, Dale Warren, leyó hace poco *El halcón maltés*, por primera vez, y no lo encontró gran cosa. Pero yo he leído tanto de este tipo de libros que el abismo entre Hammett y los chicos duros me parece enorme. El viejo Joe Shaw puede haber puesto el dedo en la llaga cuando dijo que a Hammett en realidad nunca le importaron nada sus personajes.

No sé si ésta es una carta relajada o no. Empiezo a sentir un pequeño aflojamiento de la tensión. Este lugar está a siete mil pies de altura, sobre el borde de un lago de veinte millas de largo. Ya no es naturaleza virgen, pero todavía tiene lo suyo. El aire es liviano y seco como en el desierto (el Mojave está al pie de la montaña, al este) y en esta época del año está muy silencioso, caluroso de día y más bien frío de noche. Hemos encendido el fuego de día una sola vez. No hay nada que hacer, y es lo que hago. Salimos por el bosque y yo junto manojos de ramas caídas y arranco algunas de palo hacha o caoba de montaña, una madera rojiza muy dura que arde como carbón. Trato de no pensar en el trabajo, pero no me es fácil. Pasé un mal momento con la MGM, muy malo. No por culpa de ellos, que fueron muy amables conmigo. Después de los primeros dos días trabajé todo el tiempo en casa, cosa que va contra sus reglas, pero hicieron una excepción. El problema era que yo ya estaba demasiado harto para hacer un buen trabajo; no me gusta trabajar con una historia mía, de la que ya desde hace mucho estoy aburrido; y supuse al principio que todo lo que querían era un guión preliminar, ya que se toman mucho tiempo para hacer la película. Cuando empecé a mandárselo descubrí que lo con-

sideraban como un guión definitivo (sujeto a cortes) y no querían
ningún otro escritor trabajando en él. Eso me presionó, y empecé
a ponerme nervioso. MGM nunca recibió un guión en trece semanas desde que se organizó la compañía, y ahora estaban hablando
de entrar en la fase de producción en noviembre. Hacia el fin,
cuando comprendí que lo estaba haciendo de modo más mecánico cada día que pasaba, traté de explicarles que estaban cometiendo un error, que este trabajo estaba lleno de cabos sueltos y clichés, y que si realmente querían empezar a filmar tan pronto,
necesitaban un escritor con algún entusiasmo.

Carta a Charles Morton,

12 de diciembre de 1945. Chandler había escrito un artículo
sobre el arte de escribir guiones para el *Atlantic Monthly*.
Beirne Lay era autor de un libro llamado *Twelve O'Clock
High*. Studs Lonigan era el seudónimo del escritor James T.
Farrell. Jules Romains era un prestigioso autor francés. J. P.
Marquand, también mencionado en esta carta, era un escritor
considerado un grande por muchos críticos neoyorkinos
serios de la época, pero que Chandler (correctamente, según
resultó) predijo que no tardaría en ser olvidado. Wolcott
Gibbs y Edmund Wilson eran ambos críticos de Nueva York.

Noté que, a diferencia de lo que hace el *Post*, usted no abre mi
correo de admiradores. No hubo mucho, pero había una carta muy
encantadora de Beirne Lay, y también una de Studs Lonigan, que
todavía tengo que contestar. Piensa que no fui lo bastante lejos,
que debí haber coordinado a Hollywood con los problemas peculiares de la época. Eso es lo peor de estos pensadores profundos.
No pueden dejarlo a uno decir lo que quiere, y después ponerse el
sombrero e irse a su casa. Para ellos todo es apenas un capítulo en
el despliegue del esfuerzo humano por la expresión, o como otro
volumen de Jules Romains. Por supuesto, tienen razón en un punto, más razón que Wolcott Gibbs, por ejemplo, que parece adop-

tar la idea, intelectualmente frágil, de que un arte mal practicado es simplemente un arte malo y la idea, social y fácticamente no sólida, de que un hombre es necesariamente más inteligente que su cocinera. Me gustó su artículo porque me gusta el modo en que dice las cosas; me gusta pero no tengo ningún deseo de practicar el estilo un tanto ártico del *New Yorker*. Ha vuelto escritores de *New Yorker* a demasiada gente que podría haber sido escritora de sí mismas. Pero querría preguntarle a Wolcott si realmente cree que el medio que ha producido *The Last Laugh, Variety, M., Mayerling, Night Must Fall, Intolerance, The Little Foxes* (versión cinematográfica), *The More the Merrier*, etcétera, es realmente inferior al medio que ha producido *Dear Ruth, The Voice of the Turtle, Mrs. Tanqueray's Past, The Lion and the Mouse, Oklahoma, Dear Brutus, Getting Married*, etcétera. Y si acepta que no, querría preguntarle si la crítica tiene alguna función en el desarrollo y autoeducación de un arte; porque si la tiene, todo lo que está diciendo en realidad es que no quiere criticar películas porque son malas y lo aburren, mientras que quiere criticar piezas teatrales porque son buenas y no lo aburren. Puede tener ese derecho, pero por cierto no es una opinión crítica.

… Sigo un tanto mareado por algunas observaciones que hizo su amigo Dale Warren sobre *El halcón maltés*, que él al parecer considera muy inferior a *The Leavenworth Case*. (Léalo para reírse, si no lo ha hecho). Releí *El halcón* no hace mucho, y me rindo. Alguien en este cuarto ha perdido un chaleco de fuerza. Debo de ser yo. Francamente, no puedo concebir nada mejor escrito que *El halcón*, ni una actitud más tierna y cálida hacia la vida, ni un final más espléndido; pero le juro por Dios que si usted me muestra veinte libros escritos en estos últimos veinte años que tengan tanta garra y vida, me los comeré entre rebanadas de la cabeza de Edmund Wilson. De veras, estoy empezando a preguntarme seriamente si alguien sabe todavía qué es escribir, si no habrán mezclado completamente todo el maldito asunto con el tema y la significancia social, y con quién ganará la paz y cuánto le dieron por los derechos de adaptación, y si uno no es un físico nuclear es un analfabeto, etcétera, y simplemente ya no hay nadie que pueda leer un libro y decir si el autor sabía escribir o no sabía. Hasta el pobre viejo Edmund Wilson, que escribe como si tuviera el techo flojo, se ensució los pantalones en el *New Yorker* hace unas semanas reseñando el último libro de Marquand. Escribió: "Una novela de Sinclair Lewis, por muy abierta que esté a las objeciones, es al menos un libro de un escritor, esto es, una obra de imaginación que impone su atmósfera, una creación que muestra el color y el modelado de una mano de artista". ¿Eso es todo lo que tiene que hacer un escritor? Diablos, yo siempre pensé que lo era, pero no sabía que Wilson lo supiera.

Podría escribirle un artículo titulado "La insignificancia de la significancia", en el que demostraría con mi habitual estilo de burdel que no importa un céntimo de qué se trata una novela, que la única ficción de peso en cualquier época es la que efectúa una magia con las palabras, y que el tema es sólo la plataforma de lanzamiento para la imaginación del escritor; que el arte de la ficción, si todavía puede llamárselo así, ha crecido de la nada a una síntesis artificial en apenas trescientos años, y ahora ha llegado a tal grado de perfección mecánica que el único modo en que pueden distinguirse entre sí los novelistas es porque escriban sobre los mineros en Butte, los culis en China, los judíos en el Bronx o los corredores de Bolsa en Long Island, o lo que sea; que todas las mujeres y la mayoría de los hombres escriben exactamente igual, o al menos eligen uno de media docena de procedimientos completamente estandarizados; y que a pesar de ciertas inevitables pequeñas diferencias (muy pequeñas en realidad, vistas de lejos) todo el oficio podría realizarse a máquina, y así se hará cualquier día de éstos; y que los únicos escritores que quedan que tienen algo que decir son los que escriben sobre prácticamente nada y juguetean con modos raros de hacerlo.

Pienso que todos ustedes están locos. Me dedicaré al negocio de las películas.

Estoy haciéndole una huelga a la Paramount, una huelga uni-
personal. Quiero decir que me niego a cumplir los términos de mi
contrato, y ellos se niegan a cancelarlo. Se habla mucho de dinero, pero eso es una cortina de humo. Pasado cierto punto, el dinero sólo significa complicación. Uno tiene la molestia y los gastos
de manipularlo y protegerlo y no tiene cómo gastarlo. Fundamentalmente se trata de la libertad. A mí me queda sólo una cantidad
limitada de años útiles, y no quiero usar ninguno de ellos destruyendo el talento que tengo. Es posible hacer buenas películas (dentro de ciertos límites) pero para hacerlas hay que trabajar con buena gente. Esa gente existe en Hollywood, pero desperdigada y por
el momento ninguno de ellos está disponible para mí en la Paramount. El estudio ahora está a las órdenes de un hombre cuya actitud ante el cine es que si uno es dueño de mil seiscientas salas,
todo lo que tiene que hacer es alimentarlas con productos tan rápido y económicamente como pueda. Yo no puedo hacer nada en
esa atmósfera salvo perder tiempo y cobrar salario. No es bueno.
La última película que hice casi me mató. El productor lo hacía
de mala gana (después renunció) y el director era un viejo burócrata que había venido dirigiendo durante treinta años sin hacer
nunca nada realmente bueno. Obviamente nunca lo hará. Y ahí
estaba yo, un mero escritor, y un escritor cansado, en las discusiones de oficina tratando de proteger al productor, y yendo al set a
dirigir escenas (no sé nada de dirección) para salvar el proyecto de
irse por las cloacas. Bueno, se salvó. Tal como están las películas
hoy, resultó bastante vivaz. No un clásico, pero tampoco un desastre. ¡Pero a qué precio! Y después tuve que ir a la MGM para trabajar en *La dama en el lago*, cosa que me aburrió tan enormemente que prácticamente reescribí la historia para tener algo nuevo

78

que mirar. No lo terminé, y probablemente a esta altura está echado a perder (o quizá yo lo eché a perder) pero después de que eso estuvo terminado tuve que golpearme la cabeza con un bate de béisbol para poder ponerme de pie.

Estoy escribiendo una historia de Marlowe, y francamente querría que me estuviera saliendo mejor. De hecho, salvo por motivos prácticos preferiría olvidarme del señor Marlowe por varios años. Pero tengo que mantenerlo vivo de algún modo. Hay ofertas de programas de radio y otros medios viles de ganar dinero.

Carta a Miss Aron,
11 de enero de 1946. El libro al que se refiere es *La ventana siniestra*, en el que un personaje es un numismático judío llamado Morningstar.

Estimada señorita Aron:

Espero dirigirme correctamente a usted. Supuse que si hubiera sido "Señora" lo habría indicado. Le agradezco por su carta del 30 de noviembre, y estoy por completo de acuerdo en que merece una respuesta. Pero me temo que no puedo darle una muy buena, por el motivo de que no sé de qué se trata todo esto. Debo decirle que he recibido una docena de cartas sobre este tema, que van desde lo patológico vituperativo a lo cortés (de esto último usted es el único buen ejemplo).

Este libro se publicó en 1942. Ha estado en venta y en bibliotecas ambulantes durante mucho tiempo. Al parecer el estallido se debe a la edición de 25 centavos. Antes no había habido ni un susurro de protesta. Tengo muchos amigos judíos. Inclusive tengo parientes judíos. Mi editor es judío. ¿Usted es de los que objetan la palabra? Si es así, ¿con cuál querría que la sustituya? No es sarcasmo de mi parte. Además, todas las cartas han venido del Este. Allí los judíos parecen estar en buen camino a perder su complejo de inferioridad. Al menos es lo que piensa mi médico. Él también es judío.

Usted pregunta por qué yo no presento a un personaje como un "católico anémico o un rudo episcopalista". Simplemente, querida, porque la religión no tiene nada que ver. Se puede ser hebreo ortodoxo, pero hay judíos católicos romanos, y judíos Christian Scientists, y judíos sin ninguna religión, y judíos (muchos, muchísimos) que son hebreos un solo día al año, el Día del Perdón. Llamo judío a un personaje por motivos puramente intelectuales ocasionalmente, ya que también hay, salvo en los más altos niveles de la personalidad, un modo de pensar judío.

El judío es un tipo, y me gustan los tipos, y hasta ahí he llegado. Por supuesto es *muchos* tipos, algunos reconocibles a cien metros de distancia, algunos reconocibles sólo después de un estudio más detenido, algunos imposibles de reconocer. Sé que hay judíos que ni siquiera los judíos pueden reconocer. He tenido dos secretarias que me lo dijeron, y las dos eran chicas judías. Hay un tono de voz, hay una cierta mirada, hay un color de piel. No se trata, mi estimada amiga, de una cuestión de narices.

Es muy amable al no acusarme de antisemitismo. Se lo agradezco porque estoy horriblemente cansado del tema. Y al mismo tiempo lamento terriblemente la existencia de esas mentes atormentadas que no pueden abandonarlo, que se preocupan por él y lo mantienen sangrante. Un escritor en la *Saturday Review of Literature* decía recientemente que lo que piden los judíos no es el derecho a tener genios, sino el derecho a tener bribones. Estoy de acuerdo. Y yo pido el derecho de llamar ladrón a un personaje llamado Weinstein sin que me acusen de decir que los judíos son todos ladrones.

Permítame, con toda amabilidad, decir una última palabra. Usted es usted, no el tipo, pero si entre sus amigos hay un impulso de salir a una caza de brujas antisemita, que busquen sus enemigos no entre los que llaman judío a un judío, los que ponen personajes judíos en sus libros porque hay muchos judíos en sus vidas y todos interesantes y todos diferentes y algunos nobles y algunos más bien desagradables, como el resto de la gente, sino que los busquen entre los brutos (a los que podrán reconocer fácilmente) y entre los esnobs que no hablan en absoluto de los judíos.

Usted está a salvo y más que a salvo con gente franca como yo.

Carta a Alfred Knopf,

12 de enero de 1946. Aunque ya no su editor, Knopf había hecho las paces con Chandler, y seguirían en contacto el resto de la vida de este último. Knopf había escrito tras su lectura del artículo de Chandler sobre guión cinematográfico en la *Atlantic*.

Uno de los problemas es que parece por completo imposible en Hollywood convencer a alguien de que un hombre pueda darle la espalda a un salario colosal (colosal para las normas de la vida corriente) por otro motivo que una maniobra táctica mediante la cual tenga esperanzas de conseguir un salario más colosal aún. Lo que yo quiero es algo por completo diferente: liberarme de las fechas de entrega y de las presiones innaturales, y tener derecho a buscar y trabajar con esas pocas personas en Hollywood cuyo propósito es hacer la mejor película posible dentro de las limitaciones de un arte popular, en lugar de limitarse a repetir la vieja fórmula vulgar. Y sólo quiero un poco de eso.

La ética de esta industria puede juzgarse por el hecho de que anoche, tarde, me llamó un productor independiente muy importante y me pidió que le escribiera un guión para uno de los proyectos más publicitados del año, que lo hiciera en silencio, secretamente, con pleno conocimiento de que sería una violación de mi contrato. Eso no significa nada para él; nunca se le ocurrió que me estaba insultando. Quizás, a pesar de mis faltas, todavía tengo sentido del honor. Puedo pelearme, pero al menos pongo el punto en disputa sobre la mesa frente a mí. Estoy perfectamente dispuesto a dejar que me examinen las mangas en busca de naipes ocultos. Pero no creo que realmente quieran hacerlo. Los horrorizaría encontrarlas vacías. No les gusta tener tratos con gente honesta.

81

Desde el comienzo, desde el primer cuento para revista barata, para mí siempre se trató (antes por supuesto de cómo escribir una historia) de poner en lo que hacía algo de lo que no me avergonzara, quizá ni siquiera como una idea consciente, pero que se destilara por la mente y dejara una huella. Un hombre con hábitos realistas de pensamiento ya no puede escribir para intelectuales. Son demasiado pocos y son demasiado especiosos. Ni puede deliberadamente escribir para gente a la que desprecia, o para revistas lustrosas (Hollywood es menos degradante que eso) o sólo por dinero. Debe haber idealismo, pero también debe haber desprecio. Este discurso puede parecer un poco ridículo, proveniendo de mí. Es posible que como Max Beerbohm, yo haya nacido medio siglo demasiado tarde, y que pertenezca también a una era de elegancia. Me habría sido muy fácil llegar a ser algo que no le sirve a nuestro mundo. Por eso empecé a escribir para *Black Mask*. Qué ironía.

Sin duda alguna, he aprendido mucho de Hollywood. Le ruego que no piense que lo desprecio completamente, porque no es así. La mejor prueba de ello es que volvería a trabajar con todo productor para el que he trabajado, y todos y cada uno de ellos, a pesar de mis rabietas, estarían felices de volver a trabajar conmigo. Pero el panorama general es de una comunidad degradada, cuyo mismo idealismo es en gran medida falsificado. La presunción, el entusiasmo simulado, la bebida y sexo constantes, las incesantes riñas por dinero, el agente entrometido, el pavoneo de los magnates (y su incompetencia casi siempre total para terminar cualquier cosa que empiezan), el miedo constante de perder todo este oro y ser las nulidades que en realidad nunca dejaron de ser, las trampas mezquinas, todo ese condenado caos no es de este mundo. Es un gran tema para una novela, probablemente el más grande tema todavía no probado. Pero cómo hacerlo con una mente serena, eso es lo que me confunde. Es como una de esas revoluciones palaciegas sudamericanas dirigidas por oficiales en uniformes de opereta: sólo cuando ha terminado y los hombres harapientos yacen muertos en fila conta la pared, uno de pronto se da cuenta de que no es gracioso, es el circo romano, y muy cerca del fin de la civilización.

Carta a Erle Stanley Gardner,
29 de enero de 1946. Chandler ahora estaba trabajando
firmemente en una quinta novela de Marlowe. Las
ediciones baratas de los cuatro Marlowes anteriores se
vendían por cientos de miles, y *Newsweek* había
informado en 1945 que "el chandlerismo, un culto selecto
hace un año, inunda el país".

La mayor parte de lo que me escribe es una completa sorpresa para mí, incluyendo la idea de que usted es un mal escritor… Mientras dicto esta carta tengo dos estantes de Gardners frente a mí, y sigo comprando para completar la colección. Es probable que yo sepa tanto sobre las cualidades esenciales de la buena escritura como cualquiera que hable del tema. No hablo de estas cosas profesionalmente por el simple motivo de que no considero que valga la pena. No estoy interesado en complacer a los intelectuales escribiendo crítica literaria, porque la crítica literaria como arte en estos tiempos tiene un alcance demasiado estrecho y un público demasiado limitado, lo mismo que la poesía. No creo que sea función de un escritor dirigirse a una generación de ociosos que en una época tuvieron tiempo de gozar de las delicadezas del pensamiento crítico. Los críticos de hoy son fatigados bostonianos como Van Wyck Brooks, o engreídos como Fadiman, u hombres honestos confundidos por la inutilidad de su oficio, como Edmund Wilson. El público lector es intelectualmente adolescente en el mejor de los casos, y es obvio que lo que se llama "literatura significante" podrá vendérsele a este público por los mismos métodos que se usan para venderle pasta dental, purgantes y automóviles. Es igualmente obvio que dado que a este público se le ha enseñado a leer por la fuerza bruta, querrá, en los intervalos entre sus esfuerzos con los últimos bestsellers "significantes", leer libros que sean divertidos y excitantes. De modo que, como todo público a medias educado de todos los tiempos, se volverá con alivio hacia el hombre que le cuente una historia y nada más. Decir que lo que ese hombre escribe no es literatura es como decir que un libro no puede ser bueno si provoca ganas de leerlo. Cuando un libro, cualquier clase de libro, llega a cierta intensidad de realización artística, se vuelve literatura. Esa intensidad puede ser cuestión de estilo, de situación, de personajes, de tono emocional, o idea, o media docena de otras cosas. También puede ser una perfección del control sobre el movimiento de una historia, similar al control de la pelota que tiene un gran lanzador de béisbol. Esto, para mí, es lo que usted tiene más que cualquier otra cosa, y lo tiene más que nadie. Dumas *père* lo tenía. Dickens, descartando la pegajosidad victoriana, lo tenía; discúlpeme, pero no creo que Edgar Wallace se haya acercado a tenerlo. Las historias que escribía morían y había que revivirlas. Las de usted, no. Cada página arroja el gancho a la siguiente. Yo encuentro que para eso se necesita una especie de genio. Me considero un lector bastante exigente; las historias policiales como tales no significan nada para mí. Pero si tengo media docena de libros sin leer junto al sillón, y uno de ellos es un Perry Mason, tomo el Perry Mason y dejo a los otros esperando; lo que significa que ese libro debe de tener alguna cualidad.

En cuanto a mí, no estoy atareado y no soy exitoso en ningún modo importante. No logro escribir lo que quiero escribir y me embrollo en lo que escribo. Gané mucho dinero el año pasado, pero el gobierno se llevó la mitad, y los gastos se llevaron la mitad del resto. No soy pobre, pero tampoco tengo lo que tiene usted, ni lo tendré nunca. Mi esposa ha estado resfriada hace diez días, pero quiere ir a visitarlo tanto como quiero yo. Estoy trabajando en casa porque me negué a reportarme a la Paramount y me suspendieron. Se negaron a romper mi contrato. Un escritor no tiene posibilidades en las películas salvo que decida hacerse productor, y eso es demasiado duro para mí. La última película en la que trabajé fue simplemente una sola larga pelea.

Carta a Blanche Knopf,

27 de marzo de 1946. Igual que Gardner, que con el tiempo empezó a imprimir sus propios libros, Chandler estaba escandalizado por lo que poco que ganaba con las reediciones baratas de sus primeras cuatro novelas.

Gracias por su nota, y siempre es un placer oír de usted. Estoy bastante avanzado en una historia de Marlowe, pero tuve un resfrío malo y me he estado arrastrando desde entonces… No entiendo esta situación de las reediciones. ¿Está bien que una venta de un millón de ejemplares le reporte al hombre que creó el material vendido no más de siete mil quinientos dólares? Esto necesita una respuesta. No creo que esté bien. Creo que el autor en todas las reediciones debería tener un pago mínimo del diez por ciento del precio de venta. Todo lo que sea menos me deja pensando qué pasa. No me extraña que los escritores acepten las condiciones de Hollywood y dejen de escribir libros. Que los escriban las mujeres. De cualquier modo, todo es mecánica y promoción.

Pero no me tome demasiado en serio. Me estoy volviendo un ciudadano bastante agrio. Hasta Hemingway me desilusionó. He estado releyendo mucho de él. Habría dicho que ahí había un tipo que escribía como era, y habría tenido razón, pero no del modo en que quería decirlo. Noventa por ciento es la más condenada autoimitación. En realidad nunca escribió más que una historia. Todo el resto es lo mismo en diferentes lugares, o con diferentes partes. Y su eterna preocupación con lo que pasa entre las sábanas termina volviéndose más bien nauseante. Llega un momento en la vida en que las rimas escritas en las paredes de los baños de las estaciones ya no son obscenas, sino horriblemente aburridas. Este hombre tiene un solo tema y lo vuelve ridículo. Supongo que su epitafio, si tuviera que elegirlo, sería: Aquí Yace Un Hombre Que Fue Bueno En La Cama. Lástima Que Estuvo Solo En Ella. Pero empiezo a dudar de que haya sido tan bueno. ¿Es necesario poner tanto esfuerzo para hacer cosas en las que uno es realmente bueno?

Carta a Jamie Hamilton,
30 de mayo de 1946

Cuando y si ve *The Big Sleep* (la primera mitad al menos) comprenderá lo que puede hacer con esta clase de historia un director con el don de la atmósfera y el necesario toque de sadismo oculto. Bogart, por supuesto, es tanto mejor que cualquier otro actor duro, que hace parecer vagabundos a los Ladd y los Powell. Como decimos aquí, Bogart puede ser duro sin un arma. Además tiene un sentido del humor que incluye el resabio raspante del desprecio. Ladd es duro, amargo y ocasionalmente encantador, pero después de todo es la idea que se hace un niño de un tipo duro. Bogart es el artículo genuino. Como Edward G. Robinson cuando era más joven, todo lo que tiene que hacer para dominar la escena es entrar. *The Big Sleep* tuvo una historia infortunada. La chica que representaba a la hermana era tan buena que opacaba por completo a Miss Bacall. Así que cortaron la película de tal modo que sacaron todas las mejores escenas de esta chica, menos una. El resultado era absurdo y Howard Hawks amenazó con demandar a la Warner e impedirle lanzar la película. Después de largas discusiones, según oí, el director volvió y filmó otra vez muchas escenas. No he visto el resultado de esto. La película todavía no se estrenó comercialmente. Pero si Hawks se salió con la suya, la película será la mejor de su tipo. Como yo no tengo nada que ver con ella, digo esto con cierta nostalgia. Bueno, eso no es exactamente cierto porque Hawks una y otra vez se encontró insatisfecho con el guión y volvía al libro y filmaba las escenas directamente de él. Hubo también una escena maravillosa que él y yo planeamos juntos, charlando. Al final de la película Bogart y Carmen están atrapados en casa de Geiger por Eddie Mars y sus pistoleros. Es decir, Bogart (Marlowe) había quedado atrapado ahí, y la chica venía y la dejaban entrar. Bogart sabía que ella era una asesina y también sabía que la primera persona que saliera por esa puerta sería recibida con una salva de balas de ametralladora. La chica no lo sabía. Marlowe también sabía que si enviaba a la chica a que la mataran, la banda escaparía, con lo cual salvaría su propia vida por el momento. No se sentía con ganas de jugar a Dios o salvar el pellejo entregando a Carmen. Tampoco se sentía con ganas de jugar a sir Philip Sydney por salvar una vida indigna. Así que lo dejó librado al azar arrojando una moneda. Antes de arrojar la moneda oró en voz alta, a su modo. La esencia de su plegaria era que él, Marlowe, había hecho las cosas lo mejor posible y no era culpa suya estar en posición de tomar una decisión que Dios no tenía derecho a obligarlo a tomar. Quería que esta decisión la tomara la autoridad que permitía que todo esto sucediera. Si salía cara, dejaría ir a la chica. La arrojó y salió cara. La chica pensó que era una especie de juego para retenerla hasta que llegara la policía. Se dispuso a partir. A último momento, cuando tenía la mano en el picaporte, Marlowe se ablandó y dio un paso para detenerla. Ella se le rió en la cara y lo apuntó con una pistola. Después abrió la puerta una pulgada o dos y uno veía que ella dispararía y estaba feliz con la situación. En ese momento una ráfaga de ametralladora atravesaba la puerta y la hacía pedazos. Los pistoleros afuera habían oído una sirena en la distancia y en el pánico habían disparado contra la puerta a modo de tarjeta de visita, sin esperar herir a nadie. No sé qué pasó con esta escena. Quizá los muchachos no pudieron escribirla o no quisieron. Quizás el señor Bogart no quiso representarla. Nunca se sabe, en Hollywood. Todo lo que sé es que habría sido, si se lo hubiera hecho bien, algo electrizante. Creo que probaré de hacerlo yo alguna vez.

Carta a Charles Morton,

14 de junio de 1946.

Rercuerdo, hace tiempo, cuando hacía reseñas de libros en Londres, que mi primer impulso siempre era encontrar alguna ocurrencia ingeniosa y maligna, porque eso es mucho más fácil de escribir. A pesar de su sofisticación superficial, la actitud general del *New Yorker* me parece que tiene ese mismo toque de sarcasmo de principiante. Lo encuentro más bien juvenil. De hecho, por herético que pueda parecer, empiezo a encontrar al *New Yorker* una publicación muy aburrida.

Carta a H. N. Swanson,

agente de Chandler en Hollywood, julio de 1946.

Los editores y otros deberían dejar de preocuparse por la pérdida de clientela que puede causarles la televisión. El tipo que puede soportar un trío de comerciales de desodorantes para mirar a Flashgun Casey y tragarse los elogios a cervezas o a planes usurarios de crédito para poder ver a un par de boxeadores de cuarta frotándose las narices contra las cuerdas, no es alguien que vaya a perder tiempo leyendo libros.

Carta a H. N. Swanson,

4 de agosto de 1946.

Querido Swanie:

Gracias por su carta del 31 de julio. Supongo que todos deberíamos conocer a Samuel Goldwyn de este lado del paraíso. He oído que huele muy bien cuando se pone de pie. Pero como todo el trámite está destinado a que yo trabaje para él, y no voy a hacerlo, ¿vale la pena? No lo sé. No sé nada, salvo que el método corriente de trabajar con escritores no es para mí. Supongo que usted considerará un gran guionista a Dudley Nichols, y no negaré que lo sea. ¿Pero que hay de Nichols en su trabajo? ¿Hay algo en *The Bells of St Mary's, Scarlet Street* y *Stagecoach* que pertenezca a un hombre, y sólo a un hombre? Si lo hay, yo no puedo verlo. Quizás a alguien más experto en el negocio le resultará evidente. Para mí esas tres películas, y cualquier otra de él que me mencionen y que yo haya visto, podrían haber sido escritas por diferentes guionistas. En lo que se refiere a un estilo individual, son completamente anónimas. No es la clase de trabajo que yo quiero hacer en cine. Si ésa es la única clase de trabajo (o algo muy inferior, técnicamente) que se me permitirá hacer, entonces no tengo nada con qué contribuir. Por esta razón no trabajaré para gente dominante como Selznick o Goldwyn.

Amor
Ray

P.S.: La Valencia Hotel, Glencoe 52175 (San Diego) en caso de emergencia. Una emergencia sería una cantidad de dinero a cambio de nada.

> Cuando Chandler decidió dejar de trabajar para los estudios, y mudarse en forma permanente a La Jolla, el *Atlantic Monthly* lo persuadió de que escribiera un informe sobre la ceremonia de entrega de los Oscar de ese año.

Si ustedes piensan que la mayoría de las películas son malas, cosa que son (incluidas las extranjeras), averigüen por algún iniciado cómo se hacen, y les sorprenderá que hayan podido hacerlas tan buenas. Hacer una película buena es como pintar *La Gioconda* en el sótano de Macy's, con un supervisor de sección mezclando los colores. Por supuesto que la mayoría de las películas son malas. ¿Por qué no iban a serlo? Aparte de sus propios inconvenientes intrínsecos de costo excesivo, censura hipercrítica y la falta de una fuerza de mando única en la hechura, la película es mala porque el noventa por ciento del material en que se basan es basura, y el otro diez por ciento es un poco demasiado viril y malhablado para los burócratas de mentes mezquinas, las viejas ingenuas de los clubes de mujeres y los tiernos custodios de esa horrenda mezcla de aburrimiento y malos modales conocida más elocuentemente como la Era Impresionable.

Lo que importa no es si hay películas malas, ni siquiera si la película promedio es mala, sino si el cine es un medio artístico de suficiente dignidad y madurez para ser tratado con respeto por los que controlan sus destinos. Los que desdeñan el cine por lo general se satisfacen diciendo que es una forma de entretenimiento de masas. Como si eso significara algo. La tragedia griega, que sigue siendo considerada muy respetable por la mayoría de los intelectuales, era entretenimiento de masas para el ciudadano ateniense. Lo mismo, dentro de sus límites económicos y topográficos, el drama isabelino. Las grandes catedrales de Europa, aunque no fueron construidas exactamente para proporcionar un entretenimiento vespertino, tenían por cierto un efecto estético y espiritual sobre el hombre corriente. Hoy, si no fue siempre así, las fugas y corales de Bach, las sinfonías de Mozart, Borodin y Brahms, los conciertos para violín de Vivaldi, las sonatas para piano de Scarlatti, y mucho de lo que alguna vez fue una música más bien recóndita, son entretenimiento de masas gracias a la radio. No todos los tontos aman esa música, pero no todos los tontos aman algo más complicado que una historieta. Razonablemente podría decirse que todo arte en algún momento y de algún modo se vuelve entretenimiento de masas, y si no lo hace muere y es olvidado.

Es cierto que el cine hace frente a una masa demasiado grande; debe complacer a demasiada gente y ofender a demasiado poca; la segunda de estas restricciones es infinitamente más dañina artísticamente que la primera. Los que desdeñan al cine como forma artística rara vez están dispuestos a considerarlo en sus mejores especímenes. Insisten en juzgar por la película que vieron la semana pasada o ayer; lo cual es más absurdo aún (en vista de la cantidad de producción) que juzgar a la literatura por los diez best sellers de la semana pasada, o al teatro por los actuales éxitos de Broadway, así sean los mejores. En una novela uno todavía puede decir lo que quiere, y el escenario es libre casi al punto de la obscenidad, pero el cine hecho en Hollywood, si quiere crear arte, debe hacerlo dentro de limitaciones de tema y tratamiento tan asfixiantes que es un milagro que logre alguna distinción más allá del brillo puramente mecánico de los cromados de un baño. Si fuera sólo un arte literario o teatral trasplantado, no lo lograría. Los comerciantes y los puritanos se ocuparían de eso.

Pero el cine no es un arte literario o teatral trasplantado, así como no es arte visual. Tiene elementos de todos ellos, pero en su estructura esencial está mucho más cerca de la música, en tanto sus mejores efectos pueden ser independientes del sentido preciso, sus transiciones pueden ser más elocuentes que sus escenas, y sus movimientos de cámara y disoluciones, que no pueden ser censurados, suelen ser más efectivos emocionalmente que sus argumentos, que sí pueden ser censurados. No sólo el cine es un arte, sino que es el único arte enteramente nuevo que ha aparecido en este planeta en cientos de años. Es el único arte en el que los hombres de la presente generación tenemos alguna posibilidad de alcanzar la mayor excelencia.

En la pintura, la música y la arquitectura no llegamos ni siquiera a la segunda fila por comparación con las mejores obras del pasado. En escultura, causamos risa. En la literatura en prosa no sólo carecemos de estilo sino que carecemos del trasfondo educacional e histórico necesario para saber qué es el estilo. Nuestras novelas y teatro son hábiles, vacíos, a menudo intrigantes, y tan mecánicos que en otros cincuenta años como máximo serán producidos por máquinas con botones. No tenemos poesía popular de gran estilo, sino apenas versos delicados o ingeniosos o amargos o herméticos. Nuestras novelas son propaganda fugaz cuando son lo que se llama "significante", y lectura de cama cuando no.

Pero en el cine tenemos un medio artístico cuyas glorias no están todas en el pasado. Ya ha producido grandes obras y si, comparativa y proporcionalmente, muy pocas de esas grandes obras han sido logradas en Hollywood, pienso que eso es más razón por la que su danza tribal anual de las estrellas y los productores debería inducir una pequeña conciencia silenciosa del hecho. Por supuesto, no lo hará. Estoy fantaseando, nada más.

El negocio del espectáculo siempre ha sido un poco demasiado ruidoso, demasiado chillón, demasiado vulgar. Los actores son gente amenazada. Antes de que lleguen las películas que los hacen ricos, suelen tener necesidad de una alegría desesperada. Algunas de estas cualidades prolongadas más allá de una estricta necesidad han pasado a las costumbres de Hollywood y producido esa cosa sumamente agotadora, el estilo de Hollywood, que es un caso crónico de excitación espuria respecto de una absoluta nada. No obstante, y por una vez en la vida, tengo que admitir que la noche de los premios de la Academia es un buen espectáculo y bastante divertido por momentos, aunque admiraré a quien pueda divertirse con todo lo que pasa en ella.

Si usted puede pasar frente a las caras horriblemente idiotas en las gradas afuera del salón sin un sentimiento de colapso de la inteligencia humana; si puede soportar la tempestad de flashes estallando ante los pobres pacientes actores que, como reyes y reinas, nunca tienen el derecho de lucir su aburrimiento; si puede echar una mirada a esta asamblea de lo que se supone que es la elite de Hollywood y decirse, sin un sentimiento de angustia: "En estas manos están los destinos del único arte original que ha concebido el mundo moderno"; si puede reírse, y probablemente lo hará, de los chistes de los presentadores en el escenario, chistes que no fueron lo bastante buenos para usar en sus programas de radio; si puede soportar el falso sentimentalismo y los lugares comunes de los funcionarios y la afectada dicción de las reinas del glamour (debería oírlas después de cuatro martinis); si puede hacer todo esto con elegancia y placer, y no sentir una oleada de horror salvaje y desamparado ante la idea de que la mayoría de estas personas realmente se toman sus vulgares actuaciones en serio; y si después puede salir a la noche a ver a la mitad de la fuerza policial de Los Ángeles reunida para proteger a los seres dorados de la plebe en los asientos gratuitos, aunque no pueden protegerlos de ese espantoso gemido que produce su aparición, como el destino silbando a través de una caracola vacía; si pueden hacer todo esto y seguir pensando a la mañana siguiente que el negocio del cine merece la atención de una sola mente inteligente y artística, entonces es seguro que usted pertenece al negocio del cine.

Acto IV (1946-1954)

En 1946 Raymond Chandler compró una casa sobre la costa de La Jolla, al norte de San Diego, y trató de completar su quinta novela de Marlowe, que había titulado The Little Sister (La hermana menor). *Liberado de la tensión del estudio, y disfrutando de paz y silencio, Chandler volvió también con renovado vigor a la correspondencia.*

Carta a Dale Warren,
2 de octubre de 1946.

Supongo que se habrá enterado de que un librero aquí fue condenado por vender material indecente, y se trataba de *Memoirs of Hectate County*, de Edmund Wilson. Muy desalentador. El libro es bastante indecente, por supuesto, y exactamente del modo más inofensivo: sin pasión, como un falo de miga de pan. Ahora están vendiendo clandestinamente esa maldita cosa a veinticinco dólares el ejemplar. No vale el original... Las reseñas de libros que hace Wilson, meticulosas y pedestres y a veces inteligentes, le hacen pensar erróneamente a uno que hay algo en su cabeza además de fijador de cabello. Pero no hay.

Como los dos párrafos anteriores los inicié en primera persona (cosa que en la escuela me enseñaron que no había que hacer) añadiré que yo, nosotros, nos mudamos a La Jolla de modo permanente, o tan permanente como puede ser algo hoy en día. Si vuelvo a hacer algún trabajo para Hollywood, cosa que probablemente haga, puedo hacer nueve décimos de él aquí, de todos modos. Esto es, si puedo encontrar una secretaria. Vivimos cerca del mar sonoro: está cruzando la calle y bajando una pendiente; pero el Pacífico es muy tranquilo. Tenemos una casa mucho mejor de lo que tendría derecho a esperar un autor de novelas policiales desocupado.

La historia en la que estoy trabajando me parece que carece de algunas de las cualidades nobles. Además de lo cual la encuentro aburrida. Me pregunto si no me habré fundido definitivamene. Es posible. Mejores hombres que yo lo dejaron todo en Hollywood.

Carta a Jamie Hamilton,
6 de octubre de 1946.

Mi título puede no ser muy bueno. Es sólo lo mejor que puedo pensar sin esfuerzo. Tengo ideas peculiares sobre los títulos. Nunca deberían ser obviamente provocadores ni decir nada sobre crimen. Deberían ser más bien indirectos y neutros, pero la forma de las palabras debería ser un tanto poco usual. No lo hemos logrado esta vez. No obstante, como observó una vez un gran editor, un buen título es el título de un libro exitoso. De improviso, nadie habría pensado que *The Thin Man* era un gran título. *The Maltese Falcon* lo es, porque tiene ritmo y rima y hace que uno se haga preguntas.

Carta a Charles Morton,
5 de diciembre de 1946.

El único argot que me sirvió en un libro o bien era inventado por Chandler o había superado una razonable prueba de tiempo. Todo lo demás tiende a volverse obsoleto antes de llegar a la imprenta.

Carta a Charles Morton,
12 de diciembre de 1946.

Tengo mis días pedantes, mis días ignorantes, mis días de no importarme nada, y espero que mi secretaria comparta mis humores.

Carta a Mrs. Robert Hogan,
una maestra de New Jersey que le había escrito a
Chandler pidiéndole consejos para darles a los jóvenes,
27 de diciembre de 1946.

Mi experiencia en ayudar a la gente a escribir ha sido limitada pero en extremo intensiva. Lo he hecho todo, desde dar dinero a futuros escritores para que vivan, hasta darles argumentos y reescribir sus textos, y hasta el momento he encontrado que nada ha servido para nada. La gente que Dios o la naturaleza quiso que fueran escritores encuentra sus propias respuestas, y a los que tienen que preguntar es imposible ayudarlos. Son simplemente gente que quiere ser escritora.

Carta a Charles Morton,
5 de enero de 1947. El libro al que se refiere, *Command Decision*, era de un autor llamado William Wister Haines. "El señor Weeks" era el Editor de Artes del *Atlantic*.

Una vez le escribí, en un estado de ánimo sarcástico, que las técnicas de ficción se habían estandarizado tanto que uno de estos días una máquina escribiría novelas. Lo que me molesta en este libro, *Command Decision*, lo mismo que en otros como él, es que tiene toda la habilidad y la percepción y el ingenio y la honestidad que debe tener una buena novela. Tiene un tema, algo que yo nunca tuve; tiene un sentimiento agudo e inmediato de la vida tal como es ahora. Me sería difícil decir qué no tiene. Estoy absolutamente seguro de eso, aunque no espero venderle a nadie la idea. Su señor Weeks, que es un hombre mucho más inteligente que yo, piensa que Marquand es un escritor serio. Yo no. Yo pienso que es un periodista rápido e inteligente. Pienso que será completamente olvidado cinco años después de su muerte, por todo el mundo salvo unos pocos. ¿Se trata de que estos libros son escritos muy rápido, en una especie de ardor? No es una respuesta; así fue escrita mucha de la literatura que ha perdurado. El tiempo de composición no tiene nada que ver; algunas mentes destilan mucho más rápido que otras. ¿Será que los autores de estos libros están usando técnicas completamente prestadas y en consecuencia no transmiten el sentimiento de que han creado, sino de que más bien han informado? Más cerca, aunque no es todavía la respuesta. Indudablemente, están apareciendo una cantidad de hábiles reportajes disfrazados de ficción, y seguirán saliendo, pero esencialmente creo que falta una cualidad emocional. Aun cuando se ocupan de la muerte, y lo hacen con frecuencia, no son trágicos. Supongo que es lo que podría esperarse. Una era que es incapaz de poesía es incapaz de cualquier clase de literatura salvo esa inteligencia de una decadencia. Los chicos pueden decir cualquier cosa, sus escenas son casi cansadoramente impecables, tienen todos los datos y todas las respuestas, pero son hombrecitos que se han olvidado de cómo rezar. A medida que el mundo se hace más pequeño, las mentes de los hombres se hacen más pequeñas, más compactas, y más vacías. Éstas son las máquinas mentales de la historia.

Carta a Edward Weeks de *Atlantic Monthly*,
respecto del artículo de Chandler sobre la ceremonia de
entrega de los Oscar.

Me temo que me ha desconcertado. Creía que "Adoración tribal en Hollywood" era un título perfectamente bueno. No veo la necesidad de un título relacionado con el crimen y el misterio. Pero usted es el jefe. Cuando escribí sobre escritores usted no pensó estas cosas. Se me ocurrieron varios títulos como *Noche Negra en Hollywood, La última carga de Sutter, El mirón de oro, Todo lo que se necesita son elefantes, El inconveniente de la moda, Dónde va el vaude-ville cuando muere*, y basuras por el estilo. Pero nada que lo pueda conmover a usted. A propósito, transmítale mis felicitaciones al o la purista que corrige sus pruebas y dígale que yo escribo en una especie de dialecto que se parece en algo a la charla de un cama-rero suizo, y que cuando escindo un infinitivo, maldito sea, lo es-cindo de modo que siga escindido, y cuando interrumpo la flui-dez aterciopelada de mi sintaxis más o menos alfabetizada con unas pocas docenas de coloquialismos de taberna, lo hago con los ojos abiertos y la mente relajada pero atenta. El método puede no ser perfecto, pero es todo lo que tengo. Supongo que su corrector de pruebas está tratando amablemente de mantenerme en pie, pero por mucho que agradezca su solicitud, en realidad soy capaz de mantener un rumbo bastante firme, siempre que disponga de las dos aceras y de la calle entre ambas.

Carta a James Sandoe,
7 de febrero de 1947.

El elemento de suspenso mientras dos personajes se aproximan gradualmente a una catástrofe inevitable simplemente me pone nervioso. Encuentro que ya no puedo leer libros como éste.

Carta a Howard Haycroft,
escritor de suspenso, 7 de febrero de 1947

No hace mucho me encontraba leyendo un libro llamado *Man Against Himself*, del prestigioso doctor Karl Menninger, dueño de una lucrativa clínica psiquiátrica en algún lugar de Kansas y, creo, brigadier general a cargo de las neurosis en el ejército de los Estados Unidos. No llevaba leído ni un tercio del libro cuando me convencí de que todo era una falsedad absoluta.

Carta a la señora de Robert Hogan,
8 de marzo de 1947.

Una de mis peculiaridades y dificultades como escritor es que no quiero descartar nada. He oído que esto no es propio de un profesional, que es una típica debilidad de aficionado no darse cuenta de que lo que se escribe no está saliendo bien. Yo me doy cuenta, pero no puedo olvidar el hecho de que tuve una razón, un sentimiento, para empezar a escribirlo, y que me condenen si no quiero preservarlo. He perdido meses de tiempo por esta obstinación. No obstante, después de trabajar en Hollywood, donde el análisis de la trama y la motivación se realiza cotidianamente del modo más implacable, comprendo que siempre es una dificultad de trama la que me detiene. Simplemente no puedo planificar la trama con bastante antelación. Escribo algo que me gusta y después me da un trabajo infernal hacerlo calzar en la estructura. Esto resulta en algunas extravagancias de construcción, sobre las que no me preocupo, porque fundamentalmente no me interesa la trama.

Otra de mis peculiaridades (y en ésta creo absolutamente) es que uno nunca sabe del todo dónde está la historia que uno escribe, hasta no haber escrito el primer borrador. Así que siempre considero el primer borrador como la materia prima. Lo que parece vivo en él es lo que pertenece a la historia. Aun si se pierde la claridad, yo mantengo todo lo que produce el efecto de sostenerse sobre sus pies y marchar. No puede planearse una buena historia; tiene que destilarse. A largo plazo, por poco que uno hable sobre el tema, lo más durable en lo que se escribe es el estilo, y el estilo es la más valiosa inversión que puede hacer un escritor con su tiempo. Las ventas se demoran, el agente se burla, el editor no entiende, y se necesitará gente de la que uno nunca ha oído para convencerlos poco a poco de que el escritor que pone su marca individual en lo que escribe siempre dará ganancia. No se lo puede hacer sólo tratando, porque la clase de estilo en la que estoy pensando es una proyección de la personalidad y es preciso tener una personalidad antes de poder proyectarla. Pero si uno la tiene, sólo puede proyectarla en el papel pensando en otra cosa. Esto es irónico en cierto modo. Es el motivo, supongo, por el que en una generación de escritores "hechos", sigo diciendo que no se puede hacer un escritor. La preocupación por el estilo no lo producirá. Ninguna cantidad de corrección y pulido tendrá ningún efecto apreciable sobre el sabor de lo que un hombre escriba. Es un producto de la cualidad de su emoción y percepción; es la capacidad de transferirlos al papel lo que hace de él un escritor, en contraste con la gran cantidad de gente que tiene emociones igualmente de buenas y percepciones igualmente agudas, pero no llega ni a un millón de millas de ponerlas sobre el papel. Conozco a varios escritores hechos. Hollywood, por supuesto, está lleno de ellos; sus libros a menudo tienen un impacto inmediato de habilidad y sofisticación, pero por debajo están huecos, y uno nunca vuelve a ellos.

Carta a James Sandoe,
8 de marzo de 1947.

No estoy de acuerdo con su conexión de *Pin to See Peepshow* con *Hamlet*, etcétera. Pienso que *Hamlet, Macbeth*, las grandes tragedias griegas, *Anna Karenina* y Dostoievsky etcétera son algo por completo distinto, no tanto porque sean mejores, como porque no ponen nervioso en el mismo sentido. Hay una gran diferencia (al menos para mí) entre un final trágico y un final desdichado. No se puede escribir una tragedia al nivel de una novela suburbana;

sólo se obtiene desgracia sin la depuración de las altas emociones. Y naturalmente la cualidad de las emociones es cuestión de proyección, de cómo se hace, de cuál es el efecto total del estilo. No es cuestión de trabajar con personajes de tamaño heroico.

Carta a B. D. Zevion,

un editor que le había escrito a Chandler pidiéndole un elogio para un libro de poemas de otro colega de su época de *Black Mask*, 9 de marzo de 1947.

Muchas gracias por el libro de Sandberg. Es extraño leer estos poemas ahora. Cuando se publicaron por primera vez, al parecer eran rudos y brutales. Ahora parecen discretos. Tiene mucho palabrerío whitmanesco sobre el hombre-niño y la mujer-niña, etcétera, que suena curiosamente tenso, como un escritor de policiales tratando de ganar fuerza mediante el uso de palabras duras en lugar de cosas duras. El tipo de estilo "descerrajó su camino al cuarto". Los editores se toman una cantidad de libertades conmigo en los días que corren. Tengo un par de cartas de Sandberg, muy amables. Están escritas en la misma jerga cortante, que supongo que ya se le ha hecho natural, pero creo que originariamente era sólo jadeo.

Carta a Edgar Carter,

asistente de H. N. Swanson, con el que Chandler seguía discutiendo ofertas de Hollywood, 28 de marzo de 1947.

A propósito, ¿usted lee la Biblia? Supongo que no con mucha frecuencia, pero yo tuve ocasión de hacerlo la otra noche y créame que es una lección de cómo no hay que escribir para el cine. La peor clase de sobreescritura. Capítulos enteros para decir algo que podría haberse dicho en un párrafo. ¡Y el diálogo! Le apuesto a que en Macmillan están lamentando no haberlo publicado ellos. Podrían haberlo vuelto un bestseller. En cuanto a hacerlo prohibir en Boston con fines publicitarios, no creo que hubieran necesitado siquiera pagarle coima a la Comisión de Censura para que encendiera la luz roja.

Carta a Jane Bethel,
esposa de Erle Stanley Gardner, 20 de abril de 1947.

La película de detectives realmente buena todavía no se ha hecho, salvo por Hitchcock, y en su caso se trata de una clase un tanto diferente de película. *El halcón maltés* fue la que llegó más cerca. El motivo es que el detective en la película siempre tiene que enamorarse de una chica, mientras que la genuina distinción de la personalidad del detective es que, como detective, no se enamora de nadie. Es el justiciero vengador, el que pone orden en el caos, y hacer de esta misión parte de una trillada historia de muchacho-y-chica es volverla una tontería. Pero en Hollywood no se puede hacer una película que no sea esencialmente una historia de amor, es decir, una historia en la que el sexo sea lo esencial.

Carta a Charles Morton,
15 de julio de 1947.

El retrato que me hizo Swanson de usted fue una gran sorpresa. Me lo había imaginado como un individuo seco y flaco de unos cuarenta y cinco años, adicto a una pipa maloliente, conservador en la ropa y aspecto, y un poco eduardiano o quizá tardovictoriano o anterior. En la realidad, me parece, usted es adicto a los chalecos violentos como un impresor inglés, le gusta viajar en Fords preparados que puedan superar a los Cadillacs, y junto con su esposa recorrió Francia en motocicleta.

Carta a James Sandoe,
10 de agosto de 1947.

Llegó la *Partisan Review*. Es una revista bastante buena en su tipo. Esta gente superinteligente es una útil catarsis para el escritor de mente más práctica que, sea comercial o no, por lo general ha vivido tiempo suficiente como para no tomarse demasiado en serio ningún conjunto de opiniones. En mi primera juventud, cuando la barba de Shaw todavía era roja, lo oí dar una conferencia en Londres sobre el Arte por el Arte, cosa que entonces al parecer significaba algo. No era algo que le gustara a Shaw, por supuesto; pocas cosas le gustaban salvo que se le hubieran ocurrido a él antes. Pero el arte por la propaganda es peor todavía. Y una revista crítica cuyo objetivo primordial no es pensar inteligentemente sino pensar de tal forma que utilice una serie de ideas políticas de cualquier color siempre termina siendo crítica sólo en el sentido coloquial, e inteligente sólo en el sentido de un esfuerzo constante y bastante laborioso por encontrar sentidos diferentes para cosas que ya ha encontrado otra gente. Por eso, al cabo de un tiempo, estas revistas siempre mueren; nunca alcanzan la vida, sino sólo un disgusto por la visión de la vida que tienen los demás. Tienen la intolerancia de los muy jóvenes y la anemia de los cuartos cerrados y con demasiado humo de medianoche. Y Dios lo ayude si usted tiene fe en ellos y los conoce en persona. Pero esto último es injusto, porque podría decirse lo mismo de la mayoría de los escritores. Es horrible admirar el libro de un hombre y después conocerlo, y destruir todo el placer que causó su obra con unas pocas posturas egocéntricas, de modo que no sólo a uno le disgusta su personalidad, sino que nunca puede volver a leer nada de él con una mente abierta. Su pequeño ego malo siempre está espiándolo a uno desde atrás de las palabras.

Carta a Charles Morton,

28 de octubre de 1947.

Hace un tiempo tenía la idea de escribir un artículo sobre "El status moral del escritor", o más frívolamente "Al diablo con la posteridad, quiero la mía ahora". En realidad no un artículo frívolo. Me parece que en todo este cotorreo sobre escritores vendiéndose a Hollywood o a las revistas o a alguna fugaz idea de propaganda, en lugar de escribir sinceramente desde el corazón sobre lo que ven a su alrededor —la gente que se queja de esto, que incluye prácticamente a todos los críticos que se toman en serio a sí mismos, pasa por alto una cosa (no sé cómo puede pasarla por alto, pero lo hace), y es que ningún escritor en ninguna época recibió un cheque en blanco. Siempre tuvo que aceptar algunas condiciones impuestas desde afuera, respetar ciertos tabúes, tratar de complacer a cierta gente. Pudo ser la Iglesia, o un mecenas rico, o una norma de elegancia aceptada por la sociedad, o la sabiduría comercial de un editor, o quizás inclusive un conjunto de teorías políticas. Si no los aceptó, se rebeló contra ellos. En cualquier caso, condicionaron su escritura. Ningún escritor escribió nunca exactamente lo que quería escribir, porque nunca hubo algo dentro de él, algo puramente individual que él quisiera escribir. Todo es reacción de una clase u otra.

Oh, al diablo con todo esto. Las ideas son veneno. Cuanto más se razona, menos se crea.

Carta a Charles Morton,

18 de diciembre de 1947.

Tengo una gran idea para un artículo que no quiero escribir pero quiero leer. Un hombre desapasionado, inteligente, con inclinaciones legales, pero no demasiado legal, debería escribir algo explicando no quién es un comunista o un compañero de ruta, sino por qué gente razonablemente inteligente y acomodada como estos personajes de Hollywood son comunistas o compañeros de ruta. En lo fundamental no se proponen derrocar al gobierno ni piensan que estarían mejor bajo Stalin. La mayoría de ellos serían fusilados como desviacionistas de derecha…

Carta a James Sandoe,

21 de diciembre de 1947. Con "Tío Dugastiviti", presumimos, Chandler se refiere a Joseph Stalin (conocido como Dzhugashvili), el entonces dirigente comunista de Rusia, que todavía en ese momento tenía muchos admiradores en Occidente.

Quizá sería mejor que usted y yo no hablemos más de política, porque soy de tipo reaccionario, de los que piensan que el único motivo por el que el Tío Dugastiviti no tiene campos de exterminio es porque todavía está tratando de descubrir cómo hacer marchar cincuenta mil millas a un camión sin cambiarle el aceite.

Carta a Charles Morton,

1º de enero de 1948.

Soy de esas personas que deben ser conocidas exactamente en la medida justa para ser apreciados. Soy retraído con los extraños, una forma de timidez que el whisky curaba cuando todavía podía beberlo en las cantidades necesarias. Soy terriblemente brusco, por haber sido criado en la tradición inglesa que le permite a un caballero ser casi infinitamente rudo en tanto mantenga la voz baja. Depende de una completa seguridad de que la respuesta no será un puñetazo en la nariz. Los norteamericanos no tienen modales

105

propiamente dichos; tienen los modales que surgen de sus naturalezas, y entonces cuando sus naturalezas son dulces tienen los mejores modales del mundo.

Carta a Dale Warren,
8 de enero de 1948.

A todos mis mejores amigos no los he visto nunca. Conocerme en persona es la muerte de la ilusión.

Carta a James Sandoe,
27 de enero de 1948. El "Show de Hollywood en
Washington" es una referencia al interrogatorio de los que se
conocieron como "Los diez de Hollywood" por el Comité
de Actividades Antinorteamericanas del Senador McCarthy.

Sí, me gustaría muchísimo leer el ensayo de George Orwell "El pueblo británico". Orwell, como otras personas inteligentes, probablemente incluyéndonos a usted y a mí, puede ser ocasionalmente un asno. Pero eso no significa que no sea nunca interesante, perspicaz y muy inteligente.

Acabo de leer *The Iceman Cometh*, y querría que alguien me dijera qué tiene de maravilloso este tipo O'Neill. Por supuesto, no he visto la obra. Sólo la leí. De hecho la única pieza suya que vi fue *Extraño interludio*, y no sólo se la regalo sino que, si es necesario, le pago el flete… O'Neill es la clase de hombre que podía pasar un año en posadas para vagabundos, investigando las posadas para vagabundos, y escribir una obra sobre posadas para vagabundos que no sería más realista que una obra escrita por alguien que nunca hubiera pisado una posada para vagabundos, sino que sólo hubiera leído sobre ellas. Si me equivoco, por favor instrúyame.

Me pregunta qué pienso del show de Hollywood en Washington. Bueno, pienso que es bastante horrible que una investigación de este tipo sea dirigida por un hombre que piensa que *Abie's Irish Rose* es una novela. No creo que los Padres Fundadores hayan pretendido que esta clase de investigación se llevara a cabo con micrófonos, flashes y cámaras. Aparte de eso, hasta que la Corte Suprema no defina los poderes de los comités del Congreso y los limite (y nuestra actual Corte Suprema no es una reunión de maestros juristas) no veo dónde el comité haya excedido sus derechos... Creo que los diez hombres citados tuvieron muy mal asesoramiento legal. Tenían miedo de decir que eran comunistas o de decir que no eran comunistas; en consecuencia trataron de esquivar las preguntas. Si hubieran dicho la verdad, habrían tenido muchas mejores posibilidades antes las cortes de las que tienen ahora, y con toda seguridad no estarían peor de lo que están ahora ante sus jefes en Hollywood. Si Jack Warner me despide porque yo admito ser comunista, él queda en una posición legal mucho más débil que si lo hace porque, al negarme a responder a las preguntas del Comité del Congreso, yo estoy dañando la reputación de la industria del cine... No quiero decir que estos diez hombres sean todos ellos comunistas convictos y confesos. Creo que unos tres de ellos lo son, que al menos dos definitivamente no lo son, y que el resto no sabe de qué diablos se trata. Pero debería matizar mis observaciones sobre los muchachos diciendo que, aunque no tengo simpatía por ellos, ni creo que vaya a sucederles nada muy horrible, salvo gastar muchísimo dinero en abogados, y la peor clase de abogados, reservo lo peor de mi desprecio para la industria. Un negocio tan grande como el del cine debería ser dirigido por hombres con agallas, hombres con la suficiente integridad moral e intelectual como para decir que mientras estas cuestiones sean *sub judice* y mientras estos hombres no hayan sido declarados culpables de ningún crimen por los tribunales, los productores no los tratarán como culpables... A veces siento cierta pena por los pobres infelices.

Están tan asustados que no podrán ganar su segundo o tercer millón. De hecho, están tan asustados, punto. Qué maravilloso sería si la Asociación de Productores de Cine le hubiera dicho al señor Thomas: "Sí, seguramente tenemos comunistas en Hollywood. No sabemos quiénes son. ¿Cómo podríamos saberlo? No somos el FBI. Pero aun si lo supiéramos, en este país hay un Fiscal General. Él no ha acusado a estos hombres de ningún crimen. El Congreso no ha legislado nada que haga de su actual o futura pertenencia al Partido Comunista un crimen, y mientras no sea así nos proponemos tratarlos exactamente como tratamos a todos los demás". ¿Sabe lo que pasaría si los productores tuvieran las agallas de decir algo así? Empezarían a hacer buenas películas, porque para eso también se necesitan agallas. Y exactamente el mismo tipo de agallas.

Carta a Frederick Lewis Allen,

director de *Harper's Magazine,* 7 de mayo de 1948. Chandler
se refiere al crítico teatral de la revista, Eric Bentley.

Bentley es probablemente el mejor crítico teatral en los EE UU y, con la posible excepción de Mary McCarthy, el único crítico teatral en los EE UU. El resto de los muchachos son meros articulistas cuyo tema casualmente es una obra de teatro. Están interesados en explotar su propia marca personal de brillo verbal. Son ingeniosos y legibles y a veces listos, pero no dicen nada sobre el arte dramático y la relación de la obra en cuestión con ese arte.

A un crítico no le basta con tener razón, porque en ocasiones se equivocará. No le basta con dar razones verosímiles. Debe crear un mundo razonable en el que su lector pueda entrar a ciegas y buscar su camino hasta el sillón junto al fuego sin lastimarse las pantorrillas con el lampazo inesperado. La frase con alambre de púas, la palabra laboriosamente rara, la afectación intelectual del estilo, son todos trucos divertidos, pero inútiles.

No ubican nada ni revelan la atmósfera de la época. Los grandes críticos, de los que hay lamentablemente pocos, construyen una casa para la verdad.

En su crítica de *The Iceman Cometh* ese marchito ingenio y fatigado obrero del bordado que es George Jean Nathan dice: "Con la aparición de esta muy esperada obra nuestro teatro ha vuelto espectacularmente a la vida. A su lado, la mayoría de las obras estrenadas durante el período de más de doce años de ausencia de O'Neill parecen en comparación papel higiénico húmedo". Bonito y bastante fácil, y en dos frases revela lo espurio de toda una carrera. Un crítico que pueda escribir esa basura sobre la basura de O'Neill está *hors concours*. Sería caritativo decir que ha perdido contacto con su cerebro; más adecuado sería decir que sólo ha hecho pública una verdad conocida en privado desde el comienzo: que la reputación de crítico de George Jean Nathan no se funda en su conocimiento de lo que habla, ya que obviamente no lo sabe ahora, y con toda probabilidad nunca lo supo, sino en una cierta habilidad personal y en la elección y orden de las palabras.

Esta pieza, *The Iceman Cometh*, es una especie de piedra de toque. Si lo engaña, usted es un pretencioso idiota con cabeza de madera.

Está mal ser duro con los críticos de Nueva York, salvo que uno admita al mismo tiempo que una condición de su existencia es que deben escribir en forma amena acerca de algo sobre lo que raramente vale la pena escribir nada. Esto los lleva, o los obliga, a desarrollar una técnica de seudosutileza y oscuridad que, una vez adquirida, les permite tratar asuntos triviales como si fueran portentosos. Es la base de toda redacción publicitaria exitosa.

En respuesta a la pregunta de si las novelas de Chandler daban una visión seria del ambiente criminal.

¿Lo dice en serio? No. ¿Es un ambiente criminal? No, sólo la vida corrupta promedio subrayando el ángulo melodramático, no porque me enloquezca el melodrama por sí mismo sino porque soy lo bastante realista como para conocer las reglas del juego.

Hace mucho tiempo, cuando escribía para las revistas baratas, puse en un cuento una línea que decía algo así como "bajó del auto y caminó por la acera soleada hasta la sombra del portal, que cayó sobre su rostro como agua fría". Lo eliminaron cuando publicaron el cuento. Sus lectores no apreciaban esa clase de cosas, que sólo retardaban la acción. Y yo me propuse demostrar que estaban equivocados. Mi teoría era que sólo creían que no les importaba nada que no fuera la acción; que en realidad, aunque no lo sabían, la acción les importaba muy poco. Las cosas que realmente les importaban, y las que me importaban a mí, eran la creación de la emoción mediante el diálogo y la descripción; las cosas que recordaban, que les quedaban, no eran por ejemplo que a un hombre lo mataran, sino que en el momento de la muerte estaba tratando de tomar un ganchito de papeles de la superficie pulida de un escritorio, que se escapaba de sus dedos, por lo que había una mueca de tensión en su cara y su boca estaba entreabierta en una especie de mueca atormentada, y en lo último que pensaba era en la muerte. Ni siquiera oyó que abrían la puerta. El condenado ganchito seguía escapándosele de los dedos y a él no se le ocurría empujarlo hasta el borde del escritorio y tomarlo allí.

Carta a Charles Morton,
refiriéndose a un editorial en el *Atlantic Monthly*, 7 de mayo
de 1948.

Querido Charlie,

Su soberbio texto sobre regalos de boda fue leído en la última reunión del Club de Escritores de Hermosa en La Jolla. Por un momento, al final, hubo un silencio mortal, evocador del silencio que tanto desalentó a Lincoln después de su discurso de

Gettysburg. Estos endurecidos veteranos de la carta de rechazo, los escritores de La Jolla, habían quedado atontados por su elocuencia. Corrían lágrimas por sus caras arrugadas y sus manos encallecidas se crispaban convulsivamente en nudos de hueso y nervio. Y entonces, de pronto, con el chasquido de una ola gigante rompiendo en un acantilado, se inició el aplauso, y creció como un trueno. Todos se pusieron de pie como un solo hombre, aunque nueve décimos de ellos eran mujeres, y gritaron con entusiasmo. Había rugidos de ¡Autor! ¡AUTOR! ¡AUTOR! y cuando la presidenta restauró el orden al fin (agitando sus calzones tejidos a mano) y se explicó que el Autor estaba al otro lado del continente, en un lugar llamado Boston (¡*Risas!*) se votó que se lo contratara para dar una serie de conferencias sobre *El hogar norteamericano y cómo evitarlo.*

Tras lo cual se brindó a su salud con vino de bayas de saúco, y uno de los brindis fue propueso por un miembro recientemente exhumado de la colonia británica, un ex surbitonita con corbata incluida. Siguió la interpretación de varias arias de *Madame Butterfly* por el Coro de Mujeres Mantenidas del Club de Playa y Tenis de La Jolla... Creo que usted se habría sentido complacido y orgulloso y conmovido. La reunión fue perfectamente tranquila para La Jolla. Dos mondaduras de diente con palillo, un asalto con pinche de sombrero con perla, un par de salpicaduras de lapicera fuente y unos bollitos de papel fueron lo único que amenazó la perfecta armonía de la ocasión. Hubo una ligera tendencia a amontonarse en un extremo y una dama mayor fue empujada un poco por otra dama mayor que le dijo que se metiera la trompetilla acústica en su propia oreja si tenía que usarla. Por un momento pareció como si este desacuerdo pudiera terminar en una tirada de pelos, pero la presidenta se apresuró a empezar a leer un cuento de su autoría, y el salón se vació en un santiamén.

Carta a Jamie Hamilton,

10 de agosto de 1948. Chandler no se mostraba
impresionado por la novela dura británica. Ni admiraba a
Graham Greene.

Acabo de leer un opus inglés llamado *Blonde Iscariot*, por Lustgarten. Para mí, lo peor del año. Escritura de revistas baratas de medio centavo. ¿Qué diablos está pasando allí?

Estoy tratando desesperadamente de terminar *La hermana menor*, y tendré un borrador completo cualquier día que logre tomar impulso suficiente. El hecho es, no obstante, que el libro no tiene nada más que estilo y diálogo y personajes. La trama cruje como un postigo roto bajo un viento de octubre... Estoy leyendo *The Heart of the Matter*, un capítulo por vez. Tiene todo lo que se necesita para hacer literatura salvo vigor, ingenio, sabor, música y magia; es una mercadería fría y elegante, embalsamada... Hay más vida en el peor capítulo que hayan escrito nunca Dickens o Thackeray, y los dos escribieron algunos capítulos bastante horribles.

Carta a Jamie Hamilton,

19 de agosto de 1948. Carl Brandt era el jefe de la nueva
agencia literaria de Chandler, en Nueva York.

El fin del libro de Greene fue excelente. Compensa lo que había echado en falta antes.

La historia [de *La hermana menor*] tiene sus debilidades. Es episódica y el énfasis se desplaza de personaje en personaje, y como policial es demasiado complicada. Pero como historia humana es muy simple. No tiene nada de violencia; toda la violencia está fuera de escena. Si tiene amenaza y suspenso, están en la escritura. Pienso que en partes está hermosamente escrita, pero mis reacciones son poco fiables. Escribo una escena y la releo y pienso que es un desastre. Tres días después (sin hacer nada mientras tanto salvo coci-

narme en mi propio vapor) la releo y la encuentro grandiosa. Ahí
tiene. No se puede confiar en mí. Es posible que esté agotado.

Últimamente he estado tratando de simplificar mi vida de
modo de no tener que depender de Hollywood. Ya no tengo administrador ni secretaria. Pero no soy feliz. Necesito descanso con
urgencia y no puedo descansar hasta que esto esté hecho y a veces
pienso que cuando esté hecho se lo verá tan fatigado como estoy
yo, y no se lo podrá ocultar.

Suponiendo, por el momento, que la cosa tenga algún valor,
creo que puede confiar en recibir alguna clase de manuscrito en
un mes. Puede necesitar más trabajo, pero le dará oportunidad de
ver si estoy loco o no. Supongo que Carl Brandt podrá decírselo,
hasta cierto punto.

Espero que esto ayude.

Ray

P.S.: Contiene la mejor puta que yo haya conocido nunca.

Carta a Cleve Adams,

autor de policiales, 4 de septiembre de 1948. Adams le había
escrito a Chandler advirtiéndole de un plagio en una novela
policial llamada *Double Take*, escrita por un tal Roy Huggins. W.
T. Ballard, al que también se menciona en la carta, era otro viejo
escritor de *Black Mask*.

Es agradable tener noticias suyas aun en circunstancias tan
extrañas… No conozco a Roy Huggins y nunca lo vi. Me mandó
un ejemplar autografiado de su libro *Double Take* con sus disculpas y la dedicatoria que dice que los editores no le dejaron poner.
Al escribir para agradecerle le dije que sus disculpas eran innecesarias, o bien eran inadecuadas, y que yo podía nombrarle tres
o cuatro escritores que habían ido tan lejos como había ido él, sin
su franqueza.

Yo no inventé la historia de crimen "dura", y nunca he hecho un secreto de mi opinión de que Hammett merece casi todo el crédito. Al comienzo todos imitan. Lo que Stevenson llamaba jugar al "mono hacendoso". Personalmente pienso que un intento deliberado de robar los trucos personales de un autor, su marca de fábrica, sus peculiaridades, su enfoque del material, puede ser llevado demasiado lejos, al punto de que hay una especie de plagio, y de una especie desagradable porque la ley no da protección. Es desagradable por dos motivos principales. Vuelve al escritor autoconsciente de su propio trabajo; un ejemplo de esto es un programa de radio que usa con prodigalidad los símiles extravagantes (creo que fui yo el que inventó este truco), al punto en que me siento inhibido de escribir como lo hacía antes. El segundo motivo es que inunda el mercado con dinero malo que expulsa al bueno. Pero nada de esto puede evitarse. Aun si se me concediera el poder absoluto de detener esas prácticas, dudo de que supiera dónde trazar la línea. Pues hay que recordar que si uno tiene un estilo, no se lo pueden robar. Como regla general, sólo pueden robar los defectos.

Como Hammett no ha escrito para publicar desde 1932, algunos me han elegido como el representante principal de la escuela. Esto se debe muy probablemente al hecho de que *El halcón maltés* no inició la moda del policial de gran presupuesto, aunque debería haberlo hecho. *Double Indemnity* y *Murder My Sweet* lo iniciaron, y yo estuve vinculado a ambas. El resultado es que cualquiera al que antes se acusara de escribir como Hammett, ahora será acusado de escribir como yo… Más razón para el señor Huggins. Si ha estado viajando con combustible prestado, llegará el momento en que tendrá que poner material propio en su tanque.

La ley no reconoce el plagio salvo que se trate de las tramas básicas. Está muy atrasado en su concepto de estas cosas. Mis ideas han sido plagiadas en Hollywood y yo mismo he sido acusado de plagio, por un tipo que dijo que *The Blue Dahlia* estaba tomado de un original suyo. Por suerte la Paramount estaba en condiciones de demostrar que su historia nunca había dejado el departamento de historias. El plagio inconsciente es muy común, e inevitable. En su obra *The Iceman Cometh*, O'Neill usa la expresión "the big sleep" como sinónimo de la muerte. Al parecer tiene la impresión de que es un uso común en el submundo o el mundo intermedio, mientras que es una pura invención de mi parte. Si soy recordado lo suficiente, probablemente seré acusado de haberle robado la frase a O'Neill, porque él es más importante. Un tipo en Inglaterra, de nombre James Hadley Chase, el distinguido autor de *No hay orquídeas para Miss Blandish* (que es sensacionalismo de medio centavo en su peor forma), en uno de sus libros reprodujo en forma textual o casi textual pasajes de libros míos y de los de Jack Latimer y Hammett. Fue obligado a hacer una disculpa pública en el equivalente inglés del *Publisher's Weekly*. Y también tuvo que pagar los costos legales en que incurrieron tres editores para obligarlo a publicar esa disculpa. El abogado de mi editor norteamericano no quiso arriesgarse a escribirle una carta al editor norteamericano de Chase advirtiéndole esto. En Inglaterra todavía tienen algo de honor comercial.

En cuanto a usted y Ballard, no sé cuál era la idea. Todos crecimos juntos, por así decirlo, y escribimos la misma lengua, y todos la hemos superado, más o menos. Muchas historias de *Black Mask* sonaban iguales, así como muchas obras isabelinas suenan igual. Sucede siempre que un grupo explota una técnica nueva. Pero aun cuando todos escribíamos para Joe Shaw, que pensaba que todos tenían que escribir igual que Hammett, había diferencias sutiles y obvias, visibles para cualquier escritor, si no para los lectores.

Carta a James Sandoe,
23 de septiembre de 1948.

Su familia parece maravillosa, incluyendo a los animales. Nuestra gata se está poniendo positivamente tiránica. Si se encuentra sola en cualquier parte emite unos gritos como para congelarle a uno la sangre en las venas, y no deja de gritar hasta que alguien acude corriendo. Duerme sobre una mesa en el porche de servicio y ahora exige que la tomen en brazos para bajarla. Le damos leche caliente a las ocho de la noche, y empieza a gritar pidiéndola a las siete y media. Cuando se la servimos, bebe un poco, le da la espalda y va a sentarse bajo una silla, después vuelve y grita hasta que alguien se pone a su lado mientras prueba otro sorbo. Cuando tenemos invitados los mira y decide casi al instante si le gustan. Si es así se acerca y se derrumba en el piso a la distancia justa como para que ir a acariciarla sea un trabajo. Si no le gustan, se sienta en el medio de la sala, dirige una mirada desdeñosa a su alrededor, y procede a lavarse el lomo… Cuando era más joven siempre celebraba la partida de los visitantes correteando locamente por la casa y terminaba ejercitando con energía las uñas en el sillón tapizado en brocado, excelente para arañar, y que había dejado en tiras. Pero ahora es perezosa. Ni siquiera juega con el ratón de goma salvo que se lo cuelguen en posición tal que pueda jugar con él acostada. Creo que le conté cómo cazaba toda clase de seres vivos muy frágiles y los traía a la casa casi intactos. Estoy seguro de que nunca los lastimó intencionalmente. Los gatos son muy interesantes. Tienen un terrible sentido del humor y, a diferencia de los perros, no admiten que se los avergüence o humille o ponga en ridículo. No hay nada peor en la naturaleza que ver a un gato tratando de provocar unos inútiles intentos de escapar en un ratón medio muerto. Mi enorme respeto por nuestra gata se basa principalmente en su completa carencia de este diabólico sadismo. Cuando cazaba ratones (ahora hace años que no los tenemos) los traía vivos e intactos y me dejaba tomarlos de su boca. Su actitud parecía ser: "Bueno, aquí está el condenado ratón. Tuve que atraparlo, pero en realidad es problema tuyo. Hazlo desaparecer cuanto antes". Periódicamente recorre todos los armarios y cómodas en una inspección de ratones. Nunca encuentra ninguno, pero sabe que es parte de su trabajo.

He estado leyendo un libro sobre la guerra por un general inglés llamado Fuller, que, según creo, se retiró del ejército todavía joven, debido a un caso incurable de inteligencia. El libro dice más sobre la guerra que nada que haya leído hasta el momento, y también sobre la doble traición en Versalles que dejamos que cometiera Clemenceau contra los alemanes, después de que éstos se hubieron rendido. El autor es un hombre que no tiene absolutamente ningún prejuicio en favor de sus compatriotas, que puede darle a Montgomery su merecido sin vacilar, que en un brillante capítulo breve pone en claro que la campaña de salto entre islas de MacArthur en el Pacífico Sur fue un trabajo tan magistral en audacia, imaginación y valor como la campaña italiana fue una exhibición insensata e increíble de torpeza estratégica. Su disgusto, tanto moral como práctico y militar, con el bombardeo llamado estratégico, es preciso y destructor. Piensa que a pesar de nuestro brillo táctico somos una nación de militares aficionados, y Dios sabe que la historia le está dando la razón. Hasta los ingleses, de quienes estoy seguro que Fuller piensa que son incapaces de una guerra total ofensiva porque siempre hay algún bobo en un puesto alto para matar una buena idea o bloquear una iniciativa arriesgada, hasta los ingleses comprendieron que si no terminamos en Berlín y Viena, hemos luchado en vano. No creo que desprecie del todo a Eisenhower, aunque su temperamento lo inclina a hombres como Bradley y Patton, pero es evidente que siente que Eisenhower no es un hombre lo bastante fuerte para su trabajo, y que en un momento crucial en septiembre de 1944 desperdició una rápida victoria porque no pudo hacer frente ni a Montgomery ni a Bradley, y tuvo que negociar con ambos. Es todo un libro. Lo que resalta es la creencia de Fuller de que una fuerza aérea independiente es un fatal error, porque insistirá en combatir con el arma más cara, menos provechosa y más inútilmente destructiva, el bombardero pesado, mientras que su auténtica función es el apoyo a las fuerzas de tierra, la interdicción del tráfico y el aprovisionamiento y la logística. Cuando fue usada así, por lo general de mala gana, el efecto fue inmediato y sorprendente; cuando fue usada para bombardeos de saturación sobre ciudades como Hamburgo, Berlín y Leipzig, no tuvo casi consecuencias militares y moralmente nos puso a la par del hombre que organizó Belsen y Dachau.

Carta a Ray Stark,

agente de radio, 11 de octubre de 1948. Ray Stark envió después esta carta a la *Screen Writer Magazine* con la siguiente nota: "Pensé que podría interesarles la siguiente carta que recibí de Raymond Chandler antes de la dramatización radial de Philip Marlowe. Este consejo sirvió enormemente a todos los relacionados con la adaptación; por eso pensé que podrían querer transmitírselo a otros escritores que hacen tareas semejantes".

Lo importante con Marlowe es recordar que es un personaje en primera persona, lo muestre o no en un guión radial. Un personaje en primera persona tiene la desventaja de que debe ser mejor persona para el lector que lo es para sí mismo. Demasiados personajes en primera persona dan una impresión ofensivamente engreída. Eso está mal. Para evitarlo, no siempre deben darle a él la réplica de impacto o la réplica final. Ni siquiera con frecuencia. Que otros personajes se lleven los aplausos. Que él se quede sin chistes, en la medida de lo posible. Howard Hawks, un tipo muy sabio, me hizo notar, cuando estaba filmando *The Big Sleep*, que uno de los trucos más eficaces de Marlowe era simplemente darle al otro la oportunidad de lucirse, y no decir nada. Eso pone al otro bajo los reflectores. Una ironía devastadora pierde gran parte de su fuerza cuando no provoca ninguna respuesta, cuando el otro se va en silencio. Entonces el mismo que habló debe responderse, o rendirse.

No haga que Marlowe diga nada sólo para ganarles a los otros personajes. Cuando sale con una broma o una ironía, debería serle arrancada emocionalmente, de modo que esté descargando un sentimiento y no pensando siquiera en ganarle a nadie. Si usan símiles, traten de hacerlos a la vez extravagantes y originales. Y está la cuestión de cómo se pronunciará la frase descortés. Cuando más dura la ironía, menos enérgico tendrá que ser el modo en que se lo diga. No debe haber ningún efecto de regodeo.

Carta a James Sandoe,
17 de octubre de 1948.

El fundamento psicológico de la inmensa popularidad de la novela de crimen o misterio entre toda clase de gente no ha sido develado. Se han hecho unos pocos intentos superficiales, y otros tantos frívolos, pero nada cuidadoso y frío y tomándose su tiempo. En el tema hay mucho más de lo que piensa la mayoría, aun los interesados en él. Por lo general se lo ha tratado con liviandad porque parece darse por sentado, erróneamente, que porque las novelas policiales son una lectura fácil son también una lectura liviana. No son lectura más fácil que *Hamlet, Lear* o *Macbeth*. Bordean lo trágico y nunca llegan a ser trágicas. Su forma impone una cierta claridad de diseño que sólo puede encontrarse en las mejores novelas "normales". E incidentalmente (muy incidentalmente, por supuesto) una gran proporción de la literatura que ha sobrevivido ha tenido que ver con distintas formas de muerte violenta. Y si usted quiere importancia (la demanda de la cual es la marca inevitable de una cultura a medio madurar) es posible que las tensiones en una novela de crimen sean el formato más

119

simple y a la vez el más completo de las tensiones en las que vivimos en esta generación.

Carta a Carl Brandt.

12 de noviembre de 1948. Chandler acababa de regresar de
San Francisco.

Lo que amo en San Francisco es su actitud de "qué me importa". Las calles estrechas están flanqueadas por carteles que dicen NO ESTACIONAR A NINGUNA HORA, y también flanqueadas con autos estacionados que parecen haber estado ahí todo el día. Por primera vez en mi vida vi una mujer policía dirigiendo el tránsito, y era una policía de verdad, con estrella de níquel y silbato. Vi a otro policía. Iba en auto, con una tiza en el extremo de un palo largo, y más o menos una vez por cuadra tiraba una rápida estocada contra alguna rueda trasera, sólo para practicar. Los taxistas son maravillosos también. No obedecen a ninguna ley salvo la de la gravedad, y hasta tomamos uno que pasaba a los tranvías por la izquierda, delito por el que probablemente le darían noventa días en Los Angeles. Si piensa que soy demasiado cínico sobre la policía, le diré que simplemente es imposible serlo. Un comité de jueces de la Corte Superior en Los Angeles ha estado examinando el tema del *habeas corpus*, que les parecía que estaba proliferando demasiado y ocupando demasiado del tiempo del tribunal. El presidente emitió una declaración en la que anunciaba que estaba harto de la bulla de arrestar corredores de apuestas, o supuestos tales, y después soltarlos en razón del *habeas corpus*, con un costo de quinientos dólares en fianza y entre doscientos y quinientos de costas legales. Dijo que los muchachos de la brigada de vicio parecen haber perfeccionado un sistema mediante el cual se llevan a los sospechosos de corredores de apuestas, y en el momento en que los están registrando llega un abogado y un fiador; cuando el caso se presenta ante el juez, la policía ha perdido todas las pruebas. Cinco o seis de estas operaciones por noche pueden llegar a ser muy lucrativas a largo plazo. Lo que cuenta, por supuesto, es que cada uno de estos arrestos y liberaciones implica un juez corrupto, un abogado corrupto, un fiador corrrupto y algunos policías corruptos. Ningún juez honesto pondría una fianza tan alta. Anoche un par de muchachos no salieron. Tuvieron que quedarse en el calabozo, y se enojaron. El juez recibió una reprimenda. Lo que me deja atónito en esta encantadora civilización es la completa indiferencia con la que el público saluda estas revelaciones.

Carta a Carl Brandt,
26 de noviembre de 1948.

Trabajé una vez en la Metro Goldwyn Mayer, en ese frío galpón de almacenamiento que llaman Edificio Thalberg, cuarto piso. Tenía un buen productor, George Haight, un tipo excelente. Por esa época algún cerebro de lenteja, probablemente (Edgar) Mannix, había decidido que los escritores harían más trabajo si no tenían sofás donde recostarse. Así que no había sofá en mi oficina. Como nunca he sido hombre al que detengan los pequeños inconvenientes, saqué la manta de viaje del auto, la extendí sobre el piso y me recosté sobre ella. Fue a hacerme una visita Haight, me vio y corrió al teléfono a gritarle al jefe de sección (no recuerdo el nombre y nunca lo vi) que yo era un escritor horizontal y que por favor enviaran un sofá. No obstante, la atmósfera fría de depósito de almacenamiento me desalentó muy pronto, lo mismo que los cotilleos en la mesa de escritores en la cantina. Dije que trabajaría en casa. Dijeron que Mannix había dado órdenes de que ningún escritor trabajara en su casa. Dije que a un hombre tan grande como Mannix debería dársele el privilegio de cambiar de opinión. Así que trabajé en casa, y sólo fui allí tres o cuatro veces a hablar con Haight. Sólo he trabajado en tres estudios, y Paramount fue el único que me gustó. Allí mantienen de algún modo, y hasta cierto punto, la atmósfera de club de campo. En la mesa de escritores en Paramount oí algunos de los diálogos más ingeniosos que haya oído en mi vida. Algunos de los muchachos se lucen más cuando no escriben.

Carta a Jamie Hamilton,
29 de noviembre de 1948.

Muy amable de parte de Priestley, por querer leer mis cosas. ¡Bendito sea! Recuerdo haberle oído decir "No escriben así en Dulwich". Puede ser, pero si no me hubieran educado en el latín y el griego, dudo de que hubiera sabido tan bien dónde trazar la línea muy sutil entre lo que llamo estilo coloquial y lo que llamaría estilo analfabeto o *faux naïf*.

Carta a Lenore Offord,
diciembre de 1948. Offord era otro conocido autor de novelas policiales del momento, no de los que Chandler admiraba.

La mayoría de los escritores tienen el egotismo de los actores sin su belleza física ni su encanto.

Carta a James Sandoe,
6 de diciembre de 1948.

Una vez conocí a un banquero de Aberdeen, Washington, que pasó dos o tres años en una cárcel federal por librar créditos no garantizados con los fondos del Banco a los granjeros que eran la clientela sobre la que se basaba el negocio del Banco. Era un hombre perfectamente honesto, y no ganó un centavo con lo que hizo.

Fue durante la depresión y los granjeros necesitaban dinero o quebrarían. Si quebraban, el Banco también, porque sus créditos hipotecarios perderían todo valor… Este hombre indudablemente violó las leyes del negocio. Él mismo lo admitió. ¿Pero a quién defraudaba? ¿A los accionistas del Banco? Él mismo era accionista, y los otros eran todos propietarios del vecindario. Las acciones no se negociaron. Hay algo trágicamente equivocado en un sistema de justicia que puede hacer criminales, y los hace, de hombres honestos, y sólo puede condenar a gángsters y pistoleros cuando no pagan sus impuestos. Por supuesto, para ser justo, debo admitir también que hay algo equivocado en un sistema financiero que asegura que toda corporación ejecutiva durante una época de depresión se arriesgue a ir a la cárcel diez veces por mes en sus esfuerzos por salvarse. Personalmente creo, sin ser socialista ni nada por el estilo, que hay una falacia básica en nuestro sistema financiero. Simplemente implica un engaño de base, una ganancia deshonesta, un valor inexistente.

Carta a Dale Warren,
19 de diciembre de 1948

Por lo que sé, su calibre está bien. Se puede matar a un hombre con un arma de cualquier tamaño, pero en su caso es más probable que lo haga con una pequeña, salvo por supuesto que sea algo hecho a medida como un Mauser x763 (aproximadamente calibre 32) que tiene un radio efectivo casi tan grande como un rifle militar, y en consecuencia debe de tener un retroceso tremendo. Yo tengo un Smith & Wesson Especial 38, y ya él bastante pesado para apuntar correctamente (cosa de la que yo no soy capaz, de todos modos). Se usa tanta fuerza muscular para sostenerla que uno no puede relajarse lo suficiente como para mantenerla firme. Los muchachos de frontera que usaban tan bien el calibre 44 tenían manos y muñecas muy fuertes, desarrollo natural de andar todo el tiempo a caballo. Una Luger es normalmente nueve milímetros, y eso corresponde a un .38.

Carta a Bernice Baumgarten,
editor en la agencia de Carl Brandt, 29 de diciembre de 1948.
The Young Lions era una novela de Irwin Shaw.

Recibí *The Young Lions* para Navidad. Parece un fraude completo en los anuncios. ¿Y cómo se hace algo "con cuidadosa deliberación"? Y: "Pero la expresión de la joven no había cambiado. Había quebrado una ramita de un arbusto y la pasaba distraída por encima de la cerca de piedra, como si estuviera reflexionando sobre lo que acababa de decir". La última cláusula y el "distraída" echan a perder el efecto. O bien se describe una acción, y se deja que el lector haga la deducción de la reacción interna que expresa, o bien se describe la reacción interna y se ve desde adentro lo que hace por fuera el personaje. No se hacen las dos cosas al mismo tiempo. Un detalle, pero me basta para ubicar el libro. Tal parece que me estoy comportando como un rigorista. Y lo disfruto.

Con frecuencia me he preguntado qué diablos era un editor en jefe, pero supongo que usted lo sabe. Con fines de identificación, no identifica nada para mí. Diablos, durante muchos años mantuve correspondencia con Dale Warren creyendo que trabajaba en publicidad, y estaba muy impresionado. ¿No es maravilloso?, me decía a mí mismo, en Boston hasta los publicitarios saben hablar inglés. Después me envió un par de antologías que había compilado, y me sentí más impresionado aún. Diablos, el tipo es casi culto. Después supe, o creí saber, que era uno de sus editores. Y

DESPUÉS me envió una contratapa que había escrito, y ahora no sé si es un hombre de publicidad o no.

Carta a Carl Brandt,

23 de enero de 1949. Chandler había estado en Hollywood conversando sobre la posibilidad de escribir un guión con Marlowe, ambientado en Inglaterra. La película nunca se hizo.

Esta gente de Hollywood es fantástica, cuando uno ha pasado un tiempo ausente. En su presencia, cualquier observación sensata y calmada suena falsa. Su converción es una mezcla de superlativos comerciales interrumpidos por cuatro llamados telefónicos por frase. Stark es un tipo amable. Me gusta. Todos los que están en su radio de acción son buena gente. Ha hecho un excelente trabajo con el programa de radio. Podría estar en el aire desde hace cinco años ya, si se hubiera ocupado él desde el comienzo. Me dicen que tiene más público que algunos programas muy caros. Aun así, salí deprimido. En realidad no sé por qué. Quizás es sólo Beverly Hills. Era un sitio tan agradable antes de que lo tomaran los fenicios. Ahora es sólo el escenario para la actividad de una enorme pandilla de charlatanes.

Carta a Dale Warren,

23 de enero de 1949.

Otros escritores están haciendo cosas todo el tiempo (charlas en ferias del libro, giras de firma de autógrafos, conferencias, difusión de sus personalidades en tontas entrevistas) que, no puedo evitar pensarlo, los hacen parecer un poco baratos. Para ellos es parte del oficio. Para mí, es lo que lo vuelve un oficio.

…Odio las escenas explicativas, y en Hollywood aprendí que hay dos reglas sobre ellas. 1) Sólo puede transmitirse un poco por vez, si hay mucho que transmitir. 2) Se puede hacer una escena de exposición cuando hay algún otro elemento, como peligro o amor, o la sospecha de revelación de un personaje. En una palabra, alguna clase de suspenso.

Carta a Jamie Hamilton,
24 de enero de 1949. Cuando se habló de que Chandler fuera a Londres, con el objeto de investigar para el film británico de Marlowe, Hamilton le aseguró que tendría una gran recepción. Hamilton y su personal también le habían escrito a Chandler para agradecerle por el envío de paquetes durante la guerra y después.

Sus observaciones sobre alfombras rojas, aunque tan bienintencionadas, me asustan un poco. Soy estrictamente del tipo de los que se quedan al fondo, y mi carácter es una mezcla no llevadera de indiferencia exterior y arrogancia interior. Es muy amable de su parte darle tanta importancia a algo que para mí es muy fácil. ¿Qué es lo que hago después de todo? Y si fuera algo, que no lo es, tengo en mente una inolvidable pequeña historia de unos amigos que visitaron Luxemburgo hace un par de años. Se alojaron en un muy lindo hotel, con comida y vino magníficos. La atmósfera era alegre, y había gente de casi todos los países de Europa. En dos mesas, sólo dos, había ingleses. En una, una pareja mayor, antes prósperos, ahora no tanto. En la otra un oficial de tanque desmovilizado, con su madre. En todas las mesas del comedor del hotel había botellas de vino, salvo en esas dos. Es una historia verídica. Los ingleses no podían permitirse el vino. Los que nunca se habían rendido tomaban agua para que los que se habían rendido pudieran tomar vino. Encuentro maravillosa esta historia.

Carta a James Sandoe,
respecto de los Juicios de Nuremberg, 25 de febrero de 1949.

Sé por conocimiento propio que en la Primera Guerra Mundial, durante la retirada alemana final de la línea Hindenburg, los ametralladoristas dejados atrás para demorar tanto como fuera posible el avance eran casi siempre ejecutados hasta el último hombre, aun cuando trataban de rendirse. En estos juicios hay un elemento de hipocresía que hiere. Ahorcar generales y políticos y gente de campos de concentracion está bien, pero cuando se llega a oficiales menores dejo de sentirme cómodo. La libertad de elección que tuvieron estos hombres me parece poco más que la libertad de preferir la muerte al deshonor, y eso es pedirle demasiado a la naturaleza humana.

Carta a Bernice Baumgarten,
11 de marzo de 1949.

De vez en cuando tengo un sobresalto al verme a través de la mirada ajena. En el último número de *Partisan Review* (que incidentalmente tiene varias cosas buenas) un hombre que escribe sobre *Nuestro mutuo amigo* dice: "Es posible que la cuestión del realismo no se planteara, y que los contemporáneos de Dickens aceptaran su visión sombría de Inglaterra y de Londres… como hoy aceptamos la California de Raymond Chandler con su población brutal y neurótica de asesinos y detectives privados…" etc. Otro escritor en una revista de vanguardia se refería a mí como "un Catón de las Crueldades". Aparte del obvio cumplido de ser tomado en cuenta por los intelectuales sofisticados que escriben para estas publicaciones (y los entiendo bien, porque yo fui uno de ellos durante muchos años) no entiendo qué hacen con su sentido del humor. O, mejor dicho: ¿Por qué los norteamericanos, el pueblo más rápido en la reversión de sus humores, no puede captar el fuerte elemento satírico en mis escritos? ¿O son sólo los intelectuales los que no lo perciben? Y en cuanto al realismo, no creo que estos habitantes de las nubes puedan tener una gran comprensión de la clase de mundo en el que viven y la clase de mundo en el que vivió Dickens. Hay un fuerte elemento de fantasía en la novela policial; lo hay en cualquier clase de escrito que se mueva dentro de una fórmula aceptada. El material del autor de policiales es el melodrama, que es una exageración de la violencia y el miedo más allá de lo que se experimenta normalmente en la vida. (Digo normalmente; ningún escritor se aproximó nunca a la vida de los campos de concentración nazis). Los instrumentos que usa son realistas en el sentido de que esas cosas le suceden a gente como ésta en lugares como éste. Pero este realismo es superficial; el potencial de emoción está sobrecargado, la compresión de tiempo y hechos es una violación de la probabilidad, y aunque esas cosas pasan, no le pasan tan rápido y en un marco tan estricto de lógica a un grupo humano tan estrechamente enlazado.

Carta a Charles Morton,

16 de marzo de 1949. Chandler le había dicho a Morton en una carta anterior que quería comprar un auto nuevo. Morton le había sugerido que comprara el nuevo modelo de Jaguar, recién lanzado al mercado.

El Jaguar es una maravilla, pero está completamente por encima de mi precio. Hay un modelo del año pasado, descapotable, o monoplaza, o como se llame, aquí en La Jolla, todo negro con asientos de cuero rojo y radiadores cromados. Pero aun si me sintiera justificado para gastar la mitad de ese dinero, me sentiría falsificado y hollywoodense conduciéndolo. Además, y esto puede no ser tan importante allá, mi alma se comprime al pensar en el mecánico norteamericano promedio poniendo sus manos incompetentes sobre una máquina realmente buena.

Carta a Alex Barris,

periodista canadiense que le había enviado a Chandler una
cantidad de preguntas personales para una entrevista, 18 de
marzo de 1949.

Vivimos en una casa baja más bien demasiado grande en una
esquina frente al mar. La Jolla, como quizás usted no sepa, está
ubicada en una punta al norte de San Diego, y nunca hace demasiado calor ni frío. Así que tenemos dos temporadas de turistas,
una en invierno y una en verano. Hace dos años la ciudad era muy
tranquila, exclusiva, cara y casi tan aburrida como Victoria, B. C.,
una tarde lluviosa de domingo en febrero. Ahora es sólo cara. Hay
mucho pedregullo y muchísimos acantilados de arenisca blanda,
a los que el mar le ha dado formas muy extrañas, pero muy poca
playa, salvo en el extremo norte de la ciudad, mucho más expues-
to que donde vivimos nosotros. Nuestra sala tiene una ventana pa-
norámica que da al sur, con vista más allá de la bahía, a Point Lo-
ma, la parte occidental de San Diego, y de noche tenemos casi en
nuestro regazo una larga costa iluminada. Nuestro autor radial vino una vez a verme aquí y se sentó frente a esta ventana y lloró de
lo hermosa que encontraba la vista. Pero nosotros vivimos aquí, y
al diablo con la vista.

Como usted quizá sepa, soy mestizo. Mi padre era norteamericano de una familia cuáquera de Pennsylvania, y mi madre era
angloirlandesa, también de familia cuáquera. Ella nació en Waterford, donde todavía hay, creo, una famosa escuela cuáquera, al
menos famosa entre los cuáqueros. Yo crecí en Inglaterra y com-
batí con la Primera División Canadiense en la Primera Guerra. De
chico pasé mucho tiempo en Irlanda y no tengo ideas románticas
sobre los irlandeses.

¿Qué hago en mi vida cotidiana? Escribo cuando puedo y no
escribo cuando no puedo; siempre por la mañana o en la primera

parte del día. De noche uno tiene ideas muy brillantes, pero no se sostienen. Esto lo descubrí hace mucho… Siempre estoy viendo pequeños artículos de escritores que dicen que no esperan a que venga la inspiración; se sientan ante sus pequeños escritorios todas las mañanas a las ocho, así llueva o haya sol, o tengan resaca o un brazo entablillado, y cumplen con su pequeña tarea. Por más que tengan la mente en blanco o el ingenio embotado, no admiten jueguitos con la inspiración. Les presento mi admiración y tomo la precaución de evitar sus libros. Yo, por mi parte, espero la inspiración, aunque no necesariamente la llamo por ese nombre. Creo que todo escrito que contenga algo de vida es hecho con el plexo solar. Es un trabajo duro en el sentido de que puede dejarlo a uno cansado, hasta exhausto. En el sentido del esfuerzo consciente no es trabajo. Lo importante es que haya un espacio de tiempo, digamos cuatro horas al día al menos, en que un escritor profesional no haga nada más que escribir. No tiene que escribir, y si no se siente en condiciones no debería intentarlo. Puede mirar por la ventana o pararse sobre la cabeza o retorcerse en el piso. Pero no debe hacer ninguna otra cosa positiva, como leer, escribir cartas, mirar revistas o firmar cheques. Escribir o nada. Es el mismo principio que sirve para mantener el orden en una escuela. Si se puede hacer comportar a los alumnos, aprenderán algo sólo para no aburrirse. A mí me funciona. Dos reglas muy simples: a, no es obligatorio escribir; b, no se puede hacer otra cosa. El resto viene solo.

Odio la publicidad, sinceramente. He pasado por la piedra de molino de las entrevistas, y las considero una pérdida de tiempo. El tipo que encuentro en esas entrevistas haciéndose pasar por mí suele ser un engreído al que no me gustaría conocer. Soy un esnob intelectual que tiene un cariño por el lenguaje coloquial norteamericano, en gran medida porque me educaron en el latín y el griego. Tuve que aprender el norteamericano como una lengua extranjera… El uso literario del argot es un estudio en sí mismo. He descubierto que hay sólo dos clases de argot que sirven: el que se ha afirmado en el idioma y el que inventa uno. Todo lo demás tiende a pasar de moda antes de llegar a la imprenta. Pero será mejor que no empiece con ese tema, o me pasaré una semana escribiendo sobre él.

Carta a Jamie Hamilton.
21 de marzo de 1949.

Recuerdo que hace varios años, cuando Howard Hawk estaba haciendo *The Big Sleep*, la película, él y Bogart discutieron sobre si uno de los personajes era asesinado o se suicidaba. Me enviaron un cable (en esto hay además una broma extra) preguntándome, y maldito si yo lo sabía. Por supuesto que me abuchearon por mi ignorancia. La broma extra fue con Jack Warner, jefe de la Warner Bros. Créalo o no, él vio el cable, el cable le costaba al estudio setenta centavos, y llamó a Hawks y le preguntó si realmente era necesario enviar un telegrama por un asunto así. Es un modo de manejar un negocio.

… Sé lo cuidadosos que son los correctores de pruebas ingleses, pero un escritor que trabaja con la lengua coloquial y en ocasiones inventa su propio idioma puede descubrir que el impresor corrige cosas que cree errores, pero que en realidad fueron escritas así deliberadamente. Los impresores de Knopf una vez tuvieron las mayores dificultades en aceptar una frase que decía: "Un tipo está ahí y lo ves y después no está ahí y no lo ves" (*"don't not see him"*), que para ellos era claramente una doble negación, pero para mí era mucho más enérgico que decirlo con una sola negación, lo obvio y convencional, pero sin vida.

Carta a Dale Warren,
27 de marzo de 1949. La película a la que se refiere es *He Walked By Night.*

La encontré condenadamente buena… Me pareció que Basehart hacía un gran trabajo, y habría querido verlo más. Pero para mí lo realmente sorprendente de la película fue el supuesto de que los métodos policíacos de la Gestapo son los naturales y correctos. ¿Qué autoridad tienen para cercar un área e interrogar a todos los que quedan adentro? No se trata más que de un arresto sin orden judicial y sin ningún supuesto razonable de conocimiento culposo. ¿Con qué autoridad obligan a un hombre que saben inocente a seguir en su papel de señuelo, aun después de ser golpeado? Con ninguna salvo la que han usurpado y un público crédulo les ha permitido usurpar, un público que en su mayor parte, para esta época, tenía sus orígenes en países donde la policía escribía sus propias leyes lo mismo que aquí… Hacen allanamientos ilegales, arrestos ilegales, ponen trampas ilegales y consiguen pruebas por medios ilegales. Sólo porque han matado a un policía (y las estadísticas de muertes violentas de policías probablemente mostrarían que es uno de los trabajos más seguros del mundo) declaran la ley marcial y hacen exactamente lo que quieren. Cometen asaltos armados con impunidad, ya que el uso de la amenaza de empleo de fuerza, armados y sin orden judicial o fundamentos razonables, es asalto armado.

Carta a Bernice Baumgarten,
31 de marzo de 1949, comentando un artículo sobre él en el *New York Times*. También se menciona en la carta el Oscar a la Mejor Película de ese año, que había correspondido al film británico *Hamlet*, con Laurence Olivier en el papel protagónico.

Mr. Steegmuller es todo un tipo. No sólo me cita con comillas sino sin comillas. ¿Y dónde dije yo que sólo las novelas policiales que yo escribo son literatura seria? Lo que yo digo y siempre dije es simplemente que no existe nada que pueda llamarse literatura seria, que las supervivencias del puritanismo en la mentalidad norteamericana incapacitan a todos, salvo a los más literatos, para pensar en literatura sin referencia a lo que llaman lo significante, y que la mayor parte de la así llamada literatura o ficción seria es lo más fugaz del mundo; no bien su mensaje puede datarse, cosa que sucede muy pronto, es letra muerta.

Es uno de los (pocos) beneficios de no ser tan joven como se lo fue, que uno puede decir lo que quiere, porque ya no le importa nada. Si un joven escritor golpea a un favorito reinante, puede ser acusado de envidia y malicia, y se lo hiere y se lo vuelve cauteloso. Yo me divierto mucho pinchando los globos populares. El más fabuloso globo del momento es el ultimo libro de Elizabeth Bowen, que en parte es una parodia chillona de Henry James. Jamie Hamilton me escribió que los críticos ingleses se están atando en nudos tratando de ser corteses con ella (porque por supuesto saben que es potencialmente una buena escritora) aunque advierten que la pobre chica está dando muestras de lo que sucede cuando un escritor laborioso en exceso pierde por completo su sentido del humor.

En la Academia está teniendo lugar un hermoso combate. Los muchachos se decidieron al fin, por vergüenza, a dar el premio más o menos a base del mérito (salvo el premio de la música, que hiede) y las cinco compañías principales que han venido contribuyendo con el costo de la fiesta se han retirado. "Escuchen", dicen sin decir, "queremos que el Oscar vaya a las mejores películas, de acuerdo, pero no estamos haciendo negocios por prescripción médica. Nos referimos a las mejores películas de Hollywood". No les importa quién sea el mejor mientras sean ellos.

Carta a Carl Brandt,
3 de abril de 1949.

La última investigación que hice fue en 1945 cuando escribía *The Blue Dahlia*, que incidentalmente es la primera historia que revelaba al público el hecho de que el jefe de la Oficina de Homicidios, entonces un tipo muy agradable llamado Thad Brown (Capitán), no tenía siquiera una oficina privada. Su escritorio estaba al lado del de una secretaria, y su puerta estaba siempre abierta. Afuera había un cuarto algo más grande, sin muebles, en el que se reunían los detectives y literalmente no tenían sillas suficientes para sentarse todos a la vez. La entrada de este cuarto era una media puerta vaivén (que no usamos en la película) y los dos ambientes juntos habrían cabido fácilmente en nuestro living. Esto era todo el espacio que tenían los muchachos para trabajar… Una muy buena película de policías que vi hace poco, llamada *He Walked by Night*, tiene algún material técnico excelente, pero las tomas dentro del Cuartel de Policía son demasiado espaciosas. Uno queda con la impresión de una organización muy compleja y altamente eficiente con personal innumerable. En realidad se trata de un grupito bastante precario que opera más o menos al nivel mental de los plomeros.

Carta a Jamie Hamilton,
4 de abril de 1949.

Francamente no tengo idea de por qué Houghton Mifflin tarda tanto en tener listas las pruebas del libro. Quizá se han empantanado en la monumental tarea de publicar a Churchill. Knopf mandaba las pruebas bastante rápido, con un aire de estar en un apuro tremendo, entrega especial vía aérea y toda esa clase de cosas, y cuando yo me apresuraba a revisarlas en un estado de máxima urgencia y se las enviaba de vuelta, no pasaba absolutamente nada por meses y meses. Nunca podía descubrir por qué habían tenido semejante apuro, ni qué sucedía cuando recibían de vuelta las pruebas. Lo mismo pasa en Hollywood: apuros salvajes por reuniones para cerrar algún trato, después un acuerdo jadeante en los términos, y después una escritura del contrato completamente tranquila, en realidad muy dilatoria. Recuerdo una vez en la Paramount, después de negociar un nuevo contrato que reemplazaría uno que me había cansado, el departamento legal pasó semanas sin producir siquiera un borrador, y durante todo ese tiempo por supuesto no me pagaron; siempre retienen la paga hasta que el contrato está firmado. Llamé al departamento legal y les sugerí amablemente que no había necesidad de escribir el contrato nuevo ya que habían quebrantado el anterior al no pagarme el salario, y ahora no teníamos ningún acuerdo. Fue gracioso mientras duró; sus gritos se oían a cuadras de distancia. Siempre me gusta hacer negocios con judíos. Son tan excitables, tan superficialmente agudos y astutos, pero básicamente muy dignos de confianza. Dramatizan todo acto de negocios y se comportan muy recios y de pronto ceden del modo más seductor.

… Siempre parece llegar un punto en una historia en la que el ímpetu de la situación original muere y hay que dar una vuelta. Es lo más difícil de hacer y mucha gente (especialmente los dramaturgos húngaros) no lo hacen nunca.

Carta a Houghton Mifflin,
11 de abril de 1949, en respuesta a la serialización de *La hermana menor* que había aparecido en la revista *Cosmopolitan.*

La bastardeada anécdota que aparece bajo mi nombre en el último número de *Cosmopolitan* (que sus ganancias sean las más grandes en la historia) contiene palabras y frases que yo no escribí, diálogo que no pronunciaría, y lagunas que son comparables a la amnesia durante la luna de miel. Es el cadáver de un libro, al que le ha hecho la autopsia un ladrón de cementerios borracho y lo ha vuelto a coser un marinero con delirium tremens.

Carta a James Sandoe,
14 de abril de 1949.

Leí *The Moving Target* de John Macdonald y estoy muy impresionado, de un modo especial. Lo que usted me dice sobre pastiche es muy cierto, por supuesto, y los materiales de la trama están tomados de aquí y allá. Por ejemplo la situación inicial está levantada más o menos de *El sueño eterno*, con la madre paralizada en lugar del padre, el dinero proveniente del petróleo, la atmósfera de riqueza corrupta; y el villano abogado-amigo está tomado directamente de *The Thin Man*; pero yo personalmente soy un poco isabelino sobre esas cosas, no creo que importen mucho, ya que todos los escritores deben imitar en sus comienzos, y si uno pretende entrar en algún molde aceptado, es natural ir a ejemplos que hayan alcanzado alguna notoriedad o éxito.

Lo que me sorprende en el libro (y supongo que no escribiría al respecto si no sintiera que el autor tiene algo) es primero un efecto que es más bien repelente. No hay nada a lo que aferrarse; he aquí un hombre que quiere al público de la novela policial en su violencia primitiva, y también quiere poner en claro que él, como individuo, es un personaje altamente cultivado y sofisticado. Un auto tiene "el acné de la herrumbre". Los escritos en las paredes del baño público son "graffiti" (sabemos italiano, dice); alguien se refiere a la "osculación pódica" (latín médico también, ¿no somos unos demonios?). "Los segundos se apilaban como una torre de fichas de póquer", etcétera. El símil que no funciona del todo porque no da a entender cuál es el objetivo del símil.

Las escenas están bien manejadas, hay mucha experiencia de algún tipo detrás de esta escritura, y no me sorprendería descubrir que el nombre es el seudónimo de un novelista de alguna actuación en otro campo. Lo que me interesa es si esta aparatosidad en las frases y elección de palabras hace una mejor escritura. No la hace. Sólo se la podría justificar si la historia misma estuviera ideada en el mismo nivel de sofisticación, y si así fuera no se venderían mil ejemplares. Cuando se dice "manchas de herrumbre" (o agujeros por la herrumbre, y yo hasta aceptaría alguna metáfora que tuviera que ver con granos) se transmite de inmediato una imagen visual unitaria. Pero cuando se dice "el acné de la herrumbre" la atención del lector es instantánemente apartada de la cosa descripta, y dirigida a la postura del autor. Esto es, por supuesto, un ejemplo muy simple del maltrato estilístico del lenguaje, y pienso que algunos escritores se sienten obligados a escribir en frases rebuscadas como compensación por una carencia de alguna clase de emoción animal natural. No sienten nada, son eunucos literarios, y en consecuencia caen en una terminología oblicua para probar su distinción. Es la clase de mentalidad que mantiene vivas las revistas de vanguardia, y es muy interesante ver un intento de aplicarla a los objetivos de esta clase de ficción.

Carta al periodista canadiense Alex Barris,

16 de abril de 1949.

¿Hamlet me parece la mejor película de 1948? Definitivamente no. Olivier estaba maravilloso. Felix Aylmer estuvo en su mejor forma, pero el trabajo de cámara fue un desastre, y muchas actuaciones apenas aceptables. Pero me alegra que Hollywood haya sentido vergüenza y se lo haya dado a una película extranjera, a pesar de todo.

Carta a Carl Brandt,

18 de abril de 1949. "Norbert D." es Norbert Davis, ex autor de *Black Mask,* ahora desocupado.

Fue muy amable de su parte enviarme un cable sobre Norbert D. Sea como sea, le estoy mandando un par de cientos de dólares. ¿Quién soy yo para juzgar las necesidades o méritos de otro hombre? Es algo bastante lamentable vivir lejos en el campo y ver cómo todos los cuentos que manda vuelven rechazados, y tener miedo. Dice que vendió uno solo de quince este último año. Dice que es culpa suya. Que se desorientó o se emborrachó o se dejó estar o lo que sea, ¿qué diferencia hay? Uno sufre lo mismo cuando se equivoca al hacer una caridad. Más. Dice que es plata perdida, se olvida, y espera que el tipo no lo odie por ayudarlo, o más bien por haber tenido que pedir ayuda… Sé que con doscientos dólares no compraré las llaves del cielo, pero ha habido momentos en que me pareció como si bastara con esa cifra, y no la tenía, y no había nadie cerca que me la diera. Nunca dormí en un parque pero estuve muy cerca de hacerlo. Pasé cinco días sin nada que comer salvo una sopa, y me enfermó comerla. La experiencia no me mató, pero tampoco aumentó mi amor por la humanidad. El mejor modo de descubrir si uno tiene amigos es quebrar. Los que siguen cerca más tiempo son sus amigos. No me refiero a los que siguen cerca por siempre. Ésos no existen.

Cuatro meses después, el 14 de agosto de 1949, Chandler volvía a escribirle a Brandt: "Recibí carta de la esposa de N.D. Parece que se suicidó hace un par de semanas. No había creído que fuera una situación tan desesperada".

Carta a Dale Warren,

20 de abril de 1949. Al sacarse de encima al fin su muy interrumpida quinta novela, Chandler estaba listo para embarcarse en un libro más ambicioso, al que llamaría *El largo adiós.*

Es como si no pudiera empezar a hacer nada. Siempre se me hizo muy difícil empezar. Pensé que podría hacerlo en Bel Air, pero uno se deja llevar por la vida falsa de Hollywood, y todo se vuelve escenografía, telones proyectados, miniaturas, rocas de papel maché, árboles en macetas, diluvios de lluvia tropical bajo los cuales los personajes caminan durante horas y salen con una solapa húmeda y dos rizos fuera de lugar. Un metro de película más allá el traje está planchado y el tipo tiene un clavel fresco en el ojal.

Bueno, no es tan malo como pinchar una condecoración póstuma en la silla de un caballo, como hicieron en *Lives of a Bengal Lancer*.

Veo en el *Sunday Times* que su película *He Walked By Night* no obtuvo gran cosa de Dilys Powell salvo una observación sobre la persecución por las cloacas. Sus críticas en general son buenas, y es muy justa con las películas norteamericanas. ¿Qué pasa con las películas? Me estrujo el cerebro en busca de una respuesta, y tengo un extraño pensamiento recurrente de que no es nada específico, las películas no son tan malas, pero simplemente ya no son una novedad. El cine como medio, las cosas que puede hacer, ha perdido su aguijón. Estamos de vuelta en el punto en el que estaban las películas mudas cuando Warners compró la Vitaphone. Salvo el enfoque forzado, apenas si ha habido un avance técnico en quince años, y uno no puede ver para qué sirve el enfoque forzado si no ve una película hecha a mediados de la década de 1930 y nota que en un plano medio todo lo que está a más de tres metros de la cámara es borroso.

Carta a Jamie Hamilton,
22 de abril de 1949. Stephen Spender y W. H. Auden eran los más notorios poetas británicos del momento, y ambos se manifestaban admiradores de Chandler. Cyril Connolly era un periodista literario igualmente eminente.

Me gusta mucho este tipo Spender. De hecho, me gusta más que Auden, sobre el que siempre tuve reservas. (También me perturba su observación de que Connolly no tiene conciencia). Su registro de la barbarie sedosa de Eton es maravilloso, por supuesto, y el modo en que estos sujetos pensaban y escribían y hablaban, a una edad en que los norteamericanos a duras penas pueden deletrear sus nombres, es también sumamente impresionante. No obstante, hay algo en la vida literaria que rechazo; toda esta desesperada construcción de castillos sobre telarañas, el prolongado esfuerzo por hacer algo importante que todos sabemos que habrá desaparecido para siempre en unos pocos años, las exhalaciones de fracaso que para mí son tan desagradables como la barata vulgaridad del éxito popular. Creo que la gente realmente buena debería tener un éxito razonable en cualquier circunstancia; que ser muy pobre y muy hermoso es probablemente un fracaso moral mucho más que un éxito artístico. Shakespeare habría triunfado en cualquier generación, porque se habría negado a morir en un rincón; habría tomado los falsos dioses y los habría vuelto a hacer, habría tomado las fórmulas corrientes y las habría obligado a hacer algo que hombres menores habrían pensado que eran incapaces de hacer. Si viviera hoy indudablemente habría escrito y dirigido películas, teatro, y Dios sabe qué. En lugar de decir "Este medio no es bueno" lo habría usado y lo habría hecho bueno. Si algunos han llamado barata una parte de su obra (que lo es) no le habría importado nada, porque habría sabido que sin algo de vulgaridad no hay un hombre completo. Habría odiado el refinamiento como tal, porque siempre es una retirada, un encogimiento, y él era demasiado duro para encogerse delante de nada.

Carta a Charles Morton,
2 de mayo de 1949.

Toda la estética de alta cultura está embebida en el culto al fracaso, y el término actual de jerga para esto es probablemente el "deseo de muerte"... En cierto modo, tiendo a pensar que todo fracaso (dejando de lado la enfermedad o una espantosa mala suerte) es en realidad una especie de fracaso moral. La mitad o más de la literatura que ha sobrevivido al tiempo fue juzgada puro comercio en su época… o en la nuestra, si se la escribe ahora.

Carta a James Sandoe,

sobre la novela *Miss Lonelyhearts* de Nathaniel West, 3 de
mayo de 1949.

Un libro poderoso, extraño e insólito; no agradable, pero a mi juicio definitivamente en la clase de lo real como opuesto a la escritura meramente calculada.

Carta a Dale Warren,

5 de mayo de 1949. "U-I" se refiere a los estudios Universal-
Internacional, en Hollywood.

Las ventas de *Cosmopolitan* en La Jolla no son sensacionales, lo que prueba que la competencia en artículos sobre impotencia no es seria, ya que la incidencia de esta enfermedad es probablemente más alta en La Jolla que en cualquier otra localidad y organización salvo en la reunión anual de los veteranos de Chickamauga.

Usted menciona a Joan Fontaine como una amiga. Yo la traté una sola vez, en un almuerzo con John Houseman, pero conocía bastante bien a su marido, Bill Dozier. Él me contrató en Paramount, y humilló memorablemente a mi agente respecto de mi salario, lo que siguió siendo una herida abierta hasta que le arranqué a Dozier cien grandes cuando era jefe de la U-I. La Paramount cometió un increíble error cuando le permitieron renunciar. En la U-I fue comprensible, porque se suponía que él se ocupaba de productores contratados mientras que Bill Goetz se ocupaba de las unidades de producción independientes. Éstas se fueron retirando una tras otra, dejando a Goetz sin nada que hacer. Una vez mirando por la ventana de Joe Sistrom al estacionamiento de U-I, vi casualmente a los jefes que volvían caminando de almorzar en el comedor de ejecutivos. Quedé fascinado por un placer siniestro. Se parecían exactamente a una banda de gángsters de Chicago yendo a leer las sentencias de muerte de un competidor derrotado. Me permitió ver en un relámpago el extraño parentesco psicológico y espiritual entre las operaciones de plata grande en los negocios y las mafias. Las mismas caras, las mismas expresiones, los mismos modales. El mismo modo de vestirse y el mismo relajamiento exagerado en los movimientos.

Carta a James Sandoe,
12 de mayo de 1949.

Admito que si no se puede crear un detective lo bastante dominante, se puede compensar en cierta medida implicándolo en los peligros y emociones de la historia, pero eso no representa un paso adelante, sino que es un paso atrás. Lo importante es que el detective exista completo y entero y que no lo modifique nada de lo que sucede; en tanto detective, está fuera de la historia y por encima de ella, y siempre lo estará. Es por eso que nunca se queda con la chica, nunca se casa, nunca tiene vida privada salvo en la medida en que debe comer y dormir y tener un lugar donde guardar la ropa. Su fuerza moral e intelectual es que no recibe nada más que su paga, a cambio de la cual protegerá al inocente, y destruirá al malvado, y el hecho de que debe hacerlo mientras gana un magro salario en un mundo corrupto es lo que lo mantiene aparte. Un rico ocioso no tiene nada que perder salvo su dignidad; el profesional está sujeto a todas las presiones de una civilización urbana y debe elevarse por encima de ellas para hacer su trabajo. En ocasiones quebrantará la ley, porque él representa a la justicia y no a la ley. Puede ser herido o engañado, porque es humano; en una extrema necesidad puede llegar a matar. Pero no hace nada por sí mismo. Obviamente esta clase de detective no existe en la vida real. El detective privado de la vida real es un mezquino pequeño juez de la Agencia Burns, o un pistolero sin más personalidad que una cachiporra, o bien un picapleitos o un embaucador exitoso. Tiene más o menos tanta estatura moral como un cartel de tránsito.

La novela policial no es y nunca será una "novela sobre un detective". El detective entra sólo como catalizador. Y sale exactamente como era antes de entrar.

Carta a Charles Morton,
13 de mayo de 1949.

Los grandes editores siempre tendrán unos pocos escritores de prestigio para adornar sus escaparates, el resto serán escritores de fórmula, y al cabo de un tiempo hasta las fórmulas se restringirán… Cuando más sube el costo de producción, más poder para los que ponen el dinero.

Carta a Jamie Hamilton,
13 de mayo de 1949.

No sé qué está pasando con el gremio de los escritores en este país. Recibí una oferta de mil doscientos dólares al año por el uso de mi nombre en el título de una nueva revista policial. *Raymond Chandler's Mystery Magazine*. No tengo nada que ver con la revista, ningún control sobre el contenido y ningún contacto con su política editorial. Me parece que hay que trazar una línea, y estoy dispuesto a afirmar que aun dejando de lado la ética, sólo con algo de visión, igual habría que trazar una línea. Pero es tal la brutalización de la ética comercial en este país que nadie puede sentir nada más delicado que el contacto aterciopelado de un suave billete.

ODIO LA PUBLICIDAD. Casi siempre es deshonesta y siempre es estúpida. No creo que signifique nada en absoluto. No se la tiene hasta que uno no es "famoso", y lo que se obtiene entonces lo hace a uno odiarse a sí mismo.

Carta a James Sandoe,
20 de mayo de 1949. Daniel Chaucer era un seudónimo
usado por el novelista Ford Madox Ford.

Supongo que todo hombre tiene entre sus recuerdos unos pocos libros que por motivos sutiles ocupan un lugar más exaltado en su mente de lo que realmente merecen. Por ejemplo: *The Unbearable Bassington, Lavengro, The New Humpty-Dumpty* de un tal Chaucer de quien nunca supe nada más, *The New Arabian Nights*, etcétera. No todos estos fueron fracasos, por supuesto, pero los que lo fueron, no lo fueron para mí.

Carta a James Sandoe,
2 de junio de 1949. Chandler empieza refiriéndose a *El día
de la langosta*, novela de Nathaniel West.

Todo el libro es una carta de suicida. No es trágica, no es amarga, no es siquiera pesimista. Simplemente se lava las manos de la vida…

La sinceridad moderna ha destruido por completo el sueño romántico del que se alimenta el amor. Los sementales sintéticos como James Cain han hecho un fetiche de la lujuria puramente animal que hombres más honestos y mejores toman al paso, sin orgasmos literarios, y que las clases medias parecen considerar como un anexo semirrespetable de la formación de una familia. La glorificación literaria de la lascivia lleva a la impotencia emocional, porque la historia de amor propiamente dicha tiene poco o nada que ver con la lascivia. No puede existir sobre un trasfondo de pasteles de queso y matrimonios múltiples. No queda nada sobre lo que escribir salvo la muerte, y la novela policial es una tragedia con final feliz. La adecuación peculiar de la novela policial a nuestro tiempo se debe a que es incompatible con el amor. La historia de amor no puede convivir con la novela policial, no sólo en el mismo libro: casi podría decirse que no pueden convivir en la misma cultura.

Carta a James Sandoe,
16 de junio de 1949.

La clase de gente educada semianalfabeta que encuentra uno hoy… siempre está diciendo, más o menos: "Usted escribe tan bien que debería pensar en hacer una novela seria". Y después uno descubre que a lo que se refieren al hablar de novela seria es algo de Marquand o de Betty Smith, y probablemente uno los insultaría diciéndoles que el abismo artístico entre una policial realmente buena y la mejor novela seria de los últimos diez años es difícil de medir si se lo compara con el abismo entre la novela seria y cualquier espécimen representativo de la literatura griega del siglo IV a. C.

Carta a Jamie Hamilton,
17 de junio de 1949.

Estoy muy incómodo. Parece como si hubiera perdido la ambición, y ya no tengo ideas… Leo estas profundas discusiones, por ejemplo en *Partisan Review*, sobre lo que es arte, lo que es literatura, y la buena vida y el liberalismo, y cuál es la postura de Rilke o Kafka, y la riña sobre el premio Bollingen a Ezra Pound, y todo me parece sin sentido. ¿A quién le importa? Demasiados hombres buenos han pasado demasiado tiempo muertos para que importe qué hace o no hace esta gente. ¿Para qué trabaja un hombre? ¿Por el dinero? Sí, pero de un modo puramente negativo. Sin algo de dinero, nada más es posible, pero una vez que uno tiene el dinero (y no me refiero a una fortuna, sólo unos pocos miles por año) uno no se sienta a contarlo y gozarlo. Cada cosa que uno alcanza elimina un motivo para querer alcanzar algo más. ¿Quiero ser un gran escritor? ¿Quiero ganar el premio Nobel? No si es demasiado trabajo. Qué diablos, les dan el premio Nobel a demasiados mediocres para que me interese. Adermás, tendría que ir a Suecia y ponerme un frac y pronunciar un discurso. ¿El premio Nobel vale todo eso? Diablos, no.

…No hay arte sin un gusto público y no hay gusto público sin un sentimiento de estilo y calidad a lo largo de toda la estructura social. Curiosamente, este sentimiento de estilo parece tener muy poco que ver con el refinamiento o inclusive con la humanidad. Puede existir en una era salvaje y sucia, pero no puede existir en una era del Club del Libro del Mes, de la prensa amarilla y la máquina expendedora de Coca-Cola. No se puede producir arte sólo por quererlo, por seguir las normas, por hablar sobre minucias críticas, por el método de Flaubert. Se lo produce con gran facilidad, de un modo casi distraído, y sin autoconciencia. No se puede escribir sólo por haber leído todos los libros.

Carta a Jamie Hamilton,
22 de junio de 1949.

Creo que mi historia favorita de Hollywood es una sobre los hermanos Warner, Jack y Harry. El día después de que Hal Wallis (que había sido jefe de producción del estudio) los dejó, hubo un profundo malhumor y un terrible sentimiento de catástrofe en la mesa del almuerzo de los ejecutivos. Todos los muchachos se apretujan en el extremo de la mesa para quedar lejos de Jack Warner cuando venga. Todos salvo uno, un joven productor ambicioso llamado Jerry Wald (que algunos suponen que fue el modelo de Sammy Glick en *What Makes Sammy Run*), que se sienta cerca de la cabecera. Llegan Jack y Harry Warner. Jack se sienta a la cabecera y Harry a su lado. Jerry Wald está cerca y todos los demás están tan lejos como les es posible. Jack los mira con disgusto y se vuelve hacia Harry.

JACK: Ese hijo de perra de Wallis.

HARRY: Sí, Jack.

JACK: Un miserable publicitario de cincuenta dólares por semana. Nosotros lo hicimos a partir de la nada. Lo hicimos uno de los hombres más grandes de Hollywood. ¿Y qué nos hace él? Se pone el sombrero y se va y nos deja.

HARRY: Sí, Jack.

JACK: Ésa es la gratitud. Y ese hijo de perra de Zanuck. Un miserable esritor de cien por semana, y nosotros lo tomamos entre manos y lo hacemos uno de los hombres más grandes de Hollywood. ¿Y qué nos hace él? Se pone el sombrero y se va y nos deja.

HARRY: Sí, Jack.

JACK: Ésa es la gratitud. Podríamos tomar a cualquier hijo de perra que se nos antoje y sacarlo de la nada y hacerlo uno de los hombres más grandes de Hollywood.

HARRY: Sí, Jack.

JACK. A cualquiera. (Se vuelve y mira a Jerry Wald.) ¿Cómo se llama usted?

WALD: Jerry Wald, señor Warner.

JACK: (a Harry) Jerry Wald. Escucha, Harry, podríamos tomar a este tipo y construirlo a partir de la nada hasta hacerlo uno de los hombres más grandes de Hollywood, ¿no es cierto, Harry?

HARRY: Sí, Jack, claro que podríamos.

JACK: ¿Y qué ganaríamos con eso? Lo transformamos en un gran hombre, le damos poder y fama, lo hacemos uno de los nombres más grandes de Hollywood, ¿y sabes qué pasará, Harry? El hijo de perra se irá y nos dejará.

HARRY: Sí, Jack.

JACK: ¿Por qué esperar a que pase, Harry? Despidamos al hijo de perra ya mismo.

Carta a Dale Warren,

9 de julio de 1949. Laski es la novelista Marghanita Laski; Waugh es Evelyn Waugh; *Stranger in the Land* era una novela de un escritor llamado Ward Thomas.

Tuve una infección en la garganta que fue muy divertida porque me dio la ocasión de probar una inyección de penicilina, cosa maravillosa que lo hace sentir a uno casi como si Dios estuviera de parte de los buenos después de todo. Habíamos empezado a dudarlo.

…Me pareció que el libro de Laski se basa en una gran idea, pero no tiene ni el estilo ni la invención cómica para sacarla a flote. Si lo hubiera escrito Waugh, habría sido algo realmente bueno. En cuanto a *Stranger in the Land*, lo encontré bien escrito de un modo anónimo y negativo, pero el tema me rechazó. Debería haber una buena novela en la homosexualidad, pero no es ésta… Lo que pienso que sería interesante sería un retrato de la mentalidad peculiar del homosexual, su sentido del gusto, su superficie a menudo brillante, su incapacidad fundamental para terminar nada… No puedo tomarme en serio al homosexual como un marginado moral. No es más que cualquier otro rebelde contra una sociedad mojigata e hipócrita. No hay espectáculo más repugnante en la Tierra que un hombre de negocios en una de esas reuniones machistas de hombres solos, y éste es precisamente el tipo de hombre que podría caer con más fuerza en lo anormal. La dificultad de escribir sobre un homosexual es la completa imposibilidad de ponerse dentro de su cabeza salvo que uno mismo lo sea, y entonces no puede meterse en la cabeza de un hombre heterosexual. Si usted leyó el interrogatorio de Wilde por Edward Carson en el proceso contra Queensberry, creo que admitirá que se enfrentaban dos hombres gritando a través de un océano de incomprensión. El impulso de la multitud por destruir al homosexual es como el impulso de una horda de lobos por atacar al lobo enfermo y hacerlo pedazos, o el impulso humano de huir de una enfermedad incurable. Esto es probablemente muy antiguo y muy cruel, pero en el fondo hay una especie de horror, como una mujer asustada por un escorpión. Toda crueldad es una especie de miedo. En lo profundo de nosotros debemos comprender qué frágiles son los lazos que nos unen a la cordura, y estos lazos son amenazados por insectos repulsivos y vicios repulsivos. Y los vicios son repulsivos no en sí mismos, sino por el efecto que tienen en nosotros. Nos amenazan porque nuestros propios vicios normales nos llenan a veces de la misma clase de repulsión.

Carta a Paul Brooks,
que planeaba publicar una recopilación de los viejos
cuentos de Chandler, 19 de julio de 1949.

Usted dice que seguramente yo querré omitir algunos. O, en otras palabras, que son malísimos. ¿Cuáles? No creo ser el mejor juez. Bueno, seamos terriblemente francos sobre el tema. Si algo ha envejecido, o su lectura lo pone incómodo, afuera. Si es algo pequeño que puede arreglarse, trataré de arreglarlo. Si es inherente a la trama, no puedo. Tome el cuento llamado "Blackmailers Don't Shoot", el primero que escribí. Me llevó cinco meses escribirlo, tiene acción suficiente para cinco cuentos y en líneas generales es una condenada pose. "Finger Man" fue el primer cuento con el que me sentí a gusto. "Smart Aleck Kill" y "BDS" son puro pastiche. Cuando empecé a escribir ficción tuve la gran desventaja de no tener absolutamente ningún talento para hacerlo. No sabía cómo hacer entrar un personaje en un cuarto, o cómo hacerlo salir. Perdían sus sombreros y yo también. Si había más de dos personas en escena, a una de ellas no podía mantenerla con vida. Sigo con esos defectos, por supuesto, en cierta medida. Déme dos personas insultándose una a otra por encima de un escritorio, y soy feliz. Una multitud me desorienta. (Lo mismo podría decir de algunos escritores más bien distinguidos, sólo que ellos no lo saben y yo sí). No sé quién fue el idiota original que le aconsejó a un escritor "No se moleste por el público. Escriba lo que quiera escribir." Ningún escritor nunca quiere escribir nada. Quiere reproducir o producir ciertos efectos y al comienzo no tiene la más leve idea de cómo hacerlo.

Carta a Carl Brandt,
22 de julio de 1949.

Desde hace mucho tiempo he pensado que en las novelas corrientes el público es atraído cada vez más por el tema, la idea, la línea de pensamiento, la posición sociológica o política, y cada vez menos por la calidad de la escritura. Por ejemplo, si usted considerara *1984* de Orwell puramente como un trabajo de ficción, no podría darle una buena clasificación. No tiene magia, las escenas tienen muy poca personalidad… cuando escribe como crítico e intérprete de ideas, no sobre gente o emociones, es maravilloso.

Carta a Carl Brandt,
1º de septiembre de 1949. *Asphalt Jungle*, considerado por muchos un clásico de la escuela "dura", era de W. R. Burnett. La introducción a la que se refiere es la que lleva la recopilación de los viejos cuentos de Chandler, cuya publicación se estaba preparando entonces.

Estoy completamente de acuerdo con usted sobre *Asphalt Jungle*. Traté de leerla y no pude. Es un ejemplo de lo que les hace Hollywood a los escritores. El material es sólido y honesto y el autor sabe lo que está haciendo. Pero no tiene una urgencia interior, simplemente no le importa. Un hombre puede sentarse a escribir un libro sin otro motivo que cumplir un contrato o ganar unos pocos dólares, pero si es un verdadero escritor eso se olvida pronto. En Hollywood destruyen el vínculo entre un escritor y su inconsciente. Después de eso, lo que hace es pura actuación.

En cuanto a la introducción, supongo que tengo una idea de cómo hacerlo. Por cierto que no voy a escribir sobre estos cuentos como si fuera un viejo Henry James o Somerset Maugham ordenando los estantes para la posteridad. Soy estrictamente un amateur y un iconoclasta en estos asuntos. Pienso que la historia y la crítica literarias están tan llenas de jactancia y deshonestidad como la historia en general.

Carta a James Sandoe,
14 de septiembre de 1949.

A veces me pregunto qué posición política adoptaría si viviera en Inglaterra. No puedo imaginarme votando, ahora que se ha revelado la maligna alma burocrática de ese país. Si uno vota a los conservadores, ¿a favor de qué vota? De nada, sólo vota en contra. Algo muy parecido a la última elección aquí. Está muy bien hablar del deber patriótico de votar y todo eso, ¿pero por qué habría de ser mi deber elegir entre dos candidatos cuando no creo que ninguno de los dos tenga nada que hacer en la Casa Blanca? Mis amigos ingleses me dicen que el Partido Laborista ganará las próximas elecciones por una pequeña mayoría, y que para entonces el país estará en tal estado de caos que habrá un cisma en el Partido Laborista entre los moderados como Crossman y Attlee y los salvajes como Nye Bevan. No sé. Me temo que con el tiempo, aun en Inglaterra, los bribones heredarán la revolución. Siempre lo han hecho cuando la revolución fue real e interna, no una revuelta contra la dominación extranjera. Y ahí, para terminar con el tema, es donde no se puede unir a la Iglesia Católica con los Comunistas. La Iglesia Católica a pesar de sus pecados y su hipocresía y su política y sus tendencias fascistas y su uso malévolo e irresponsable del boicot, es capaz de discusión interna y de crecer sin liquidar a sus mejores elementos. Puede tolerar la herejía y no teme ir al extranjero, entre los paganos… Proselitiza todo el tiempo, pero no mata gente de un tiro en la nuca sólo por haber quedado cuarenta y ocho horas atrasada respecto de la línea del Partido.

Carta a Dale Warren,
15 de septiembre de 1949.

Las noticias de aquí son malas. Nervioso, cansado, desalentado, harto de la atmósfera de chofer-y-Cadillac… disgustado por mi falta de clarividencia al no darme cuenta de que esta clase de vida es incompatible con mi temperamento… Los escritores sobre los que se escribe se vuelven autoconscientes. Desarrollan un lamentable hábito de verse a través de ojos ajenos. Ya no están solos, tienen una inversión en crítica elogiosa, y piensan que deben protegerla. Esto lleva a una difusión del esfuerzo. El escritor se vigila cuando trabaja. Se vuelve más sutil y paga por ello con una pérdida de impulso orgánico. Pero como a menudo alcanza el éxito en sentido comercial en el preciso momento en que llega a este estadio de lamentable sofisticación, se engaña a sí mismo pensando que su último libro es el mejor. No lo es. Su éxito es el resultado de una lenta acumulación. El libro que es la ocasión del éxito suele no ser de ningún modo la causa del éxito.

Carta a James Sandoe,

20 de septiembre de 1949. Chandler estaba leyendo un
libro llamado *American Freedom and Catholic Power*, de
Paul Blanshard.

Me gustaría ver una réplica razonada, ¿pero dónde encontrarla? Los jesuitas parecen tener el monopolio de estas tareas, y su doble discurso casuístico sería repugnante si no fuera tan lógicamente cómico. Cada vez que entran en terreno peligroso simplemente dictaminan que su solidez es cuestión de fe y no está sujeta a cuestionamiento por el creyente... Supongo que sólo me preocupo por esto porque la mente cerrada es el peor enemigo de la libertad. Los intelectuales, fantásticos como lo son a veces, parecen ser la única clase de gente en la que podemos confiar para un perpetuo desafío a lo que pasa por verdad. Es por eso que leo *Partisan Review*. Hay mucha tontería en sus páginas, y la terminología que usan esas aves raras como Allen Tate a veces me pone a punto de vomitar el almuerzo. Pero al menos ellos no dan las cosas por sentadas.

Cómo, después del Bosque de Katyna y los Juicios por Traición en Moscú, la hambruna en Ucrania, los campos de prisioneros en el Ártico, la abominable violación de Berlín por las divisiones de Mongolia, un hombre decente puede volverse comunista está casi más allá de toda comprensión, salvo que se trate de la mentalidad que simplemente no cree en nada que no le gusta. ¿Cómo el mismo hombre decente puede convertirse a un sistema religioso que hizo amistad con Franco en España, y sigue haciéndola, que nunca en la historia del mundo se ha negado a hacer amistad con ningún bribón que esté dispuesto a proteger y enriquecer a la Iglesia? Bueno, supongo que nadie quiere oírme hablar a mí del tema.

Carta a Marcel Duhamel,

editor francés de Raymond Chandler, 28 de septiembre de 1949. Duhamel trabajaba para la editorial Gallimard, bajo cuyo sello había publicado a una cantidad de talentosos autores policiales norteamericanos en la llamada "Série Noire". Esta influyente (y exitosa) colección había hecho conocer a Chandler, Hammett y Cain, entre otros, a una generación de intelectuales franceses. Albert Camus afirmaría que el héroe de su famosa novela *El extranjero* había sido más influido por la Serie Negra que por ninguna otra ficción literaria. Fue del nombre de esta colección que surgiría la expresión popular "Film Noir".

Siempre he pensado que uno de los encantos de tratar con editores es que si uno empieza a hablar de dinero, ellos se retiran fríamente a su eminencia profesional, y si uno empieza a hablar de literatura, inmediatamente empiezan a agitar el signo dólar.

Carta a James Sandoe,

14 de octubre de 1949.

Ahora estoy leyendo *So Little Time* de Marquand. Recuerdo, o creo recordar, que fue bastante maltratada cuando apareció, pero a mí me parece llena de ingenio agudo y vivacidad, y en general mucho más satisfactoria que *Point of No Return*, que me resultó aburrida en su impacto total, aunque no aburrida mientras se la lee. También empecé *A Sea Change*, de Nigel Dennis, que parece bien. Pero siempre me gustan los libros equivocados. Y las películas equivocadas. Y la gente equivocada. Y tengo la mala costumbre de empezar un libro y leer sólo lo necesario para asegurarme de que quiero leerlo, y ponerlo a un lado mientras rompo el hielo con otros dos. De ese modo, cuando me siento aburrido y deprimido, cosa que pasa con demasiada frecuencia, sé que tengo algo para leer tarde en la noche, que es cuando más leo, y no ese horrendo sentimiento desolador de no tener a nadie con quien hablar o a quien escuchar.

¿Por qué diablos esos idiotas de editores no dejan de poner fotos de escritores en sus sobrecubiertas? Compré un libro perfectamente bueno... estaba dispuesto a que me gustara, había leído sobre él, y entonces le echo una mirada a la foto del tipo y es obviamente un completo imbécil, una basura realmente abrumadora (fotogénicamente hablando) y no puedo leer el maldito libro. El hombre probablemente no tiene nada de malo, pero para mí es esa foto, esa tan espontánea foto con la corbata chillona desajustada, el tipo sentado en el borde de su escritorio con los pies en la silla (siempre se sienta así, piensa mejor). He pasado por esta comedia de la foto, sé lo que hace con uno.

Carta a John Houseman,
productor británico con el que Chandler había hecho
amistad en Hollywood, octubre de 1949.

Su artículo en *Vogue* fue muy admirado por aquí. Lo encontré hermosamente escrito, con mucho estilo. Para mí personalmente tuvo un efecto (un regusto, sería la palabra correcta) de depresión, y despertó mi antagonismo. Es artísticamente paternalista, intelectualmente deshonesto y lógicamente débil. Es el último gemido de la mentalidad Little Theater en usted. No obstante, estoy en favor de su reclamo de que las películas, aun las películas duras, especialmente las películas duras, tengan un alto contenido moral. *Time* llamó esta semana "amoral" a Philip Marlowe. Es una tontería. Suponiendo que su inteligencia sea tan alta como la mía (difícilmente podría serlo más), suponiendo que sus oportunidades en la vida para promover sus propios intereses sean tan numerosas como deben ser, ¿por qué trabaja por un mendrugo? La respuesta a esa pregunta es toda la historia, la historia que siempre se está escribiendo de modo indirecto y nunca completa, ni siquiera clara.

Es el combate de todos los hombres fundamentalmente honestos por ganarse la vida con decencia en una sociedad corrupta. Es un combate imposible; no puede ganar. Puede ser pobre y amargado y desahogarse en bromas y en amoríos casuales, o puede ser corrupto y amistoso y rudo como un productor de Hollywood. Porque el triste hecho es que sacando dos o tres profesiones técnicas que requieren largos años de preparación, no hay absolutamente ningún modo en que un hombre de esta edad adquiera una cierta riqueza en la vida sin corromperse en cierta medida, sin aceptar el hecho frío y claro de que el éxito es siempre y en todas partes una estafa.

Las historias que escribí fueron ostensiblemente policiales. No escribí las historias por debajo de esas historias, porque no fui un escritor lo bastante bueno. Esto no altera el hecho básico de que Marlowe es un hombre más honorable que usted y yo. No me refiero a Bogart representando a Marlowe, y no lo digo porque yo lo haya creado. No lo creé yo; he visto docenas como él en todo lo esencial salvo unas pocas cualidades pintorescas que había que poner en un libro. (Y algunos tenían inclusive esas cualidades). Todos eran pobres; siempre serán pobres. Cómo podrían ser otra cosa.

Carta a Jamie Hamilton,
11 de noviembre de 1949.

Aquí se celebra el Día del Armisticio, una suerte de feriado a medias. Bancos y correos cerrados, lo mismo que algunos negocios, pero no muchos. Gran desfile de tropas, infantería y marineros, ninguno de los cuales tiene la menor idea de lo que fue la Primera Guerra Mundial. Fue un espectáculo mucho peor de lo que creen...

Si bien las reseñas en general no son muy creíbles en ninguna parte, realmente pienso que las reseñas inglesas se están volviendo absurdas. Hay demasiados novelistas reseñando a otros novelistas. Hay demasiada consideración para libros que obviamente no irán a ninguna parte, y demasiado poca comprensión de lo que hay en los libros que hace que la gente los lea. Y hay un grupito de críticos o reseñistas monónotamente decididos a decir algo amable sobre casi cualquier libro. Los mismos avisos publicitarios que usted publica lo prueban. Esos nombres, supuestamente de influencia, en realidad no pueden tener ninguna porque no muestran ninguna discriminación… Y en el otro extremo está esa ridícula publicación, *The Times Literary Supplement*, que parece una compilación de bromas de un grupo de profesores ancianos, cuyas normas de comparación, puntos de referencia o lo que sea, parecen haberse atascado en el año en que Jowett tradujo a Platón…

P.S.: Supongo que usted conoce esto, pero lo encuentro maravilloso, de *Fontamara*, de Ignazio Silone:

A la cabeza de todo está Dios, señor del cielo.
Después viene el Príncipe Torlonia, señor de la tierra.
Después viene la guardia armada del Príncipe Torlonia.
Después vienen las jaurías de la guardia armada del
                 Príncipe Torlonia.
Después no viene nadie más.
Y aún nadie más.
Y aún otra vez más nadie más.
Después vienen los campesinos.

Carta a James Sandoe,
19 de noviembre de 1949.

¿Por qué las mujeres escriben libros tan *corrientes*? Su poder de observación de la vida cotidiana es espléndido, pero nunca parecen desarrollar ningún color…

Carta a Dale Warren,

20 de noviembre de 1949. Chandler se refiere al programa
de radio de Philip Marlowe.

El programa de Marlowe se ha suavizado tanto que ahora les gusta hasta a las ancianas. Yo debería lamentarlo. ¿Quién dijo que los programas de suspenso eran sádicos? Éste es más o menos tan sádico como un helado de malvavisco. Los muchachos que lo escriben van por su decimosexto guión. Pausa y permítannos dos minutos de silencio. Es un modo infernal de ganarse la vida. Piense en el trabajo, la tensión, los apuros, ¿y para qué?

Carta a Jamie Hamilton.

4 de diciembre de 1949.

Su Hodge es un excelente crítico, la más rara clase de hombre. Esos críticos tipo foca amaestrada, aun los mejores entre ellos, me aburren por lo menos dos tercios del tiempo. Déle a alguien un nombre prestigioso, y ya está a medio camino de ser un imbécil. No sugiero que Alan Hodge no tenga prestigio, pero está todavía en esa feliz etapa en que la voz de un hombre es más importante que su nombre. Nadie podría escribir mejores introducciones. Los Betjeman (es posible que lo haya escrito mal) los Quennel, los Mortimer, etcétera, siempre están pensando en hacer una buena aparición ante su público admirador. Hodge se ocupa del libro y al diablo con todo lo demás.

…Me expresé mal sobre la dramaturgia. Por supuesto Maugham tiene razón, como siempre. Es más difícil escribir teatro, es un trabajo más duro, no tengo dudas de ello, aunque yo nunca lo intenté siquiera. Pero, en mi opinión, no exige la misma calidad de talento. Puede exigir un uso más exhaustivo del talento, una tarea mejor hecha de detalles, un mejor oído para el habla de cierta clase de gente, pero en general es mucho más superficial. Tome cualquier obra teatral buena, pero no grande, y póngala en forma de ficción y le quedará algo muy liviano… Incidentalmente, si yo conociera a Maugham, cosa que me temo que nunca haré, le pediría que me firmara un ejemplar de *Ashenden*. Nunca le pedí a un escritor un ejemplar autografiado, y en realidad le doy muy poco valor a esas cosas. (No me molestaría tener un manuscrito autógrafo de *Hamlet*). Pero me considero un conocedor de efectos melodramáticos, y *Ashenden* está tan por encima de cualquier otra historia de espías escrita nunca, mientras que sus novelas, las mejores, aun siendo buenas, no superan lo hecho en ese campo. Un clásico en lo suyo me atrae más que el gran cuadro. *Carmen*, tal como la escribió Mérimée, "Hérodias", "Un corazón simple", *The Captain's Doll, Los despojos de Poynton, Madame Bovary, Las alas de la paloma*, etcétera (*A Christmas Holiday*, por Dios, también), son todas perfectas. Largas o cortas, violentas o calmadas, hacen algo que nunca volverá a ser hecho. La lista, gracias a Dios, es larga, y en muchas lenguas.

Qué pena que usted sea un hombre tan, tan viejo, de cincuenta años o poco menos. (Aquí, estar en su año número cincuenta es haber cumplido cuarenta y nueve). Qué pena que yo sienta simpatía por usted. Es una mala época. Un hombre de cincuenta años no es joven, no es viejo, ni siquiera es de mediana edad. Su impulso se ha desvanecido y su dignidad no ha llegado aún. Los jóvenes lo ven como alguien viejo e insípido. Los viejos de verdad lo ven como un gordo fatuo codicioso. Es una presa para banqueros y cobradores de impuestos. ¿Por qué no pegarse un tiro y terminar con todo?

Carta a James Sandoe,
4 de diciembre de 1949. Theodor Geisel, autor de los libros infantiles del Dr. Seuss, radicado en La Jolla, también estuvo implicado en el siguiente incidente.

Max Miller encontró el otro día un gato con un trampa de coyotes en la pata. Nos dio trabajo atraparlo y el pobre gato tenía la pata destrozada, debía de haber venido arrastrando la trampa por días y días. Tan dulce, sin gritos ni arañazos cuando le sacamos la trampa. Lamento su final casi inevitable porque no puedo encontrar al dueño. Salvó dos dedos de esa pata y el veterinario es optimista, pero yo no puedo darle un hogar, ¿y qué diablos puedo hacer? Un gato corpulento y amistoso, con cicatrices de muchas batallas, sin fallas de carácter y sin lugar adonde ir, nadie quiere darle un hogar.

Carta a James Sandoe,
28 de diciembre de 1949.

Ese sentimiento que se observa en libros ingleses y tan rara vez en los nuestros, de que el país con todos sus pequeños detalles es una parte de sus vidas y que lo aman. Aquí somos tan desarraigados. He vivido la mitad de mi vida en California y me he adaptado lo mejor posible, pero podría marcharme para siempre sin pestañear.

Carta a Jamie Hamilton,
que le había enviado un ejemplar autografiado de
Ashenden, 5 de enero de 1950.

Por supuesto que le escribiré al viejo, tratando de no mostrarme demasiado obsecuente por un lado, ni demasiado rústico por otro. Tengo la sensación de que fundamentalmente es un hombre bastante triste, bastante solitario. Su descripción de su septuagésimo cumpleaños es bastante sombría. Diría que en general ha tenido una vida solitaria, que su postura declarada de no preocuparse mucho emocionalmente por el prójimo es un mecanismo de defensa, que le falta la clase de calidez superficial que atrae a la gente, y que al mismo tiempo es un hombre tan sabio que sabe que por superficiales y accidentadas que sean la mayoría de las amistades, la vida es un asunto bastante sombrío sin ellas. No quiero decir que no tenga amigos, por supuesto; no sé lo suficiente sobre él para decir algo así. Es una sensación que me producen sus libros, nada más.

Carta a Jamie Hamilton,
11 de enero de 1950.

Suelo preguntarme por qué tantos intelectuales ingleses se vuelven hacia el catolicismo. Pero me pregunto tantas cosas, y a medida que envejezco tengo cada vez menos respeto por el cerebro humano y más y más respeto por el coraje humano. Aquí los católicos son numerosos, poderosos y en general muy simpáticos, pero la jerarquía eclesiástica es abrumadoramente de origen irlandés y los católicos irlandeses, siempre exceptuando a los jesuitas de Maynooth, son especímenes bastante toscos del pensamiento católico estrecho, comparados con los prelados franceses, ingleses, escoceses e italianos. Por supuesto también me pregunto por qué la gente se vuelve hacia la religión en general. De joven yo era muy creyente y muy devoto. Pero tuve la maldición de una mente analítica. Cosa que sigue preocupándome.

Carta a Dale Warren,
15 de enero de 1950. Warren acababa de enviarle a
Chandler las pruebas de un esbozo biográfico, escrito por
el mismo Warren, que aparecería en la solapa de la nueva
novela de Marlowe.

Ésta es la clase de documento que hace a los escritores vigilarse y presentarse en chaqueta de terciopelo, gorra con borla, pipa llena de Mezcla Craven, y admirarse melosamente en lugar de producir un poco de prosa cuidada pero no monótona. El texto es un milagro de exageración. ¿Qué decir de mi perfil clásico, de mi cabello castaño ondulado con discretas entradas en las sienes, mi pos-

161

tura erguida, mis sonrientes ojos irlandeses y mi infalible cortesía con los inferiores sociales? ¿Qué de aquellos viejos días en el fondo de un bar de la Calle Quinta, limpiando escupitajos con el faldón de mi camisa, cenando los restos del almuerzo de favor mezclado con aserrín? Un amigo de los matones, familiar de las cortesanas, predicador de los alcohólicos. ¿Qué de la época que pasé bajo la sombra de Saint Sulpice en aquel amorío breve pero embriagante con una *demoiselle* de Luxemburgo, la que después fue conocida en el mundo entero...? Pero no, eso es terreno peligroso. Hasta en Luxemburgo tienen legislación contra calumnias; de hecho, la tienen en tres idiomas. ¿Y qué decir de los seis meses que perdí en el Hollenthal, tratando de persuadir a un tren funicular de que corriera por la superficie? Ustedes dejan tanto afuera de lo que pasó, y ponen tanto que no pasó.

Carta a James Sandoe,
25 de enero de 1950.

Me estoy cansando y disgustando con todas estas mujeres escritoras que nunca se satisfacen con contar una historia; tienen que decir exactamente qué piensan de ella a cada minuto, lo que recuerda la traducción que hizo John Betjeman del cliché crítico "reflexivamente escrito" como "escrito por una mujer, y aburrido". Entre ellas y los engreídos duros sintéticos hay un ancho espacio vacío en el que modestamente se cuela, de vez en cuando, un libro decente, honesto, controlado y legible.

Carta a Dale Warren,
7 de marzo de 1950.

El contraste entre lo que dicen los avisos publicitarios de los libros... y los libros mismos, cuando uno los tiene entre manos, es tan gigantesco que uno empieza a preguntarse si no se estarán pasando de listos.

Carta a Leroy Wright,

abogado de Chandler en San Diego, 12 de abril de 1950.

En algún momento, cuando no esté demasiado ocupado o cuando alguien en su oficina no esté demasiado ocupado, ¿sería tan amable de hacerme saber la condición legal del detective privado con licencia? Específicamente (pero no inclusivamente):

¿Qué autoridad es la que concede las licencias? ¿Qué condiciones debe llenar para obtenerla? ¿Cuáles son sus derechos y deberes? ¿Qué información debe dar, y qué dice en la licencia? ¿Debe estar expuesta en su oficina? ¿Qué cuota debe pagar? ¿Sus huellas digitales están registradas en la policía local y en los archivos del FBI? ¿Tiene automáticamente el derecho de portar armas, o debe obtener la autorización como todos los demás? ¿Esto queda a discreción del sheriff o de quién? ¿Sus armas están registradas y probadas? ¿Por quién?

¿Quién puede presentar una demanda contra él? a) ¿un ciudadano privado? b) ¿la autoridad policial? ¿Cuál es el procedimiento legal de ese tipo de demandas (suponiendo que no sea por un cargo criminal)? ¿Sobre qué bases puede ser cancelada su licencia? Si se la concede por un período específico (¿y cuál es la tarifa?), ¿se renueva automáticamente o debe volver a postularse?

¿En qué medida la información que le da un cliente es comunicación confidencial? (Muchas novelas giran sobre este punto). ¿Tiene mayor poder de arresto que el ciudadano corriente? ¿Puede ser retenido sin fianza como testigo material a discreción del fiscal de distrito? ¿Tiene alguna clase de placa (al no ser un funcionario especial uniformado como los hombres que patrullan los estadios de béisbol, los estacionamientos, etcétera)? ¿Qué identificación, etcétera, se le exige que lleve encima?

Carta a Dale Warren,
16 de mayo de 1950.

Cuando abro un libro y veo frases como "su apariencia era auténticamente escandalosa"; "sentí la primera puñalada de remordimiento"; "una belleza con cuerpo de formas plenas", etcétera, tengo la impresión de que estoy leyendo una lengua muerta, ese horrible inglés mandarín petrificado que nadie puede llevar adelante salvo Maugham, y él mismo no siempre.

Carta a Jamie Hamilton,
18 de mayo de 1950.

¿Cómo se le dice a un hombre que se vaya en lenguaje duro? "Márchate, vete al diablo, vuela de aquí", etcétera. Todas buenas. Pero a mí dénme la expresión clásica, la que realmente usaba Spike O'Donnel (de los hermanos O'Donnel de Chicago, la única organización chica que mandó al diablo a la mafia de Capone y vivió para contarlo). Lo que decía él era "muérete". Su laconismo es letal.

Carta a Dale Warren,
14 de junio de 1950.

Cosa extraña los ojos. Piense en el gato. El gato no tiene nada para expresar la emoción salvo un par de ojos y una ligera ayuda de las orejas. Pero piense en el amplio espectro de expresión de que es capaz un gato con medios tan pequeños. Y después piense en la enorme cantidad de caras humanas que usted debe de haber visto que no tenían más expresión que una papa pelada.

… Algún argot inventado, no todo, se vuelve corriente entre

la gente para la que se inventó. Si uno es sensible a esta clase de cosas, creo que podría con frecuencia, no siempre, distinguir entre la jerga colorida que producen los escritores y la dura simplicidad de los términos que se originan en el círculo donde nacen realmente. No creo que ningún escritor pudiera inventar una expresión como *mainliner* para un drogadicto que se inyecta en una vena. Es demasiado exacto, demasiado puro.

Carta a Jamie Hamilton,
23 de junio de 1950.

Su viaje a París suena como la típica gira de editor, cada comida una entrevista, y los autores entrando y saliendo de sus bolsillos de la mañana a la noche. No sé cómo los editores soportan estos viajes. Un solo escritor me dejaría exhausto por una semana. Y usted tiene uno con cada comida. Hay cosas en el negocio editorial que me gustarían, pero tratar con escritores no sería una de ellas. Sus egos exigen demasiada atención. Viven vidas demasiado tensas, en las que se sacrifica demasiada humanidad por demasiado poco arte… Para toda esta gente la literatura es más o menos el hecho central de la existencia. Mientras que para una inmensa cantidad de gente razonablemente inteligente es un hecho marginal sin importancia, un relajamiento, una evasión, una fuente de información, y a veces una inspiración. Pero podría prescindir de ella más fácilmente de lo que podría prescindir del café o del whisky.

Carta a Ray Stark,
28 de agosto de 1950.

Por supuesto los abogados siempre se apoyan entre sí porque saben que si no se juntaran los ahorcarían por separado.

Carta a Bernice Baumgarten,

13 de septiembre de 1950. Chandler había sido contratado
por la Warner Brothers para trabajar en una adaptación de la
novela de Patricia Highsmith *Extraños en un tren*, que sería
dirigida por Alfred Hitchcock. Se le permitió trabajar desde
La Jolla, sin viajar a los estudios.

Estoy otra vez de esclavo de la Warner Brothers, por esta cosa
de Hitchcock, de la que quizás usted oyó hablar. Hay días en que
lo encuentro divertido, y otros en que pienso que es una condenada idiotez. El dinero luce bien, pero en los hechos no tanto. Soy
demasiado meticuloso y, aunque no trabajo ni de cerca tan rápido
como lo hacía veinte años atrás, aun así trabajo mucho más rápido de lo que exige el empleo, o tiene algún motivo para esperar.
En su mayor parte el trabajo es aburrido, irreal, y no tengo la sensación de que sea la clase de cosa que yo pueda hacer mejor que
otro. El suspenso como cualidad absoluta nunca me pareció muy
importante. En el mejor de los casos es una excrecencia secundaria, y en el peor un intento de hacer algo con nada.

Carta a Jamie Hamilton,

28 de septiembre de 1950. Chandler comienza refiriéndose
a Jean-Paul Sartre.

Cielos, a este tipo le vendría bien una buena podada. Escribe
de modo soberbio a veces, pero nunca sabe cuándo detenerse. Es
igual que la mayoría de esos condenados rusos.

…Parece haber un sentimiento generalizado en el sentido de
que Hitchcock ha empezado a trabajar sólo por dinero, pero eso es
una suposición peligrosa tratándose de un hombre con algún talento. Él es definitivamente un hombre de talento, pero pertene-

ce a un tipo que es más bien opaco fuera de su habilidad particular. Algunos directores de cine, como algunos escritores, parecen hacer su trabajo sin comprometer más que una pequeña parte de sus verdaderas capacidades. Pertenecen a la clase que yo llamo los amateurs; cuando son lo bastante grandes, son genios. Otros pueden hacer alguna cosa determinada extremadamente bien, pero uno nunca pensaría, después de haberlos conocido y tratado, que podían hacerlo. Ésos son los técnicos. Yo diría que Hitch pertenece a este grupo, pero por supuesto en realidad no lo conozco.

Carta a James Keddie,

29 de septiembre de 1950. Keddie le había escrito a Chandler para proponerle unirse al club de admiradores de Sherlock Holmes, llamado "Baker Street Irregulars". Chandler había rechazado la oferta ("No encuentro ningún lugar vacío en mi vida donde pudiera meter el culto al maestro. Si me sintiera atraído por actividades esotéricas de este tipo, probablemente me dedicaría al análisis desesperado de ciertos crímenes reales que nunca han sido satisfactoriamente explicados y, por supuesto, nunca lo serán"). Keddie había vuelto a escribirle, pidiéndole su opinión sobre las historias policiales de Austin Freeman. Chandler respondió:

Cuando la solución de un enigma depende del análisis correcto de pruebas científicas, surge la cuestión de la honestidad. Comprendo que éste es un gran problema en las historias policiales: qué es la honestidad. Pero si usted acepta la premisa básica, como la acepto yo, de que en una novela policial el lector debería ser capaz de resolver el problema si prestara adecuada atención a las pistas tal como le son presentadas, y si hiciera a partir de ellas las deducciones correctas, entonces digo que no tiene tal oportunidad si, para evaluar esas pistas, se le exige tener un conocimiento experto de arqueología, física, química, microscopia, patología, metalurgia y varias otras ciencias. Si, para saber dónde se ahogó un hombre, tengo que identificar las escamas de pescado halladas en sus pulmones, entonces, como lector, nunca podré decir dónde se ahogó… Pese a todo esto, tengo mucho respeto por Freeman… Sus problemas siempre son interesantes en sí mismo, y las exposiciones al final son obras maestras de análisis lúcido.

Carta a Charles Morton,
9 de octubre de 1950. El libro de Hemingway al que se refiere es *Al otro lado del río y entre los árboles*.

Una larga interrupción en nuestra correspondencia, que supo ser interesante, ¿no le parece? Por supuesto que la culpa es mía porque la última carta era suya. Y tiene toda la razón al decir que le debo una carta… Al parecer, es lo que le hacen a uno los años. El caballo que antes había que conducir tirando de la rienda ahora debe ser estimulado con el látigo para que haga algo más que arrastrarse… Walter Bagehot una vez escribió (cito de una memoria cada vez menos confiable): "En mi juventud esperaba hacer grandes cosas. Ahora me daría por satisfecho con poder irme sin escándalo". En cierto sentido, yo estoy mucho mejor que él porque nunca tuve expectativas de hacer grandes cosas, y en realidad las cosas me han salido mucho mejor de lo que pude esperar.

Mis felicitaciones al señor Weeks por pertenecer a esa muy pequeña minoría de críticos que no encontraron necesario poner a Hemingway en su lugar por su último libro. ¿Por qué tanto resentimiento en esos muchachos? ¿Sienten que el viejo lobo está herido y que es el momento adecuado para voltearlo? Estuve leyendo el libro. Sinceramente, no es lo mejor que haya hecho, pero sigue siendo mucho mejor que cualquier cosa que sus detractores pudieran hacer. No tiene mucho argumento, no sucede gran cosa, casi no hay escenas. Y precisamente por ese motivo, supongo, resaltan los amaneramientos. Obviamente, no puede esperarse caridad de lanzadores de cuchillos; lanzar cuchillos es su negocio. Pero sí podría haberse esperado que alguno de ellos se preguntara qué quiso hacer Hemingway. Obviamente, no trató de escribir una obra maestra; más bien pudo tratar de resumir, en un personaje no demasiado distinto de él mismo, la actitud de un hombre que está terminado y lo sabe, y eso lo amarga y fastidia. Al parecer Hemingway había estado muy enfermo, y no sabía si iba a reponerse, y puso en el papel, de un modo algo apresurado, cómo lo hacía sentir eso respecto de las cosas que más había valorado. Supongo que estos afectados adivinadores que se hacen llamar críticos piensan que no debería haber escrito el libro. La mayoría de los escritores no lo habría escrito. Sintiendo lo que sentía él, no habrían tenido el valor de escribir nada. Yo estoy por completo seguro de que no lo habría hecho. Ésa es la diferencia entre un campeón y un lanzador de cuchillos. El campeón puede haber perdido la energía, temporaria o permanentemente, no lo sabe. Pero cuando ya no puede golpear con el puño, golpea con el corazón. Golpea con algo. No se limita a bajar del pedestal y llorar. Cyril Connolly, en una exhibición de lanzamiento de cuchillos algo más digna que la mayoría, sugiere que Hemingway debería tomarse seis meses de descanso y hacer inventario de sí mismo. Lo que quiere decir, al parecer, es que Hemingway ha explorado plenamente la postura adolescente que tanta gente está tan contenta de atribuirle, y ahora debería crecer intelectualmente y volverse un adulto. ¿Pero por qué? En el sentido que Connolly daría a la palabra, Hemingway nunca tuvo ningún deseo de ser un adulto. Algunos escritores, como algunos pintores, son primitivos natos. Un aroma a Kafka no es la idea que se hacen de la felicidad. Supongo que la debilidad, y hasta la tragedia, de escritores como Hemingway, es que el tipo de material con el que trabajan exige una inmensa vitalidad; y un hombre deja atrás su vitalidad sin, lamentablemente, dejar atrás su furioso interés en ella. Lo que escribe Hemingway no puede ser escrito por un cadáver emocional. La clase de cosas que escribe Connolly sí puede, y es. Tiene sus méritos. Por momentos es muy bueno, pero no es necesario estar vivo para escribirlo.

Carta a Jamie Hamilton,

10 de noviembre de 1950. Hamilton, también interesado en
actualizar la biografía de solapa de Chandler después de su
paso por Hollywood, le había pedido alguna información
sobre su vida.

El guionista sabio es el que usa su segundo mejor traje, artísticamente hablando, y no se toma las cosas muy a pecho. Debe tener un toque de cinismo, pero sólo un toque. El cínico completo es tan inútil a Hollywood como lo es a sí mismo.

…He estado casado desde 1924, y no tengo hijos. Se supone que soy un escritor duro, pero eso no significa nada. Es sólo un método de proyección. Personalmente soy sensible y hasta apocado. Por momentos soy en extremo cáustico y belicoso, por momentos muy sentimental. No sirvo para la vida social porque me aburro muy fácilmente, y para mí lo corriente nunca me parece lo bastante bueno, en gente o en cualquier otra cosa. Soy un trabajador espasmódico sin horarios regulares, lo que equivale a decir que sólo escribo cuando tengo ganas. Siempre me sorprende lo fácil que parece en el momento, y lo cansado que me siento después. Como escritor de policiales, creo que soy un poco anómalo, ya que la mayoría de los autores de policiales de la escuela norteamericana son apenas semianalfabetos, y yo no sólo soy alfabetizado sino un intelectual, por mucho que me disguste la palabra. Se diría que una educación clásica es una mala base para escribir novelas duras en argot. Yo pienso lo contrario. Una educación clásica le impide a uno caer en la trampa de la pretensión, que es lo que llena la mayoría de la ficción actual. En este país el autor de policiales es visto como algo subliterario sólo porque es un autor de policiales, y no un autor de cháchara de significación social. Para un clasicista (aun herrumbrado) esa postura revela sólo la inseguridad de un *parvenu*. Cuando me preguntan, como lo hacen a veces, por qué no pruebo de escribir una novela seria, no discuto; ni siquiera les pregunto a qué se refieren con una novela seria. Sería inútil. No sabrían qué decir. Esa pregunta es la que podría hacer un loro.

Leyendo lo anterior, me parece detectar un cierto tono desdeñoso aquí y allá. Me temo que esto no es del todo admirable, pero lamentablemente es cierto. Corresponde. De hecho, soy una persona más bien arrogante en muchos aspectos.

Carta a Dale Warren,

13 de noviembre de 1950. Con "el libro de Fitzgerald" se refiere a una biografía recientemente publicada de F. Scott Fitzerald, escritor al que Chandler siempre había respetado. De hecho, fue sólo un pasaje entre estudios lo que le impidió, en la década de 1940, trabajar en una adaptación cinematográfica de *El gran Gatsby*.

Usted no parece del todo satisfecho con el libro de Fitzgerald. Lo lamento, porque Fitzgerald es un tema con el que nadie tiene derecho a hacer desastres. Para él, sólo lo mejor. Creo que estuvo a sólo un paso de ser un gran escritor, y el motivo es bastante obvio. Si el pobre tipo ya era alcohólico en sus años de estudiante, es un prodigio que haya hecho todo lo que hizo. Tenía una de las cualidades más raras en literatura, y es una pena que el nombre de esa cualidad haya sido degradado por la mafia del cosmético, a tal punto que uno casi se avergüenza de usarla para describir una genuina distinción. No obstante, la palabra es encanto. Encanto, como podría haberlo dicho Keats. ¿Quién lo tiene hoy? No es cuestión de escribir bonito o límpido. Es una clase de magia discreta, controlada y exquisita, la clase de cosa que producen los cuartetos de cuerdas.

Carta a Edgar Carter,
15 de noviembre de 1950.

Tengo una guerra en marcha con la Warner. Tengo una guerra en marcha con el jardinero. Tengo una guerra en marcha con un hombre que vino a arreglar el tocadiscos y arruinó dos discos LP. Tengo varias guerras en marcha con gente de la televisión. A ver quién más… oh, no importa. Usted ya conoce a Chandler. Siempre peleando por algo.

Carta a Charles Morton,
22 de noviembre de 1950.

La televisión es realmente lo que hemos estado esperando todas nuestras vidas. Para ir al cine se necesitaba cierto grado de esfuerzo. Alguien tenía que quedarse con los chicos. Había que sacar el auto del garaje, lo que no era fácil. Y había que conducir hasta el cine, y estacionar. A veces había que caminar hasta media cuadra. Después, gente con cabezas grandes se sentaba delante de uno y lo ponía nervioso… La radio fue mucho mejor, pero no había nada que mirar. Uno dejaba vagar la mirada por el cuarto y podía ponerse a pensar en otras cosas, cosas en las que no quería pensar. Tenía que usar algo de imaginación para crearse un cuadro de lo que estaba pasando, a base del sonido nada más. Pero la televisión es perfecta. Basta con girar unas perillas, arrellanarse en el sillón, y vaciar la mente de todo pensamiento. Y ahí queda uno, contemplando las burbujas que se forman en el barro primordial. No tiene que concentrarse. No tiene que reaccionar. No tiene que recordar. No se extraña el cerebro porque no se lo necesita. El corazón y el hígado y los pulmones siguen funcionando normalmente. Aparte de eso, todo es paz y silencio. Es el nirvana del pobre.

Y si aparece alguien de mente malvada y le dice que uno parece una mosca posada en un tacho de basura, no hay que prestarle atención… ¿A quién culpar, de todos modos? ¿Le parece que fueron las agencias de publicidad las que crearon la vulgaridad y la imbecilidad con que se acepta a la televisión? Para mí la televisión es sólo una cara más de ese considerable segmento de nuestra civilización que nunca tuvo ninguna norma salvo el dinero.

Carta a Gene Levitt,
que había venido adaptando a Marlowe para el programa de radio, 22 de noviembre de 1950.

Hace muy poco que tengo un televisor. Es un medio muy peligroso. Y en cuanto a los comerciales… bueno, tengo entendido que la realización de los comerciales es un negocio en sí mismo, un negocio al lado del cual la prostitución o el tráfico de drogas parecen respetables. Ya era malo tener unos ropavejeros subhumanos al mando de la radio, pero la televisión le hace algo a la gente que la radio no le hacía. Le impide formarse cualquier clase de imagen mental y la fuerza a mirar en su lugar una caricatura.

Carta a Alfred Hitchcock,
6 de diciembre de 1950.

Pese a su amplio y generoso olvido de mis comunicaciones sobre el tema del guión de *Strangers on a Train*, y su falta de comentarios al respecto, y a pesar de no haber oído una palabra de usted desde que empecé a escribir la adaptación (por todo lo cual debo decir que no le guardo rencor, ya que esta clase de procedimiento parece ser la norma de la depravación de Hollywood), a pesar de esto y a pesar de esta oración en extremo engorrosa, siento que debería, aunque más no sea para dejarlo registrado, transmitirle unos pocos comentarios sobre lo que se ha dado en llamar el guión final. Pude comprender que usted encontrara defectuoso mi guión en este o aquel aspecto, y pensara que tal o cual escena era demasiado larga o tal o cual mecanismo demasiado torpe. Pude entender que cambiara de opinión sobre cosas que usted quería específicamente, porque algunos de esos cambios pudieron serle impuestos desde el exterior. Lo que no puedo entender es que permita que un guión que después de todo tenía cierta vida y energía sea reducido a esa fláccida pasta de clichés, a un grupo de personajes sin cara, y a la clase de diálogo que a todo guionista se le enseña a no escribir, diciendo cada cosa dos veces y sin que los actores o la cámara dejen nada implícito…

Pienso que usted puede ser la clase de director que piensa que los ángulos de la cámara, la escenografía y algunos interesante juegos de acción compensarán cualquier inverosimilitud en la historia básica. Yo soy de los que creen que se equivoca totalmente. Pienso además que el hecho de que usted puede salirse con la suya no prueba que tenga razón, porque hay un sentimiento sólidamente basado sobre las películas, según el cual no se las puede producir de ningún otro modo que sobre una base sólida. La oreja de un chancho seguirá pareciendo la oreja de un chancho aun cuando uno la ponga en un marco y la cuelgue en la pared y diga que es arte francés moderno. Como amigo que le desea bien, lo insto a, por una vez en su larga y distinguida carrera… armar una historia sólida y bien tramada en el papel y a no sacrificar nada de esta solidez a un interesante juego de cámara. Sacrifique un juego de cámara si es necesario. Habrá otro juego de cámara igual de bueno. Pero nunca hay otra motivación igual de buena.

Carta a James Sandoe,
7 de diciembre de 1950.

Le recomiendo que no deje de ver *Ladrones de bicicletas*, y si es posible una película inglesa llamada *I Know Where I'm Going*, filmada mayormente en la costa oeste de Escocia, la costa frente a las Hébridas. Nunca he visto una película que oliera a viento y lluvia de este modo, ni que explotara de modo tan hermoso la clase de paisaje en el que realmente vive la gente, no el comercializado como espectáculo. Las tomas de Corryvreckan bastan para poner los pelos de punta. (Corryvreckan, por si no lo sabe, es un remolino que, en ciertas condiciones de la marea, se forma entre dos de las islas de las Hébridas.)

Carta a Jamie Hamilton,
11 de diciembre de 1950.

Cuando yo trabajaba para la *Westminster Gazette*, la dirigía J. A. Spender. Creo que ya le escribí sobre él antes. Era la clase de hombre que podía hacer que un joven don nadie se sintiera cómodo en compañía de la crema de la sociedad patricia. Spender me asoció al National Library Club para que pudiera usar su sala de lectura, y yo hojeaba los diarios franceses y alemanes buscando artículos curiosos y noticias que pudieran traducirse y adaptarse para una columna de la *Westminster Gazette*. Spender pensaba que yo podía ganar seis guineas por semana con esto, pero no creo que yo haya hecho nunca más de tres. Escribí para él mucha poesía, que ahora me parece deplorable casi toda, aunque no toda, y muchos artículos, la mayoría de carácter satírico, la clase de cosa que Saki hacía tan infinitamente mejor. Todavía tengo un par de ellos en alguna parte, y ahora me parecen muy preciosos por su tono. Pero supongo que no eran tan malos, considerando la poca experiencia que tenía para respaldarlos… Mi contacto personal con Spender fue mínimo. Le enviaba mi material, y él me lo devolvía o lo mandaba a la imprenta. Nunca corregí pruebas, ni siquiera sabía que se esperaba que lo hiciera. Simplemente lo daba por aceptado. Nunca esperé a que me enviaran el dinero, sino que aparecía regularmente cierto día de la semana en la oficina del cajero y recibía pago en oro y plata, para lo que se me exigía pegar una estampilla de un penique en un gran libro y firmar encima mi nombre a modo de recibo. ¡Qué extraño parece ahora ese mundo! Supongo que le conté de la vez que le escribí a sir George Newnes y le ofrecí comprar una porción de su revista semanal vulgar pero exitosa llamada *Tit-Bits*. Fui recibido con la mayor cortesía por un secretario, definitivamente de clase alta, que lamentó que la publicación no estuviera necesitada de capital, pero dijo que mi propuesta tenía al menos el mérito de la originalidad. Bajo el mismo rubro hice realmente una conexión con *Academy*, entonces dirigida y propiedad de un hombre llamado Cowper, que se la había comprado a lord Alfred Douglas. No estaba dispuesto a vender parte de su interés en la revista, pero me señaló un gran estante de libros en su oficina, dijo que eran ejemplares para crítica, y me preguntó si quería llevarme algunos a casa para reseñar... También conocí a un hombre alto, de barba y ojos tristes, llamado Richard Middleton, de quien quizás usted ha oído hablar. Poco después se suicidó en Antwerp, un suicidio de desesperación, diría yo. El incidente me causó una gran impresión, porque Middleton me impresionó como un hombre de más talento del que yo tendría nunca; y si él no podía usarlo para salir adelante, no era muy probable que yo pudiera... No tenía ningún sentimiento de identidad con los Estados Unidos, y aun así me indignaba la crítica ignorante y esnob que se les hacía a los norteamericanos en esa época. Durante mi año en París había conocido a muchos norteamericanos, y la mayoría parecía tener mucha energía y vivacidad, y disfrutaban de situaciones en que el inglés promedio de la misma clase se habría mostrado completament aburrido. Pero yo no era uno de ellos. Ni siquiera hablaba la misma lengua... Considerándolo todo, quizá debería haberme quedado en París, aunque en realidad nunca me gustaron los franceses. Pero no es necesario que a uno le gusten los franceses para sentirse cómodo en París. Y siempre le pueden gustar algunos de ellos. En cambio me gustaban mucho los alemanes, al menos los alemanes del sur. Pero no tenía mucho sentido vivir en Alemania, ya que era un secreto a voces, del que se hablaba abiertamente, que habría una guerra con ellos casi en cualquier momento. Supongo que fue la más inevitable de todas las guerras. Nunca hubo dudas sobre su realización. La única duda era el momento… Acabo de recibir mi ejemplar del Anuario del Old Alleynian, y aunque Dulwich no está en el escalón más alto en materia de escuelas públicas, hay una cantidad asombrosa de graduados distinguidos con una enorme serie de letras después de sus nombres, títulos nobiliarios, etcétera. Noto que dos de nosotros, aunque sin ninguna distinción, tenemos direcciones en La Jolla. Hay sólo uno más en toda California, un sujeto llamado Gropius, que parece haber tenido la misma dirección en San Francisco por los últimos treinta años, y probablemente fue a la escuela en algún momento durante el reinado de Guillermo IV.

Carta a H. N. Swanson y Edgar Carter,
15 de diciembre de 1950.

Nuestra hermosa gata negra tuvo que ser puesta a dormir ayer a la mañana. Nos sentimos bastante destrozados. Tenía casi veinte años. Era previsible, por supuesto, aunque esperábamos que pudiera recuperar fuerzas. Cuando estuvo demasiado débil para ponerse de pie, y prácticamente dejó de comer, no hubo nada más que hacer. Ahora tienen un modo maravilloso de hacerlo. Le inyectan nembutal en una vena en la pata, y es instantáneo. En dos segundos está dormida. Unos minutos después, para asegurarse, le inyectan directamente en el corazón. Una lástima que no puedan hacerlo con la gente. Yo vi morir a mi madre, bajo el efecto de la morfina, y tardó casi diez horas. Estaba completamente inconsciente, por supuesto, pero cuánto mejor si hubiera tardado sólo dos segundos, si tenía que morir de todos modos.

Siempre he sido un gran admirador del argot francés. Creo que es el único argot que puede compararse con el nuestro. El alemán es bastante bueno también. Hay una maravillosa precisión y audacia en el argot francés. No creo que tenga la loca extravagancia del nuestro, pero parece durar más.

Carta a Somerset Maugham,
5 de enero de 1951

He visto muchas de las películas para televisión hechas sobre sus cuentos, y, admirable como es el material, no puedo evitar un sentimiento de insatisfacción por el modo en que son presentados. Hay algo malo en el medio tal como se lo usa ahora. Para empezar, la actuación no es lo bastante casual. El énfasis puesto en la actuación teatral (podría hablarse de exceso de énfasis) tiene que ser enormemente reducido para las películas, y me parece que debe ser más reducido aún para la televisión. El más ligero artificio se hace notar. El sentimiento de espacio restringido es tan intenso que uno casi espera que el diálogo lo pronuncie en susurros una pareja escondida en el armario. El trabajo de cámara me parece bastante malo, tan malo como el trabajo de cámara en aquellas películas inglesas de la década de 1930, de las que ahora vemos tantas por televisión. La escenografía es tan pobre que uno siente que sería mejor que no hubiera ninguna, y que se actuara contra un fondo neutro. Pero lo peor para mí es que los actores, en lugar de interpretar la historia y darle vida, parecen interponerse entre la historia y el público. Su presencia física es abrumadora. Su más ligero movimiento distrae el ojo. Pienso que la buena actuación se parece mucho al estilo en una novela. No habría que tenerlo demasiado presente en la

178

conciencia. Su efecto debería ser periférico más que central. Pero en televisión uno casi no puede ser consciente de otra cosa.

Carta a Jamie Hamilton.
9 de enero de 1951.

Toda mi vida he tenido gatos y he descubierto que difieren entre sí casi tanto como la gente, y que, igual que los niños, son mayormente tal como uno los trata, salvo que hay unos pocos aquí y allá que no admiten ser mimados. Pero quizás eso pasa también con los niños. Taki tenía una serenidad absoluta, cualidad rara en los animales tanto como en los seres humanos. Y no tenía crueldad, lo que es más raro aún en los gatos. Capturaba pájaros y ratones sin herirlos, y no presentaba ninguna objeción a entregarlos para que los liberaran. Inclusive capturó una mariposa una vez… Nunca me gustó nadie a quien no le gustaran los gatos, porque siempre encontré un elemento de agudo egoísmo en su carácter. Es cierto que un gato no le da a uno la clase de afecto que le da un perro. Un gato nunca se comporta como si uno fuera el único punto luminoso en una existencia por lo demás nublada. Pero esto es sólo otro modo de decir que un gato no es un sentimental, lo que no quiere decir que no tenga afecto.

Carta a James Sandoe,
10 de enero de 1951.

Un sistema legal que no pueda condenar a Al Capone por otra cosa que por evadir el pago de impuestos tiende a volver cínica a la policía.

Carta a Edgar Carter,

a quien la revista británica *Picture Post* le había enviado
algunas preguntas sobre Chandler, 5 de febrero de 1951.

El *Picture Post* está destinado a la gente que mueve los labios cuando lee. Podrán obtener todos los datos que deseen de mi editor inglés, Jamie Hamilton, Ltd., 90 Great Russell Street, Londres, W.C.I. Las preguntas que me hacen, me parece que indican el nivel intelectual del departamento editorial del *Picture Post*. Sí, soy exactamente como los personajes de mis libros. Soy muy duro y es un hecho comprobado que he quebrado un arrollado de dulce con las manos. Soy muy apuesto, tengo un físico poderoso, y me cambio la camisa regularmente todos los domingos a la mañana. Cuando descanso entre dos misiones vivo en un château francés al costado de la Autopista de Mullholand. Es un edificio bastante pequeño de cuarenta y ocho dormitorios y cincuenta y nueve baños. Ceno en plato de oro y prefiero que me sirvan bailarinas desnudas. Pero por supuesto hay momentos en que tengo que dejarme crecer la barba y alojarme en un burdel de Main Street, y en otras ocasiones paso temporadas en el calabozo de borrachos de la cárcel de la ciudad. Tengo amigos en todos los peldaños de la vida. Algunos son muy cultos y algunos hablan como Darryl Zanuck. Tengo catorce teléfonos en mi escritorio, incluyendo líneas directas a Nueva York, Londres, París, Roma y Santa Rosa. Mi archivero se abre, convenientemente, en forma de bar portátil, y el cantinero, que vive en el cajón de abajo, es un enano llamado Harry Cohn. Soy gran fumador y según mi estado de ánimo fumo tabaco, marihuana, barba de choclo u hojas de té secas. Hago mucha investigación, especialmente en los departamentos de rubias altas. En mi tiempo libre colecciono elefantes.

He conocido bastantes de estos no-del-todo escritores. Seguramente usted también. Pero dada su profesión, usted escapará de ellos tan rápido como le sea posible, mientras que yo he llegado a conocer a varios bastante bien. He gastado tiempo y dinero en ellos y siempre ha sido en vano, porque aun si llegan a tener un ocasional éxito, siempre resulta que han estado viajando con combustible ajeno. Supongo que éstos son los casos más difíciles, porque es tanto su anhelo de ser profesionales que no necesitan mucho estímulo para creer que lo son. Conocí a uno que vendió un cuento (gran parte del cual, dicho sea de paso, se lo había escrito yo) a esa publicación semilustrosa de MacFadden que dirigía Fulton Oursler —he olvidado el nombre. Un productor de segunda compró los derechos cinematográficos por quinientos dólares, e hizo una película clase B muy mala, con Sally Rand. Este sujeto se emborrachó terriblemente y salió a desdeñar a todos sus amigos escritores porque estaban trabajando para revistas baratas. Un par de años después vendió un cuento a una de esas revistas, y creo que con eso se completó su contribución a la literatura en un sentido comercial. Oír a este sujeto y a su esposa discutir y analizar argumentos fue una revelación de cuánto es posible saber sobre técnica sin ser capaz de usarla. Si uno tiene talento suficiente, puede arreglárselas, hasta cierto punto, sin agallas; y si tiene suficientes agallas puede arreglárselas, hasta cierto punto, sin talento. Pero de ninguna manera se puede salir adelante sin uno u otro. Estos no-del-todo escritores son personas muy trágicas y cuanto más inteligentes son, más trágicos, porque el paso que no pueden dar les parece un paso tan pequeño, como lo es en realidad. Y todo escritor exitoso o bastante exitoso sabe, o debería saber, por qué estrecho margen logró dar ese paso. Pero si no se lo puede dar, no se puede. Y no hay más que decir.

Carta a Jamie Hamilton.

14 de febrero de 1951. Jonathan Latimer, mencionado en la carta, pertenecía a la pequeña colonia de escritores de La Jolla.

Priestley descendió a mí de los cielos ayer, sin anuncio, salvo por un telegrama desde Guadalajara justo antes de venir, y en un momento muy inconveniente, porque mi esposa no está bien y no pudo verlo. No obstante, hice lo mejor que pude. Fui a buscarlo a Tijuana en auto, un largo trayecto desagradable, y lo he instalado en nuestro mejor hotel ya que nosotros no tenemos cuarto de huéspedes. Es un tipo agradable, risueño; afortunadamente también es un gran conversador, así que casi todo lo que tengo que hacer yo es chascar la lengua de vez en cuando. No se mostró del todo satisfecho con mi compañía, cosa de la que no lo culpo, y anoche cuando me despedía de él en la puerta del hotel sugirió amablemente que quizás esta noche deberíamos conocer a alguna gente. Así que esta mañana estallé en llanto y me arrojé a los pies de Jonathan Latimer, que conoce a todo el mundo y todos le gustan (en mi caso es exactamente lo contrario); y esta noche lo llevaré a casa de Latimer, donde se habrá reunido una razonable selección de lo que pasa por humanidad inteligente en nuestra ciudad.

Carta a H. F. Hose,

contemporáneo de Chandler en Dulwich, y después maestro allí mismo, febrero de 1951.

Estoy de acuerdo con usted en que la mayor parte de lo que se escribe hoy es basura. ¿Pero no ha sido siempre así? La situación no es diferente aquí, salvo que casi nadie le presta mucha atención al latín y al griego. Pienso que los escritores ingleses, generalmente hablando, son más tranquilos y corteses que los nuestros, pero estas cualidades no parecen llevarlos muy lejos. Supongo que una generación tiene la literatura que se merece, así como se dice que tiene el gobierno que se merece.

La mayoría nos impacientamos con el caos que nos rodea, y nos inclinamos a atribuirle al pasado una pureza de líneas que no fue evidente a los contemporáneos de ese pasado. El pasado después de todo, ha sido tamizado y planchado. El presente, no. La literatura del pasado ha sobrevivido y por ese motivo tiene prestigio, aparte de su otro prestigio. Las razones de su supervivencia son complejas. El pasado es nuestra universidad; nos da nuestros gustos y nuestros hábitos de pensamiento, y nos fastidiamos cuando no podemos encontrarles a éstos una base en el presente. No se puede construir una catedral gótica con métodos de línea de montaje; no se consiguen albañiles artistas en el sindicato. Por mi parte, estoy convencido de que si nuestro arte tiene alguna virtud, y puede no tener ninguna, no está en su parecido con algo que ahora es tradicional pero no era tradicional cuando se lo produjo. Si tenemos estilistas, no son gente como Osbert Sitwell, eduardianos retrasados; ni son seudopoetas dramáticos como T. S. Eliot y Christopher Fry; ni intelectuales sin sangre que se sientan a la luz de la lámpara y proceden a la disección de todo hasta dejarlo reducido a una nada de vocecitas secas que transmiten poco más que los acentos del aburrimiento y la desilusión extrema. Me parece que ha habido pocos períodos en la historia de la civilización que un hombre que viviera en uno de ellos haya podido ver como algo claramente grande. Si usted hubiera sido contemporáneo de Sófocles, supongo que podría haberlo apreciado tanto como lo aprecia ahora. Pero pienso que a Eurípides lo habría encontrado un tanto vulgar. Y si hubiera sido un isabelino, estoy seguro de que habría visto a Shakespeare en gran medida como un proveedor de argumentos remanidos y retórica rebuscada...

Le estuve dando otra ojeada al caso de Adelaide Bartlett, Dios sabe por qué. Creo que uno de sus elementos más desorientadores es que la defensa de sir Edward Clarke fue tan brillante, en contraste con la defensa poco inspirada de Maybrick y Wallace, que casi nos lleva a ignorar los hechos. Pero los hechos, si se los mira con atención, son bastante condenatorios. Por ejemplo:

Edwin Bartlett murió por beber cloroformo. Adelaide, su esposa, tenía cloroformo líquido que subrepticiamente había comprado para ella Dyson, el clérigo, quien, si no era realmente su amante en sentido técnico, ciertamente se le estaba acercando mucho. La razón que ella alegó para necesitar el cloroformo no se sostiene. Edwin era un marido no necesario y sin atractivo, además de un imbécil. Si él muriese, ella se quedaría con Dyson y con el dinero de Edwin. La salud de Edwin era excelente pese a sus constantes quejas. Era especialmente buena la noche antes de que muriera. Su insomnio parece haber sido grave, pero no coherente con su saludable apetito. Había probado, sin resultados, los opiáceos y el hidrato de cloral. Obviamente era una persona difícil de drogar. Véase el informe sobre el gas en el dentista. La copa de vino que se halló olía a cloroformo por debajo del brandy. El frasco de cloroformo no fue encontrado. Según Adelaide había estado sobre la chimenea. La casa no fue registrada, y Adelaide tampoco. Adelaide tuvo oportunidad de esconder lo que quedaba del cloroformo. Después admitió haberlo tirado. Hay tres argumentos principales contra su culpabilidad: 1) los cuidados que le brindaba a su marido parecían genuinos y dan cuenta de una buena medida de sacrificio; 2) promovió una autopsia urgente y ella misma propuso la posibilidad de que él hubiera bebido el cloroformo; 3) la dificultad de envenenar a Edwin con este método era enorme de acuerdo con el testimonio médico, y no hay antecedentes de un crimen usando este medio. Pero suponiendo su culpa, el primer argumento cae. ¿Qué otra cosa esperar? ¿Cómo ha actuado nunca un envenenador? En cuando al segundo argumento, no hay motivo para suponer, como hizo el juez, que ella supiera que una demora en la autopsia actuaría en su favor. El argumento podría volverse en su contra, si se recuerda que los criminales suelen excederse en su ansiedad por que se investigue. Él no murió de comer conserva de liebre. Habría una investigación. Sabiendo eso, y habiéndolo asesinado, ¿qué mejor modo de parecer inocente? Nada mejor que lo que ella hizo. El juez descartó el tercer argumento. Si ella lo asesinó, lo hizo con un método que tenía una probabilidad en veinte de éxito. Pero ella no lo sabía. A ella pudo parecerle fácil.

El insomnio me hace reír. Yo he tenido insomnio, y bastante grave. No comía cenas copiosas de liebre en conserva. Ni ostras y torta. No quería bacalao en el desayuno, ni en tanta cantidad, ni con tanta ansiedad como para levantarme una hora antes para empezar a comer. Pienso que este tipo era un neurótico del insomnio. Es decir, si no se sentía fresco como una margarita por las mañanas, decía que no había dormido más de veinte minutos la noche anterior. Pero no creo que su insomnio fuera grave, no puedo creer que lo desesperara al punto de tomar él mismo el cloroformo, aun cuando su sabor deagradable no es un argumento conclusivo, porque antes la gente tomaba aceite de ricino. Apretándose la nariz, uno puede tragar casi cualquier cosa sin sentirle el gusto. Pero hay que creer que este tipo estaba desesperado por el insomnio, y aun así tenía muy buen apetito. Es muy cierto que el cloroformo quema. Pero si se lo ha olido lo suficiente como para marearse, los sentidos quedan embotados. Aparte del asesinato, ésta parece la única otra posibilidad. Y no es muy convincente.

Suponiendo la culpa de Adelaide, su conducta con el frasco debe de haberse debido enteramente al deseo de proteger a Dyson, porque si admite la posesión del cloroformo, tiene que decir cómo lo consiguió. Si está dispuesta a hacerlo, lo mejor es dejar el frasco donde estaba y afirmar el insomnio y el intento desesperado de Edwin de curarlo. El doctor Leach, el imbécil, seguramente la respal dará. Parte del historial clínico está en su favor (pero no la liebre en conserva). Es un lindo enigma. Ella le hace oler suficiente clorofomo para casi dormirlo, aunque no del todo, y después le da a tomar un buen trago en circunstancias en que él no sabe exactamente qué está bebiendo y acepta basándose solamente en la confianza, y traga el cloroformo, que lo mata. Los médicos dicen que si hubiera estado del todo inconsciente, no lo habría tragado porque los músculos para hacerlo no habrían estado funcionando. Pero también parecen pensar que si él lo hubiera tragado estando consciente, lo habría vomitado. Lo que quieren decir en realidad es que eso es lo que habrían hecho ellos, o usted, o yo. Edwin es un tanto diferente de nosotros. A Edwin se le puede hacer tragar cualquier cosa, y todo lo que él quiere es levantarse una hora antes a la mañana siguiente y empezar a comer más. Pienso que el hombre tenía el estómago de una cabra. Pienso que podía digerir aserrín, latas viejas, limaduras de hierro y cuero de zapatos. Pienso que podría tomar cloroformo como usted o yo tomamos jugo de naranja. De todos modos, no tiene sentido decir que no podría retenerlo en el estómago, porque lo retuvo; de modo que el único argumento real es el de la dificultad de hacérselo pasar por la garganta. Y en el caso de Edwin no me parece un argumento muy fuerte. Probablemente creyó que estaba tomando ginger ale.

Carta a Jamie Hamilton.
27 de febrero de 1951.

Yo no diría que encontré a Priestley falto de tacto, y por cierto que no tuve ninguna pelea con él. Representa muy bien el papel del nativo malhablado de Yorkshire. Fue muy agradable conmigo y se esmeró por quedar bien. Es brusco, enérgico, versátil, y en cierto modo muy profesional; esto es, todo lo que le pasa por delante será material, y la mayor parte del material será usado de modo más bien rápido y superficial. Su filosofía social es un poco

demasiado rígida para mi gusto y un poco demasiado condicionada por el hecho de que a él le resulta imposible encontrar mucho
de bueno en nadie que haya ganado mucho dinero (salvo que lo
haya hecho escribiendo, por supuesto), cualquiera que tenga un
acento de escuela cara o postura militar, en suma cualquiera que
tenga el acento o los modales por encima del nivel de la clase media baja. Creo que esto debe de ser un gran impedimento para él,
porque en su mundo un caballero con propiedades es automáticamente un villano. Es un punto de vista más bien limitante, y yo
diría que Priestley es un hombre más bien limitado… Por supuesto, a mí no me gusta el socialismo, aunque en todas partes es inevitable una forma modificada de socialismo. Pienso que un hato
de burócratas puede abusar del poder del dinero con tanta rudeza
como un hato de banqueros de Wall Street, y lo harán con mucha
menos competencia. El socialismo hasta ahora ha vivido mayormente de la riqueza de la clase a la que está tratando de empobre-
cer. ¿Qué pasará cuando toda esa riqueza se termine?

Carta a James Sandoe,
6 de marzo de 1951. El comité Kefauver había sido creado
por el gobierno de Washington para investigar el crimen
organizado.

No sé si usted tendrá un televisor, o si, teniéndolo, habrá visto filmaciones de las audiencias del comité Kefauver. Yo vi parte
de las realizadas en Los Angeles y las encontré fascinantes. Obviamente, un escritor de novelas policiales jamás podría soñar algo
más fantástico que lo que sucede realmente en el imperio rufia-
nesco que invade este país. El mismo Kefauver vale el costo de la
entrada: un tipo corpulento y vigoroso con modales de absoluta
serenidad, e infalible cortesía para con el testigo, sin rastros de
acento sureño. Ni siquiera fue sarcástico casi nunca. No obstante,
puso a estos testigos gángsters muy nerviosos, mucho más nervio-

187

sos, me parece, que si se hubiera mostrado duro con ellos. Hasta cuando mostraba una prueba documental que desenmascaraba las mentiras que le habían estado diciendo, no lo hacía con aire de dar un golpe, sino de un modo distraído, como si en realidad no importara lo que ellos dijeran, porque en algún otro lugar ya se había decidido lo que se haría con todos ellos. Espero que así sea, aunque es bastante obvio que bajo nuestras leyes actuales lo único que se podría probar contra estos sujetos es la evasión de impuestos. Hubo una sesión especialmente fascinante en la que un ex sheriff del condado de San Bernardino describió una visita al Lago Big Bear en las montañas, donde había oído a dos mujeres quejarse por pérdidas de juego de sus maridos, y descubrió donde estaba el garito, y fue allá. Dijo que había ciento cincuenta personas en el lugar, dos ruletas operando, al menos una mesa de dados, y numerosas máquinas tragamonedas. Dio unas vueltas, identificó a clientes y personal, después entró en conversación con alguien y descubrió que el local era propiedad de un hombre llamado Gentry, que era el presidente del gran jurado. Arrestó a todos los jugadores, confiscó todo el equipo, al parecer sin encontrar ninguna oposición, aunque estaba solo y no era joven, llevó a los jugadores frente al juez de paz, donde se declararon culpables y pagaron multas. A continuación tuvo un contacto de emisarios del señor Gentry ofreciéndole dinero a cambio de la devolución del equipo. Kefauver entonces llamó al estrado al señor Gentry, el ex presidente del gran jurado. El señor Gentry dijo: a) que nunca había sido dueño de ningún equipo de juego y en consecuencia nunca había enviado a nadie a tratar de comprárselo al sheriff; b) que nunca había sido dueño de esta casa en el Valle Big Bear, aunque en una ocasión había tenido una hipoteca de veintiséis mil dólares sobre ella; c) que nunca había vivido en ella; d) que la casa consistía en una sala más bien pequeña, un dormitorio, una pequeña cocina y un baño, y que si entraran quince personas en ella, las paredes se hincharían. El senador Kefauver sonrió con amabilidad, le agradeció, y dejó todo ahí.

Carta a Dale Warren,
14 de marzo de 1951.

Hace unos años vino a verme un publicitario, el rostro iluminado por un sentimiento de triunfo, y me dijo que había "arreglado" que yo reemplazara como columnista invitado de un periódico a una señora que estaba de vacaciones. Parecía pensar que yo debía ruborizarme del placer, y quedó muy molesto cuando le di un puntapié en la entrepierna y le vacié un frasco de tinta roja por el cuello de la camisa.

Carta a Jamie Hamilton,
19 de marzo de 1951.

Recibí una nota amistosa de Priestley, impecablemente dactilografiada en papel con membrete de Gracie Fields. Oí que Gracie renuncia a California y se va a vivir a Capri. Sus sentimientos sobre Los Angeles se parecen mucho a los míos: se ha vuelto un sitio grotesco e imposible para seres humanos. Priestley me dejó una idea incómoda y probablemente exagerada, pero es una idea en la que él parece creer implícitamente. Piensa que el mundo del espectáculo en Inglaterra, y el mundo literario también, al menos desde el lado crítico (teatro, cine, radio, televisión, periodismo, etcétera) está completamente dominado por homosexuales, y que un buen cincuenta por ciento de la gente activa en esta área es homosexual; incluyendo, dice, a prácticamente todos los críticos literarios… También calificó de maricas a varios distinguidos escritores, de los que yo nunca habría pensado en esos términos. Y cuando le dije: "Bueno, si hay tantos, ¿por qué nadie escribe una novela realmente buena sobre el asunto?", mencionó el nombre de un *muy* distinguido novelista, un caso notorio según él, y dijo que había pasado sin publicar nada varios años, durante los cuales había escrito una larga novela sobre la homosexualidad vista desde adentro por un experto, pero que nadie quería publicarla. Bien, bien. Son pensamientos peligrosos de implantar en una mente joven e impresionable como la mía. Ahora, cada vez que leo a uno de esos críticos elegantes y perspicaces, me dijo: "Bueno, ¿es o no es?" Y por Dios, tres de cada cuatro veces empiezo a pensar que es. El *Saturday Review of Literature* publicó un artículo hace un par de semanas sobre una docena de novelistas de 1950 nuevos y promisorios, junto con sus fotografías. Había sólo tres que, por sus fisonomías, yo declararía definitivamente machos. A partir de ahora los buscaré abajo de la cama como una solterona busca ladrones. Quizá debería escribir un artículo para el *Atlantic* sobre el tema. Lo titularía: "Usted también puede ser un marica"; o quizá simplemente "Homo sapiens".

Carta a Bernice Baumgarten,

16 de abril de 1951. Ambler es el escritor británico de policiales Eric Ambler, y el libro al que se hace referencia es *Judgement on Deltchev*.

Yo diría que Ambler ha descendido dos peldaños y que ha sucumbido a un peligro que aflige a todos los intelectuales que intentan trabajar con material de suspenso. Yo tengo que combatirlo todo el tiempo. No es fácil mantener los personajes y la historia operando a un nivel en que sea comprensible para el público semialfabetizado, y al mismo tiempo dar algunas sugerencias intelectuales y artísticas que ese público no busca ni pide ni reconoce, pero que de algún modo, inconscientemente, acepta y aprecia. Mi teoría siempre ha sido que el público aceptará el estilo siempre que uno no lo llame estilo, ya sea con palabras, ya dando un paso atrás para admirarlo.

Me parece que hay una gran diferencia entre bajar al nivel del público (algo que siempre sale mal al fin) y hacer lo que uno quiere hacer en una forma que el público haya aprendido a aceptar. No es tanto que Ambler se ponga demasiado intelectual en esta historia, como que deja traslucir que se está poniendo intelectual. Ese parece ser el error fatal, aunque a mí el libro me gustó, así como no me gustó especialmente el libro de Helen MacInnes, *Neither Five Nor Three*. Esta autora me fastidia manejando problemas muy complicados con una especie de método improvisado, como una colegiala analizando a Proust. No es posible burlarse del comunismo como de una mera conspiración delictiva. Es preciso justificar su atractivo intelectual para algunas mentes muy brillantes, y sin embargo destruirlo. Supongo que los escritores ganadores son los que pueden escribir mejor que sus lectores sin pensar mejor que ellos.

Carta a D. J. Ibberson,
un admirador inglés, 19 de abril de 1951.

Muy amable de su parte por interesarse en datos de la vida de Philip Marlowe. La fecha de su nacimiento es incierta. Creo que en alguna parte dijo que tenía treinta y ocho años, pero eso fue hace mucho, y hoy no es mayor. Esto es algo que usted tendrá que aceptar. No nació en una ciudad del Medio Oeste sino en un pueblo de California llamado Santa Rosa, que, como verá en el mapa, queda unas cincuenta millas al norte de San Francisco. Santa Rosa es famoso como el lugar natal de Luther Burbank, un horticultor de frutas y verduras de considerable renombre antaño. Quizás es menos conocido como el escenario de la película de Hitchcock *Shadow of a Doubt*, que en su mayor parte fue rodada en Santa Rosa. Marlowe nunca ha hablado de sus padres, y al parecer no tiene parientes vivos. Esto podría ser remediado si fuera necesario. Hizo un par de años en la universidad, no sé si en la Universidad de Oregon en Eugene, o en la Oregon State en Corvallis, Oregon. No sé por qué vino a California Sur, salvo que es algo que con el tiempo hace la mayoría de la gente, aunque no todos se quedan. Parece haber tenido alguna experiencia como investigador para una compañía de seguros y después como investigador para el Fiscal de Distrito del condado de Los Angeles. Esto no necesariamente lo vuelve un funcionario de policía ni le da el derecho de hacer un arresto. Las circunstancias en las que perdió ese trabajo las conozco bien pero no puedo entrar en detalles. Usted tendrá que contentarse con la información de que se puso un poco demasiado eficaz en un momento y lugar en que la eficacia era la última cosa deseada por las personas al mando. Mide poco más de un metro ochenta, y pesa alrededor de setenta y cinco kilos. Tiene cabello castaño oscuro, ojos castaños, y la expresión "pasablemente apuesto" no lo dejaría para nada satisfecho. No creo que parezca duro. Puede ser duro. Si yo hubiera tenido alguna vez la oportunidad de elegir el actor de cine que mejor podría representarlo según mi imagen mental de él, creo que habría elegido a Cary Grant. Creo que se viste tan bien como puede esperarse. Obviamente no tiene mucho dinero para gastar en ropa, o en cualquier otra cosa. Los anteojos oscuros no lo individualizan. Prácticamente todo el mundo en el sur de California usa anteojos oscuros en algún momento. Cuando usted dice que Marlowe usa pijamas hasta en verano, no lo entiendo. ¿Quién no los usa? ¿Usted había pensado que usaba camisón? ¿O se refiere a que podría dormir desnudo, en tiempo caluroso? Lo último es posible, aunque el clima que tenemos aquí rara vez es caluroso de noche. Tiene mucha razón respecto de su hábito de fumar, aunque no creo que insista en los Camels. Casi cualquier clase de cigarrillo lo satisfará. El uso de cigarreras no es tan común aquí como en Inglaterra. Definitivamente no usa carteritas de fósforos que son siempre fósforos de seguridad. Usa o bien fósforos grandes de madera, los que llamamos fósforos de cocina, o los pequeños del mismo tipo que vienen en cajitas y que pueden encenderse en cualquier parte, incluyendo la uña del pulgar si el clima es seco. En el desierto o las montañas es muy fácil encender un fósforo con la uña del pulgar, pero la humedad en Los Angeles es muy alta. Los hábitos de bebida de Marlowe son en buena medida los que usted enumera.

Aunque no creo que prefiera el whisky de centeno al bourbon. Puede beber prácticamente cualquier cosa que no sea dulce. Ciertos tragos, como Pink Ladies, cocktails Honolulu y tragos largos a la crema de menta, los consideraría un insulto. Sí, hace buen café. Cualquiera puede hacer buen café en este país, aunque parezca casi imposible en Inglaterra. Al café le pone crema y azúcar, no leche. También lo toma negro sin azúcar. Se cocina su desayuno, que es simple, pero no las otras comidas. Se levanta tarde por inclinación, pero en ocasiones se levanta temprano por necesidad. ¿No es como todos nosotros? Yo no diría que su capacidad en ajedrez esté a nivel de torneos. No sé de dónde sacó ese librito de partidas de ajedrez publicado en Leipzig, pero le gusta porque prefiere el método europeo de notación. Tampoco sé si juega a los naipes. Se me ha olvidado ese punto. ¿Qué quiere decir "moderadamente aficionado a los animales"? Si uno vive en un departamento, la moderación es lo máximo a que se puede llegar. Me parece que usted tiene una inclinación a interpretar cualquier observación casual como indicación de un gusto definido. En cuanto a que su interés en las mujeres es "francamente carnal", son palabras suyas, no mías.

Marlowe no puede reconocer un acento de Bryn Mawr, porque no existe tal cosa. Todo lo que implica esa expresión es un modo pomposo de hablar. Dudo mucho de que pueda reconocer la antigüedades genuinas de las falsificadas. Y también me permito dudar de que muchos expertos puedan hacerlo, si la falsificación es buena. Paso por alto el mobiliario eduardiano y el arte prerrafaelita. No sé de dónde saca usted sus datos. Yo no diría que el conocimiento que tiene Marlowe de perfumes se termine en el Chanel Nº 5. Eso también es sólo un símbolo de algo que es caro y al mismo tiempo razonablemente discreto. Le gustan todos los perfumes ligeramente acres, pero no los de tipo empalagoso o demasiado especiados. Es, como usted puede haber notado, una persona ligeramente acre. Por supuesto sabe lo que es la Sorbonne, y también sabe dónde está. Por supuesto que sabe cuál es la diferencia entre un tango y una rumba, y también entre una conga y un samba, y sabe la diferencia que hay entre un samba y una mamba, aunque no cree que la mamba pueda dar alcance a un caballo al galope. Dudo de que conozca el nuevo baile llamado mambo, porque parece ser algo de reciente descubrimiento o desarrollo.

Ahora, veamos, ¿adónde nos lleva todo esto? Aficionado bastante constante del cine, dice usted, no le gustan los musicales. Acertó. Puede ser admirador de Orson Welles. Es posible, especialmente cuando a Orson lo dirige otro. Los gustos de lectura y música de Marlowe son tan misteriosos para mí como lo son para usted, y si tratara de improvisar, me temo que los confundiría con mis propios gustos. Si me pregunta por qué es detective privado, no puedo responderle. Obviamente, hay momentos en que desearía no serlo, del mismo modo en que hay momentos en que yo desearía ser casi cualquier cosa menos escritor. El detective privado de ficción es una creación fantástica que actúa y habla como un hombre real. Puede ser completamente realista en todos los sentidos salvo uno, y éste es que en la vida tal como la conocemos un hombre así no sería detective privado. Las cosas que le suceden podrían sucederle, pero le sucederían como resultado de una peculiar conjunción de azares. Al hacerlo detective privado, se salta por encima de la necesidad justificando sus aventuras.

Dónde vive: en *El sueño eterno* y algunos cuentos anteriores, vivía aparentemente en un departamento de soltero con una cama plegadiza, de las que se levantan contra la pared y tienen un espejo en la parte de abajo. Después se mudó a un departamento semejante al ocupado por un personaje llamado Joe Brody en *El sueño eterno*. Puede haber sido el mismo departamento; puede haberlo conseguido barato porque se había cometido un asesinato en él. Creo, pero no estoy seguro, que este departamento está en un cuarto piso. Consiste en una sala en la que se entra directamente del pasillo, y frente a la entrada hay puertas ventanas que dan a un balcón ornamental, que es más para mirar desde abajo que para sentarse en él. Contra la pared de la derecha, sobre el pasillo, hay una puerta que lleva a un vestíbulo interior. Pasando éste, contra la pared de la izquierda, está ese escritorio rebatible de roble, un sillón, etcétera; más allá, un arco al comedor y cocina. El comedor, o "dinette", como se lo llama en los departamentos norteamericanos, o al menos en los de California, es simplemente un espacio separado de la cocina propiamente dicha por una arcada o un armario de vajilla. Es muy pequeño, y la cocina también es muy pequeña. Al entrar en el vestíbulo desde la sala, a la derecha está la puerta del baño, y siguiendo está el dormitorio. El dormitorio contiene un armario empotrado. El baño en un edificio de este tipo tiene una ducha en la bañera y una cortina. Ninguno de los cuartos es muy grande. El alquiler del departamento, amueblado, sería de unos sesenta dólares mensuales cuando se mudó Marlowe. Sólo Dios sabe cuánto será ahora. Tiemblo de sólo pensarlo. Supongo que no menos de noventa dólares al mes, probablemente más.

En cuanto a la oficina de Marlowe, tendría que echarle otra mirada para refrescar la memoria. Me parece que está en el sexto piso de un edificio que da al norte, y que la ventana de su oficina da al este. Pero no estoy seguro. Como usted dice, hay una recepción que es una media oficina, quizá la mitad del espacio de una oficina de rincón, convertida en dos recepciones con entradas separadas y puertas de comunicación a derecha e izquierda respectivamente. Marlowe tiene una oficina privada que se comunica con su recepción, y hay una conexión que hace sonar un timbre en su oficina privada cada vez que se abre la puerta de la recepción. Pero este timbre puede desconectarse con una llave. No tiene, y nunca ha tenido, secretaria. Podría suscribirse con toda facilidad a un servicio de contestador telefónico, pero no recuerdo haberlo mencionado en ninguna parte. Y no recuerdo que su escritorio tenga un vidrio encima, pero puedo haberlo dicho. La botella de la oficina se guarda en el cajón de archivo del escritorio; este cajón, normal en los escritorios de oficina norteamericanos (quizá también en Inglaterra) tiene la profundidad de dos cajones corrientes, y está hecho para contener carpetas de archivo, pero es raro que sirva a esa función, porque la mayoría guarda sus carpetas en archiveros. Me da la impresión de que algunos de estos detalles fluctúan bastante. Sus pistolas también han variado. Empezó con una Luger alemana automática. Parece haber tenido automáticas Colt de diversos calibres, pero no más del .38, y lo último que supe fue que tenía una Smith & Wesson .38 especial, probablemente con un caño de cuatro pulgadas. Se trata de un arma muy poderosa, aunque no la más poderosa que se fabrica, y tiene la ventaja sobre una automática de usar cartucho de plomo. No se traba ni se dispara por accidente, aun si cae sobre una superficie dura, y probablemente es tan efectiva a corto alcance como una automática calibre 45. Sería mejor con un caño de seis pulgadas, pero eso la haría demasiado incómoda de cargar. Ya un caño de cuatro pulgadas no es muy cómodo, y los detectives de la policía por lo general llevan pistolas de apenas dos pulgadas y media de caño. Esto es más o menos todo lo que tengo para usted, pero si hay algo más que quiera saber, por favor vuelva a escribirme. El problema es que en realidad usted parece saber mucho más sobre Philip Marlowe que yo, y quizá yo tendría que hacerle las preguntas a usted, en lugar de usted a mí.

Memo a Juanita Messick,
secretaria de Chandler, Pascua de 1951. Leona era la mucama
de Chandler en La Jolla.

La oficina estará cerrada jueves y viernes. El viernes usted debería ir a la iglesia durante tres horas. El jueves tendrá que hacer lo que le diga la conciencia, si la tiene. Leona no estará en casa desde el miércoles a la noche hasta el lunes siguiente, pero no se le pagará este asueto. No sé qué tontería alegó, de que su hijo se casa. Supongo que las monjas le han dicho que será la desposada de Cristo. ¿A los católicos los confirman a los ocho años? Yo creía que ustedes tenían alguna idea de qué se trataba todo el asunto. A mí me confirmó el obispo de Worcester. El obispo tenía barba.

Carta a Sol Siegal,

un ejecutivo de los estudios Twentieth Century Fox, 27 de abril de 1951.

Hay dos clases de guionistas. Están los técnicos aptos, que saben cómo trabajar con el medio y cómo subordinarse al uso que hará el director de la cámara y los actores. Su trabajo es acabado, eficaz y enteramente anónimo. Nada de lo que hacen lleva el sello de la individualidad. Después está el escritor cuyo toque personal debe poder transparentarse, porque su toque personal es lo que lo hace escritor. Obviamente un escritor de este tipo nunca debería trabajar para un director como Hitchcock, porque en una película de Hitchcock no debe haber nada que el mismo Hitchcock no haya podido escribir. No se trata sólo de cómo usa Hitchcock la cámara y los actores; lo que importa es que en sus películas no debe haber nada que esté más allá de su alcance. Con el tiempo llegará a haber un tipo de director que comprenda que lo que se dice, y cómo se dice, es más importante que filmar cabeza abajo a través de una copa de champagne.

Carta a Somerset Maugham,

4 de mayo de 1951.

Priestley estuvo en La Jolla hace un par de meses, y tuvo la amabilidad de decirme que yo escribo bien, y que debería escribir una novela normal. Por supuesto he oído esto antes de otras bocas. Si uno escribe bien, no debería estar escribiendo policiales. Las policiales deberían escribirla sólo los que no saben escribir. Considero esto una propaganda maligna de la banda de Edmund Wilson. Obviamente no puede esperarse que la ficción policial sea otra cosa que subliteratura, para usar el término de Edmund Wilson, si uno insiste en exterminar de ese campo todo lo que muestre alguna pretensión de habilidad o imaginación.

Es interesante notar que Charles Morton le había escrito a Chandler, en una carta fechada el 24 de enero de 1945, sobre un incidente con Edmund Wilson: "Una vez publicamos un artículo de Wilson sobre un poeta ruso, según él uno de los más maravillosos poetas del mundo, pero el inconveniente era que este poeta nunca había sido traducido al inglés. Wilson nos aseguró que se había quemado las cejas estudiando ruso. En tal capacidad, era único entre nuestros conocidos y colaboradores. Al ser el único que había oído hablar de este poeta, era naturalmente el único que lo había leído, y por algún motivo lo dejamos seguir adelante en el asunto. Pero se nos despertó cierta curiosidad por este poeta, y encontramos a un ruso que nos tradujo algo de él. Todos estuvimos de acuerdo en que era atroz".

Carta al señor Dana,

un editor de Lippincott, 19 de junio de 1951. El libro al que se refiere es una recopilación de artículos periodísticos de Charles Morton.

Usted me ha enviado una enorme cantidad de pruebas de un libro supuestamente de un Charles W. Morton. Su apuro es desesperado. Está deteniendo la impresión de la cubierta por si acaso yo me pongo histérico y digo que el señor Morton es el más grande humorista norteamericano desde Hoover. Así que se supone que yo debo dejar todo, incluyendo el lavado de ropa de la semana, y el planchado, además de los débiles intentos que hago por ganarme la vida, y dedicarme a su noble propósito. Es probable que usted haya estado demorándose con este libro durante seis meses, hasta que alguien encendió fuego bajo su silla, y ahora está trepándose a las paredes aullando como un tenor tirolés, porque, cito, "las cubiertas deben ir a la imprenta sin falta la semana que viene, así que asegúrese de enviar su comentario por el modo más rápido". Yo conozco a los editores. Me envían las pruebas por correo aéreo expreso, y yo me paso toda la noche corrigiéndolas y las envío por el mismo sistema, y lo siguiente que sé del editor es que está profundamente dormido en una playa privada en Bermuda… Quizá lea estas pruebas y quizá no. Quizás en lugar de ponerme a leerlas salga a cortar el césped.

Carta a Charles Morton,
julio de 1951.

No le estaba escribiendo a usted sino a un hombre llamado Dana, de Lippincott. Evidentemente, a último momento alguien con un nombre importante se murió o lo metieron preso por antipático, así que tuvo que cavar en busca de un sustituto; me divertí un poco a su costa, sin ninguna mala intención. En secreto por supuesto me encantó que cayera sobre mí en un momento en que no tenía tiempo para pensar, porque odio todo el maldito negocio. El momento adecuado de elogiar a un escritor es después de que su libro ha sido publicado, y el lugar donde hacerlo es alguna otra publicación. Usted debe de saber bien que hay prácticamente un ejército de mercaderes del engreimiento en su territorio que aceptarán firmar algo en cualquier parte, incluido el *Almanaque Mundial*, con tal de que aparezcan sus nombres. Unos pocos nombres reaparecen con tan monótona regularidad que sólo el hecho de su éxito reconocido como escritores nos impide pensar que es el modo en que se ganan el alimento. De hecho, sé que a veces se paga, porque mi agente de Hollwood una vez me llamó desde Nueva York y me hizo una cautelosa propuesta al respecto… En Inglaterra este asunto de las citas lo llevan tan lejos, aunque no tanto antes de la publicación, que ha perdido todo sentido. La moneda del elogio se ha devaluado tanto que no queda nada que decir sobre un libro realmente bueno. Todo ha sido dicho ya sobre material de segundo, tercero y cuarto orden que aparece, circula fugazmente y es olvidado. No obstante, a veces sucede que uno siente una especie de compulsión moral a elogiar, y hacerse oír por todo el mundo, pero entonces, ¿lo hará a través de un departamento de promoción? Espero que no.

Carta a Charles Morton,
5 de julio de 1951.

Muchas gracias por su retrato autografiado en su traje bueno. Es una bonita imagen. Luce ejecutivo como el diablo. Parece como si hubiera estado diciéndole al jefe de control de producción que si no puede mantener en marcha el programa Nº BF 7139X21, usted se encargará de poner en su lugar a alguien que sí pueda.

Carta a Frederic Dannay,
10 de julio de 1951. Dannay era codirector de la revista *Ellery Queen*, y le había escrito a Chandler pidiéndole una respuesta a una encuesta que hacía la revista sobre los diez mejores autores de policiales vivos.

Mi lista, si la hiciera, probablemente dejaría afuera algunos de los nombres que aparecerán inevitablemente en la lista de ustedes… Me han gustado historias muy pedestres porque no eran pretenciosas y porque sus enigmas echaban raíz en hechos y no en falsas motivaciones inventadas con el solo fin de intrigar al lector. Supongo que el atractivo del libro pedestre es su calidad documental y esto, si auténtico, es muy raro, y cualquier intento de aderezarlo con glamour me da vuelta el estómago por completo. Pienso que usted se encuentra frente a un problema difícil, porque podemos dar por sentado que un aficionado preferirá leer una mala novela policial antes que no leer nada. De modo que usted tenderá a darle algún peso a la cantidad de producción, y estrictamente hablando la cantidad de producción no significa absolutamente nada. Un escritor se revela en una sola página, a veces en un solo párrafo. Un no escritor puede llenar todo un estante, puede alcanzar una especie de fama, ocasionalmente puede inventar una trama que lo hará ver un poco mejor de lo que es en realidad, pero al fin se desvanece y es nada.

Carta a Jamie Hamilton,
14 de julio de 1951. Chandler habla sobre la novela en la que está trabajando, *El largo adiós*.

El problema con mi libro es que escribí la mitad en tercera persona antes de comprender que no tengo absolutamente ningún interés en el personaje principal. Es apenas un nombre; así que me temo que tendré que empezar todo de nuevo y darle la palabra al señor Marlowe, como resultado de lo cual perderé una cantidad de buenas escenas porque tienen lugar fuera de la vista del personaje principal. Empieza a parecer como si estuviera atado a este sujeto de por vida. Simplemente no puedo funcionar sin él.

Carta a Dale Warren,
20 de julio de 1951. Chandler acababa de ver la versión lanzada comercialmente de *Strangers on a train*.

No tiene agallas ni verosimilitud ni personajes ni diálogo. Pero por supuesto es Hitchcock, y una película de Hitchcock siempre tiene algo.

Inventario para una compañía de seguros,

preparado por Chandler en agosto de 1951, con la lista de parte de su equipamiento de oficina así como el mobiliario post Hollywood de los Chandler.

Equipo
Audiógrafo
Dictáfono
Transcriptor
Control de máquina de escribir
Micrófono de mano
Audífono
Cenicero

Máquina de escribir Remington
Máquina de escribir Underwood
Corona portátil

TV Dumont
Radio Zenith

Muebles
1 sofá dorado
1 sofá dorado oxidado
sillas cromadas
Steinway de cola
lámparas de boudoir
Chaise longue

Carta a Dale Warren,

6 de agosto de 1951.

Tuve un par de encuentros muy agradables con Syd Perelman cuando estuvo aquí, enviado por algún medio periodístico, presumiblemente *Holiday*. Es un tipo de lo más agradable, fácil de tratar, sincero y sin vanidad. Mientras Priestley empleó el cincuenta por ciento de su tiempo y energía en hacerme comprender qué bueno es, Perelman no le dedicó ni dos minutos al tema. ¿Dije dos minutos? No le dedicó ni diez segundos. Actúa como si no le importara, y no creo que sea fingido.

Carta al señor Hines,
Superintendente de la Oficina de Correos de La Jolla, 13 de agosto de 1951.

Estimado señor Hines,

De vez en cuando recibo una carta certificada. A veces queda en mi casilla, que es mi dirección de entrega, y a veces la llevan a mi casa. Quienquiera que haga esto, últimamente ha desarrollado el hábito de llegar a las siete y media de la mañana, y se anuncia golpeando la puerta del frente, despertando a mi esposa de un sueño que necesita. No critico al hombre en absoluto, dado que probablemente lo impulsa un vigoroso sentido del deber. Pero querría, con toda cortesía y amistad, señalar lo siguiente: en primer lugar, que una carta certificada rara vez es tan urgente; algo realmente urgente vendría por telegrama o teléfono; y segundo, hay un buzón de correo en la puerta lateral a nivel del suelo, y echar la carta por ese buzón sería mi idea de un buen trabajo cumplido con tacto y consideración. Si esto resultara imposible de cumplir, o violara alguna regla de la oficina de correos, entonces exijo que las cartas certificadas sean depositadas en mi casilla, la Nº 128, lo mismo que el resto del correo. En mi caso al menos una certificada no requiere un tratamiento de luz roja y sirena. Cuando se construyó esta casa el buzón de correo se puso en la puerta lateral deliberadamente, de modo que el cartero no tuviera que subir ningún escalón. Por lo general, quien entrega el correo certificado no sabe esto, así que sube los escalones de la puerta principal, no encuentra buzón de correo, y tiene un ataque de furia.

Suyo muy sinceramente
Raymond Chandler

Carta a S. J. Perelman,

4 de septiembre de 1951. Perelman estaba pensando en mudarse a la Costa Oeste con su familia, desde la Florida.

Si sigue interesado en Rancho Santa Fe, y se ha olvidado todo sobre él a esta altura, no hay objeciones para que usted críe ahí pájaros tropicales y algunos animales tropicales, siempre que los mantenga lejos de la calle principal y del comedor de la Posada Rancho Santa Fe. Rancho Santa Fe es parte del distrito de la secundaria San Dieguito... No sé nada sobre el nivel académico de esta escuela, si es que lo tiene. He oído que las secundarias de California van de lo descompuesto a lo putrefacto, y yo tengo un pariente, afortunadamente lejano, que se graduó en la secundaria Fairfax en Los Angeles sin haber terminado de aprender el alfabeto. En cuando a las escuelas de La Jolla, que podrían ser representativas de esta parte del estado, el único comentario auténtico que he oído provino de alguien que vivía enfrente de la casa de mi cuñada. Esta persona tiene cuatro hijos y está pensando en volver a Kansas donde habría alguna posibilidad de que se educaran. Al parecer aquí reciben sólo las notas más altas, aunque no saben nada y no hacen nada. Encuentra esto muy sospechoso, sobre todo porque antes de venir a California los niños hacían algo y no se sacaban buenas notas.

Perelman le respondió a Chandler unos días después: "Estoy en un hotel de plástico desde el que tengo vista a otro hotel de plástico que a su vez tiene vista a la Corriente del Golfo, pero usted es el único hombre en los Es-

tados Unidos (o en el mundo) que podría transmitir el encanto sórdido del establecimiento. Son más o menos las tres de la tarde, el sol cae con furia, y no hay más sonido que el ocasional aleteo de la ropa tendida, y el agua del inodoro de la cabina siguiente… Un serie de trabajos urgentes me ha tenido en vilo desde hace unas seis semanas, y anteayer vine a encerrarme aquí para terminar un artículo. Los cuatro o cinco días anteriores los pasé dando vueltas por Miami Beach y puntos inmediatamente al norte, y es un paisaje deprimente, también. En realidad, fui a una fiesta (ya ve a lo que tengo que someterme para conseguir trabajo) en el Salón Peekaboo del Hotel Broadripple, conjunción de sílabas en la que no habría creído si me la hubieran contado. Creo que tendrá que admitir que me cuesta ganar la plata".

Carta a Jamie Hamilton

19 de septiembre de 1951. Chandler había llevado a Cissy a
unas vacaciones de recuperación en un "rancho de recreo".

No sé si usted ha estado alguna vez en un rancho de recreo. Yo nunca había estado en uno. Éste se llama Alisal, que en español significa un bosque de alisos, según la publicidad. Es una pequeña parte de una finca ganadera de diez mil acres, una de las pocas concesiones españolas de terreno en California, originalmente hecha a la familia Carrillo, que siguen intactas. Tiene un clima hermoso, al menos en esta época del año. Está situado en un valle tierra adentro, el valle Santa Ynez, al norte de Santa Barbara, y es casi tan seco como un desierto, muy caluroso de día, muy fresco por las mañanas, el atardecer y a la noche. Supongo que debe de ser bastante horrible en verano. Encontramos el sitio muy divertido y a la vez intensamente aburrido, caro, con mala atención, aunque bien construido, con lo usual: piscina, canchas de tenis, etcétera. La clase de lugar donde la gente que trabaja en la administración usa botas de montar, y donde las camareras sirven el desayuno en Levis con tachas de cobre, el amuerzo en pantalones de montar con camisas y pañuelos chillones, y a la noche usan vestidos de cóctel o más pantalones de montar y más camisas y pañuelos chillones. El pañuelo ideal parece ser muy angosto, no más ancho que un cordón de zapato, pasado por un anillo en el frente y colgando a un lado de la blusa. No pregunté por qué; no llegué a conocer a nadie lo bastante bien. Los hombres también usan camisas chillonas, que se cambian constantemente por otras con distintos dibujos, todos salvo los verdaderos jinetes, que usan camisas más bien pesadas de lana o lana y nailon, con mangas largas, con una costura en la espalda, la clase de prenda que sólo puede comprarse en un pueblo de jinetes. Supongo que el lugar es la mar de divertido para cierta clase de gente, la clase de los que van a cabalgar por la mañana, a nadar o jugar al tenis por la tarde, después toman dos o tres tragos en el bar, y para cuando llegan a la cena pueden mostrarse muy entusiastas con los platos más bien inferiores y demasiado grasosos. Para nosotros, que estábamos cansados y nerviosos, y por lo tanto demasiado melindrosos, el lugar fue una condena. Pero fue divertido ver todo un ejército de perdices caminando sin temor entre las cabañas por la tarde, y ver unos pájaros parecidos a cuervos, que nunca vimos en ninguna otra parte, ni siquiera en las montañas.

Carta a Jamie Hamilton,
5 de octubre de 1951.

Espero tener un libro en 1952, lo espero mucho. Pero, maldito sea, tengo enormes problemas con él. El viejo impulso ya no existe. Estoy agotado por la preocupación que me causa mi esposa. Ha perdido mucho terreno en los últimos dos años. Cuando me pongo a trabajar ya estoy cansado y desalentado. Me despierto a la noche con pensamientos terribles. Cissy tiene una tos constante que sólo puede calmarse con drogas, y las drogas destruyen su vitalidad. No es tuberculosis ni nada canceroso, pero me temo que es crónico y que sólo puede empeorar. No tiene fuerzas, y al ser de carácter enérgico y una gran luchadora, se resiste hasta el punto del agotamiento. Temo, y estoy seguro de que ella teme también, aunque tratamos de no hablar del tema, una lenta declinación a la invalidez. Y lo que puede suceder entonces, francamente no lo sé.

Carta al señor Inglis,
un admirador, octubre de 1951. Inglis le había escrito a
Chandler. En un punto de su carta especulaba que, para
un psicólogo, Philip Marlowe podía parecer
emocionalmente inmaduro.

Me temo que no puedo presentar discusión sobre su concepto de lo que usted llama madurez… Puede ser que su amigo "estudiante avanzado de psicología" le estuviera tomando el pelo un poco, o podría ser que el avance en la psicología lo haya puesto en un estado de confusión en el que probablemente seguirá el resto de su vida. Parece como si tuviéramos superpoblación de psicólogos hoy día, pero supongo que es natural, dado que su jerga, cansadora como me resulta personalmente, parece tener la misma atracción para las mentes confusas que tenían las sutilezas teológicas para la gente en épocas pasadas. Si rebelarse contra una sociedad corrupta equivale a ser inmaduro, entonces Philip Marlowe lo es en extremo. Si ver la basura donde hay basura constituye un señal de inadaptación social, entonces Philip Marlowe es un inadaptado. Por supuesto, Marlowe es un fracasado, y lo sabe. Es un fracasado porque no tiene dinero. Un hombre que sin ningún impedimento físico no puede ganarse decentemente la vida siempre es un fracasado, y por lo general un fracasado moral. Pero una gran cantidad de hombres muy buenos han sido fracasados porque sus talentos particulares no se ajustaban a su tiempo y lugar. Supongo que a largo plazo todos somos fracasados, o no tendríamos la clase de mundo que tenemos. Creo que no me gusta su sugerencia de que Philip Marlowe desprecia las debilidades físicas ajenas. No sé de dónde sacó esa idea, y no creo que sea así. También estoy un poco cansado de las numerosas sugerencias que se han hecho, en el sentido de que siempre está lleno de whisky. El único punto que puedo ver en justificación de eso es que cuando quiere un trago lo toma abiertamente y no vacila en decirlo. No sé cómo será en su parte del país, pero comparado con la sociedad de country clubs en mi parte del país, Marlowe es tan sobrio como un diácono.

Carta a Carl Brandt,
27 de octubre de 1951.

Estoy teniendo problemas para terminar el libro. Tengo suficiente papel escrito como para completarlo, pero debo hacerlo todo otra vez. Simplemente no sabía hacia dónde iba.

Carta a Dale Warren,
7 de noviembre de 1951.

Me pregunta cómo se puede sobrevivir en Hollywood. Bueno, personalmente debo decirle que yo me divertí mucho allí. Pero cuánto pueda uno sobrevivir depende en gran medida de la clase de gente con la que tenga que trabajar. Hay una cantidad de hijos de perra, pero por lo general tienen algún detalle que los salva. Un guionista que pueda hacer equipo con un director o un productor que le dé un trato honesto, un trato realmente honesto, puede obtener mucha satisfacción de su trabajo. Lamentablemente, no sucede con frecuencia. Si uno va a Hollywood sólo a hacer dinero, tiene que ser bastante cínico y no importarle mucho lo que hace. Y si realmente cree en el arte del cine, es un trabajo prolongado y en realidad debería olvidarse de toda otra clase de escritura. Una preocupación por las palabras en tanto palabras es fatal para un buen guionista. Las películas no están para eso. No es lo mío, pero podría haberlo sido si hubiera empezado veinte años antes. Pero veinte años antes, por supuesto, nunca podría haber estado ahí, y lo mismo vale para muchos otros. No lo quieren a uno hasta que uno no se ha hecho un nombre y ha desarrollado alguna clase de talento que a ellos pueda serles de utilidad. Las mejores escenas que escribí eran prácticamente monosilábicas. Y la mejor escena corta que escribí, según mi propio juicio, fue una en que una chica decía "ajá" tres veces con tres entonaciones diferentes, y eso era todo. Lo malo de la buena escritura para el cine es que la parte más importante queda afuera. Queda afuera porque la cámara y los actores lo hacen mejor y más rápido, sobre todo más rápido. Pero tiene que estar ahí desde el comienzo.

Carta a Carl Brandt,
sobre la televisión, 15 de noviembre de 1951.

Por intelectual e idealista que sea un hombre, siempre puede racionalizar su derecho a ganar dinero. Después de todo el público tiene derecho a recibir lo que quiere. Los romanos lo sabían, y hasta ellos duraron cuatrocientos años antes de empezar a descomponerse.

Carta a Jamie Hamilton,
29 de noviembre de 1951.

Los editores pueden disculparse con los autores y con otros editores y con otros escritores. Pero con los agentes, basta con dejarlos vivir.

Carta a Paul McClung,

11 de diciembre de 1951. McClung, editor de bolsillo de
Chandler, le había escrito sobre un pasaje en una de sus
novelas donde un médico decía que el alcoholismo era
incurable.

El médico en cuyo punto de vista fundé la opinión que usted cita murió hace varios años. De todos modos dudo mucho de que hubiera agradecido que yo revelara su identidad a una revista o un diario en relación con una opinión que sus colegas considerarían derrotista y sumamente incorrecta. Recuerdo que me dijo: "Lo más duro cuando se trata de curar a un alcohólico o drogadicto es que no hay absolutamente nada que ofrecerle a cambio a largo plazo. En el momento, sin duda, se siente pésimo; se siente avergonzado y humillado; le gustaría curarse si no fuera demasiado doloroso, y a veces inclusive si lo fuere, y siempre lo es. En un sentido puramente físico quizá pueda decirse que está curado cuando han pasado sus síntomas de abstinencia, que pueden ser bastante horribles. Pero olvidamos el dolor, y en cierta medida olvidamos la humillación. Y entonces el alcohólico o drogadicto curado mira alrededor, ¿y qué ha logrado? Un paisaje chato, en el que no hay un camino más interesante que otro. Su recompensa es negativa. No sufre físicamente, y no se siente mentalmente humillado o avergonzado. Está simplemente aburrido". Es obvio que ese punto de vista choca con la postura Polyanna que le imponemos a la profesión médica. Ellos lo saben, pero también tienen que vivir, aunque hay ocasiones en que, en casos particulares, uno no pueda entender por qué.

Pongo esta opinión, que usted parece haberse tomado muy en serio, en boca de un delincuente. En tiempos como los que corren sólo un delincuente puede expresar sin temor opiniones de este tipo. Cualquier médico de prestigio tendría que agregar algo como: "Por supuesto, con un adecuado tratamiento psiquiátrico, bla bla bla…" Le daría una lección. Y al mencionar a la psiquiatría destruiría al instante, al menos para mí, todo el efecto de cualquier afirmación franca que pudiera haber arriesgado, porque considero a la psiquiatría como cincuenta por ciento cháchara, treinta por ciento fraude, diez por ciento ignorancia, y el restante diez por ciento jerga a la moda para decir lo mismo que ha venido diciendo el sentido común durante cientos y quizá miles de años, si tenemos el valor de leerlo.

Carta a Dale Warren,

sin fecha. Chandler recuerda una conversación con Hitchcock sobre la evolución de la técnica desde los comienzos del cine.

Para ilustrarlo me dijo (y por supuesto estoy recordando, no citando): Imagínese un hombre que se reencuentra con una vieja amante a la que no ha visto en muchos años. Ella está casada y es rica y todo lo demás, y lo ha invitado a tomar el té. El público sabe lo que sucederá. Antes lo filmábamos así: el hombre llega en un taxi, baja, paga al taxista, alza la vista a la casa, sube los escalones, llama, espera, enciende un cigarrillo, toma en el interior de la mucama acercándose a la puerta, la abre, el hombre se anuncia. Sí, señor, pase por favor. El hombre entra, mira alrededor, lo conducen a la sala, mira alrededor, la mucama se marcha, el hombre sonríe con nostalgia, mira foto sobre la chimenea, al fin se sienta. La mucama sube la escalera al piso alto, golpea puerta, entra, la señora empolvándose, toma en primer plano de sus ojos cuando la mucama le dice quién ha venido, voz fría: gracias, ya bajo, la mucama se va, la señora se mira los ojos en el espejo, pequeño encogimiento de hombros, se pone de pie, empieza a salir, vuelve a tomar un pañuelo, sale otra vez, la cámara la sigue por la escalera, se detiene en la puerta, con una tierna media sonrisa, después con una súbita resolución abre, toma invertida desde el hombre poniéndose de pie cuando ella entra, se quedan mirándose, primer plano de uno y de otro, y al fin: "¡George! ¡Tanto tiempo!" o algo así, y *entonces* empieza la escena.

El público soportaba todo esto, y le gustaba, dijo Hitchcock, porque era movimiento, la cámara trabajaba y la cámara era una cosa maravillosa. Tomaba fotografías móviles, créase o no. ¿Pero ahora?

Taxi llega, hombre baja, paga, sube la escalinata. Adentro de la casa suena el timbre, la mucama va hacia la puerta. Corte, sonido más débil de timbre en dormitorio del piso alto. La señora en el espejo, la cámara toma su rostro, ella sabe quién es, el primer plano indica lo que siente al respecto, DISOLUCIÓN la mesita rodante del té va por un pasillo. Corte adentro de la sala, hombre y mujer de pie mirándose. ¿La tomará en sus brazos, o la mesita del té llegará antes? Entonces el sublime sublime diálogo: ELLA: Charles… han pasado quince años. ÉL: Quince años y cuatro días. ELLA: No puedo… (Golpe en la puerta) Adelante. (Entra la mesita rodante con el té) Seguramente quieres té. ÉL: Adoro el té. ELLA: Es Oolong. Lo cultivo yo misma. ÉL: Siempre me pregunté qué hacías en tu tiempo libre. Y así sigue…

Carta a Charles Morton,
17 de diciembre de 1951.

Hablando de agentes, cuando abrí el diario una mañana de la semana pasada vi que al fin había sucedido: alguien mató a uno de un tiro. Probablemente fue por los motivos equivocados, pero al menos es un paso en la dirección correcta.

Carta a Jamie Hamilton.
21 de diciembre de 1951.

Bueno, la Navidad con todos sus viejos horrores ha vuelto a caer sobre nosotros. Los negocios están llenos de fantástica basura y todo lo que uno quiere no está. Gente con expresiones tensas y doloridas revisa objetos de cristal distorsionado, y de cerámica, y es atendido, si ésa es la palabra correcta, por idiotas especialmente contratados, en libertad condicional de instituciones psiquiátricas, algunos de los cuales, mediante un esfuerzo especial, pueden distinguir una tetera de un picahielo.

Carta a James Sandoe,
27 de diciembre de 1951.

Muchas gracias por la carta y los libros. El libro sobre Gertie (Gertrude Stein) me pareció la mar de sutil, un poco por encima de mi cerebro, de hecho. Francamente, no pienso que la vieja muchacha valiera el esfuerzo, pero puedo entender que un profesor inglés que se vea en la obligación de sacar un libro de vez en cuando tenga la prudencia de abrazar una causa no demasiado perdida y no demasiado ganada. Mi propia visión de Gertie se acerca más a la que tengo de la señora Porter. Describía un gran partido, pero aunque hubiera llegado a los noventa años no habría lanzado una buena pelota. Tenía la clase de reputación que depende menos de lo que uno haga que de lo que digan los intelectuales sobre uno. Cuando leí la pieza de Eliot *The Cocktail Party* me pregunté por qué armaban tal alboroto sobre ella. Pero, por supuesto, lo sabía. Siempre hay bastantes críticos estériles en busca de un trozo de torta rancia que puedan envolver en un nombre distinguido y venderlo a la turba de esnobs que infestan las sociedades semiliterarias.

Carta a Carl Brandt,
27 de diciembre de 1951.

Tuvimos una Navidad miserable, gracias. La cocinera se enfermó, y el pavo no fue cocinado, y mi esposa está en cama o postrada la mayor parte del tiempo, tratando de sacarse de encima una bronquitis obstinada. Swanie me envió una corbata para Navidad. Está toda cubierta de Sherlock Holmeses y huellas de sangre. Ojalá los agentes de Hollywood no sintieran la necesidad de enviarle regalos de Navidad a sus clientes, especialmente si los regalos son un registro tan exacto de la cuenta de ese cliente. Un escritor que escaló hasta llegar a un reloj de pulsera, y después desciende a una corbata, sabe cuánto vale... Usaré la cosa para asistir a la autopsia de un peón de cosecha de Ozark.

Carta a William Townend,
conocido de Chandler del colegio Dulwich, y escritor de
libros de aventuras, 3 de enero de 1952.

Probablemente su editor tiene razón al pedirle que abrevie su libro. Pienso que todos nos ponemos un poco más elocuentes al envejecer. Tenemos la memoria tan atestada de experiencias y emociones que todas nuestras percepciones están sobrecargadas por una pátina de recuerdo. Perdemos interés en la trama, que en su mayor parte es cosa de niños, y olvidamos que el público no se interesa en casi nada más... Cien mil palabras ya me parecen demasiado; ochenta mil debería ser el límite. Sólo un escritor muy rico, rico en estilo e ilusión, debería ir más allá de las ochenta mil palabras... No se podría acortar a Proust o a Henry James, por ejemplo, porque las cosas que uno tendería a cortar serían las que los hacen dignos de leer.

Townend había sido amigo de P. G. Woodehouse en Dulwich, y se había mantenido en contacto con él desde entonces; Woodehouse, que había dejado Dulwich el año anterior a la llegada de Chandler, vivía la mayor parte del año en Nueva York, y tenía problemas con las autoridades británicas por sus actividades durante la guerra; siendo prisionero en Alemania, había hecho cinco programas de radio para ellos.

Estoy de acuerdo en que es perfectamente absurdo que Woodehouse no pueda volver a Inglaterra... Mucha gente tanto en Inglaterra como en los Estados Unidos está empezando a pensar que los Juicios por Crímenes de Guerra fueron un grave error, aun sin considerar si las personas juzgadas merecían la horca, que por supuesto era el caso de la mayoría... Aun si el gobierno de Hitler fue perverso, fue de todos modos un gobierno legalmente constituido en su país, y lo reconocimos como tal. Pero ahora en estos juicios decimos que los generales que habían jurado lealtad a su gobierno no tenían el derecho a cumplir un juramento de lealtad. Además, los juicios fueron en los hechos cortes marciales de los vencedores. Un general norteamericano que relataba en el *Saturday Evening Post* la batalla del Bulge contaba cómo después de que un grupo de prisioneros norteamericanos hubo sido asesinado a sangre fría por los tanquistas alemanes, varias unidades norteamericanas fueron llevadas a contemplar los cadáveres tendidos en el campo. Llegaba a decir que a partir de entonces nosotros, esto es los norteamericanos, tomábamos los dos prisioneros diarios requeridos por Inteligencia, y no más. Es otro modo de decir que matábamos a todo alemán que tratara de rendirse... Los atacantes en combate suelen matar prisioneros, o más bien hombres que tratan de entregarse como prisioneros, por el simple motivo de que no pueden dejarlos atrás de sus líneas, y no tienen modo de hacerse cargo de ellos.

Carta a S. J. Perelman,
9 de enero de 1952.

Supongo que usted ha perdido interés en Rancho Santa Fe, lo mismo que yo, aunque más no sea porque los vecinos, en su esfuerzo por impedir que el lugar se recargue de comodidades, han ido tan lejos en la otra dirección que hay sólo un local de alimentos, y no llega a ser un negocio, no hay farmacia, ni cine... Y los técnicos esenciales, como plomeros, electricistas y carpinteros son probablemente tan escasos que la aristocrática altivez de sus modales debe de resultar más insoportable que lo habitual… Sí creo que Rancho Santa Fe sería un sitio ideal en el que criar hijos, aunque no considero a ésta como una de las ocupaciones esenciales de la vida. En cuanto a la Florida, debe de haber algunos sitios atractivos en ella pero evidentemente no son los que usted visitó. ¿Por qué su esposa siente tanta aversión por Hollywood? Después de todo, hay mucha gente agradable en Hollywood, mucha más que en La Jolla. El negocio del cine puede ser un poco cansador a veces, pero no creo que trabajar para la General Motors sea puro deleite.

Carta a Dale Warren,
11 de enero de 1952. *A Place in the Sun* era una adaptación
cinematogáfica de la novela *Una tragedia americana* de
Theodore Dreiser, protagonizada por Elizabeth Taylor y
Montgomery Clift.

Anoche, seducidos por los críticos y la publicidad, aunque yo debería saber cómo son las cosas, fuimos a ver *A Place in the Sun*. Esta mañana, mirando el número aniversario de *Variety*, veo que está entre las ocho películas más taquilleras de 1951, tres millones y medio de ingresos en el país, cifra muy alta para los tiempos que corren. Así que por una vez los críticos de Nueva York y el público han coincidido. Mi cuñada, a la que le gusta prácticamente toda clase de películas salvo las cómicas, la odió. Y yo la desprecié. Nunca se verá tanta vulgar autoimportancia falsificada como en esta película. Y mencionarla en la misma frase que *A Streetcar Named Desire* me parece un insulto. *Streetcar* no es de ningún modo una película perfecta, pero tiene mucha garra, una tremenda actuación de Marlon Brando, y una actuación hábil aunque por momentos cansadora de la señora Vivien Leigh. Le llega a uno, mientras que *A Place in the Sun* nunca, ni por un solo momento, toca las emociones del espectador. Todo se hace demasiado largo; cada escena es orde-

216

ñada implacablemente. Me cansé de los primeros planos con ojos llenos de estrellas de Elizabeth Taylor, me cansé tanto que podría haber vomitado. Todo está subrayado en exceso. Y el retrato de cómo piensan las clases bajas que viven las clases altas es casi tan ridículo como podía imaginarse. Deberían haberlo llamado "Yates para el desayuno". Y, por Dios, esa escena al final cuando la chica lo visita en su celda de condenado, unas horas antes de que lo frían. ¡Dios mío, Dios mío! Todo está hermosamente hecho desde el punto de vista técnico, y hiede a cálculo y a chantaje emocional. La película la hizo un tipo que lo ha visto todo y nunca ha tenido una idea creativa propia. No una sino dos veces en la película usa el gran truco que usó Chaplin en *Monsieur Verdoux*, donde en lugar de una disolución para cerrar una secuencia, enfoca una ventana y ve la oscuridad volverse luz. Pero esta farsa irreal recauda tres millones y medio y *Monsieur Verdoux* fue un fracaso. ¡Dios mío, Dios mío! Y déjeme decirlo una vez más. ¡Dios mío!

No sorprende que la gente en Hollywood se vuelva loca tratando de adivinar qué le gusta al público. *Variety* hace la lista de ciento treinta y una películas que recaudaron más de un millón de dólares, y la lista dice algunas cosas, pero no muchas. Una película espectacular traerá grandes taquillas, pero cuesta tanto que se hace dudoso si realmente es negocio. Un gran éxito teatral en Hollywood dará mucha más ganancia, porque cuesta mucho menos. El público irá a ver a estrellas como Spencer Tracy, Humphrey Bogart y James Stewart en películas que no están a su nivel. El público irá a ver películas cómicas, aun si no son graciosas. Irá a ver películas de guerra, lo que es más bien extraño. Y entre las así llamadas películas de prestigio, es obvio que ni el público ni los críticos pueden distinguir el artículo genuino del falso. Había sólo media docena de melodramas, por lo que entiendo melodrama sin mensaje social, y algunos muy buenos ni siquiera recuperaron los costos de producción.

Carta al editor de la revista *Sequence,*

sin fecha.

Odio ver que la revista cierre. Hay tan poca escritura inteligente sobre películas, tan pocas que caminen con delicadeza y seguridad entre el estilo vanguardista, que es en gran medida un reflejo de neurosis, y lo mortalmente comercial. Pienso que han sido un poco demasiado duros, a veces, con películas inglesas, que aun cuando no son de primera dan la sensación de hallarse en un mundo civilizado, cosa que el producto de Hollywood no alcanza a lograr como regla general. Aun si hubieran sido menos inteligentes, lamentaría verlos irse. *Sight and Sound* está muy bien, por el momento. Supongo que es subsidiada, y todo lo subsidiado cede, y todo lo que cede termina siendo negativo.

Carta a Bernice Baumgarten,

14 de mayo de 1952.

Le estoy enviando hoy, probablemente por expreso aéreo, un borrador de una novela que he titulado *El largo adiós.* Tiene noventa y dos mil palabras. Me agradearía recibir sus comentarios y objeciones y todo lo demás. Yo no la he leído siquiera, salvo para hacer unas pocas correcciones y controlar algunos detalles por los que me preguntó mi secretaria. Así que no le envío ninguna opinión sobre el opus. Quizás usted lo encuentre lento.

Hace tiempo me he persuadido de que lo que hace aburridas a las novelas policiales, al menos en un plano literario, es que los personajes se extravían cuando ha transcurrido un tercio. A menudo la apertura, la puesta en escena, el establecimiento del trasfondo, es muy bueno. Pero después la trama se espesa, y los personajes se vuelven meros nombres. Bueno, ¿qué puede hacerse para evitarlo? Se puede escribir acción constante, y eso está muy bien si uno lo disfruta. Pero lamentablemente uno madura, uno se vuelve complicado e inseguro, uno se interesa en los dilemas morales más que en quién le rompió a quién la cabeza. Y en ese punto uno debería retirarse y dejarles el campo abierto a hombres más jóvenes y más simples.

Sea como sea, escribí esto como quería escribirlo, porque ahora puedo hacerlo. No me importó si el misterio era bastante obvio, pero me preocupé por la gente, por este extraño mundo corrupto en el que vivimos, y cómo cualquier hombre que trata de ser honesto al final parece sentimental o directamente idiota. Basta de eso. Hay razones más prácticas. Uno escribe en un estilo que ha sido imitado, hasta plagiado, al punto que uno empieza a parecer un imitador de sus imitadores. Así que uno tiene que ir donde ellos no puedan seguirlo…

Carta a Jamie Hamilton,
21 de mayo de 1952. LS es la novela *La hermana menor*.

El libro es un poco más largo que LS pero creo que no me importa. No estaba tratando de ganar velocidad. Estoy cansado del suspenso, de la lectura en-el-borde-de-la-silla, y actualmente prefiero con mucho la lectura acostado-en-un-sofá-cómodo-con-pipa. Agregue un trago frío si puede permitírselo. Sea como sea, ya me saqué el libro de encima, y al diablo con él. ¡Qué enorme vacío hay alrededor del feroz pequeño fuego de la creación!

Carta a Charles Morton,
29 de mayo de 1952.

En el mejor de los casos, y sólo en el mejor, el producto de Hollywood es intocable; esto es, tiene un ritmo, un impacto, una dureza innata, y una falta de jugueteos de cámara e iluminación que sólo muy de vez en cuando una película extranjera, incluyendo las inglesas, pueden igualar o pretender igualar, y generalmente al costo de una historia desorganizada, una cantidad de datos irrelevantes y demasiados toquecitos relamidos de caracterización.

Baumgarten leyó el manuscrito de El largo adiós *y le escribió a Chandler diciendo que estaba preocupada porque Philip Marlowe se había vuelto "demasiado Cristo y sentimental". Chandler la despidió a vuelta de correo y nunca volvió a tener contacto con ella.*

Carta a Bernice Baumgarten,
20 de julio de 1952.

Gracias por su nota, pero no veo motivo por el que usted deba disculparse, ni siquiera por cortesía, por decir lo que pensaba. No sirvo para remiendos o revisiones. Pierdo interés, pierdo perspectiva, y el poco o mucho sentido crítico que tengo se disipa en trivialidades como decidir si sería mejor poner "dijo" o dejar el parlamento solo.

El tipo de escritura que yo practico exige cierta cantidad de impulso y ánimo (la palabra es "nervio", una cualidad que falta en la escritura moderna) y usted no puede saber la amarga lucha que libré durante el año pasado sólo para lograr la alegría necesaria para vivir, y no me quedó nada para usarla en un libro. Así que digámoslo claramente: no la puse en el libro. No tenía nada que dar.

Carta a James Sandoe,
11 de agosto de 1952.

No sé qué siente usted, pero yo preferiría que Hollywood dejara de buscar temas importantes, porque cuando el arte toca un punto importante, esa importancia es siempre un subproducto marginal, y más o menos involuntario de parte del autor.

Chandler y Cissy visitaron Inglaterra en 1952, viajando en barco vía el Canal de Panamá, por el miedo a volar de Cissy.

Carta a Paul Brooks,
28 de septiembre de 1952.

Hoy es un domingo inglés, y lo bastante sombrío para un cruce de la Estigia. Yo creía que Inglaterra estaba en quiebra, pero la ciudad está atestada de Rolls Royces, Bentleys, Daimlers y rubias caras.

Nunca creí que fuera a darme náuseas la visión de una codorniz asándose, o una perdiz, pero le juro que así es.

A mi regreso el 7 de octubre, vía *Mauritania*, estaré unos días en Hampshire House y pasaré a saludarlo, si está disponible. El libro (visto en perspectiva desde aquí) está bien. Aquí sufrió unos pocos cambios. Bernice es una idiota (espero).

En Inglaterra soy un escritor. En los EE UU soy sólo un autor de novelas policiales. No puedo explicarlo. Dios es testigo de que no hago nada por ser una cosa o la otra. He conocido a:

1) Un profesor de Oxford que escribe malos westerns bajo seudónimo.
2) Una secretaria que almuerza pan con manteca y gin puro.
3) Un valet que entra sin llamar mientras mi esposa se está bañanado.
4) Un editor que hace los peores martinis del mundo.
   Etcétera.

De vuelta en La Jolla, Chandler cambió el final de *El largo adiós*, e hizo algunos cortes. Entre los pasajes suprimidos se contaban los siguientes:

Me aparté de ellos y salí por la puerta del frente y crucé el césped hasta la hilera de arbustos por dentro de la verja. Respiré unas bocanadas de aire. Era un buen aire fresco, tranquilo y reconfortante, y por un momomento no quise saber nada de la raza humana. Unas pocas bocanadas de aire limpio que no hubiera respirado ningún mentiroso o criminal. Era todo lo que quería.

Estaba muerta ahora, y podía tomarla por lo que me había parecido la primera vez que la vi, y lo que hizo y por qué lo hizo podía dejárselo a los solemnes idiotas que lo explican todo y lo saben todo.

Son los tipos caídos los que hacen la historia. La historia es su réquiem.

—Soy una mujer cansada y desengañada. No soy un premio para nadie. Necesito alguien que sea bueno conmigo.

—No necesitas a nadie que sea bueno contigo. Toda la honestidad, y buena parte de las agallas, las tienes tú. Puedes mandar al infierno a todo el mundo, incluido yo.

—Creo que ya has estado allí.

Carta a J. Francis,
un librero de Londres, que Chandler había conocido, 30 de octubre de 1952

Me parece recordar que Edmund Wilson se enojó con Maugham porque Maugham afirmó que los escritores de novelas corrientes han olvidado en buena medida cómo contar una historia.

Odio estar de acuerdo con una persona de tan mal carácter y tan malos modales como Edmund Wilson, pero pienso que tiene razón en este punto. No creo que la cualidad en la novela policial que atrae a los lectores tenga mucho que ver con la historia que tiene que contarnos un determinado libro. Pienso que lo que atrae a los lectores es cierta tensión emocional que lo saca a uno de sí mismo sin agotarlo demasiado. Esos libros nos permiten vivir peligrosamente sin ningún peligro real. Son algo así como aquellas complicadas máquinas que se usaban, y probablemente se siguen usando, para acostumbrar a los estudiantes de piloto a la sensación de las acrobacias aéreas. Se puede hacer cualquier maniobra en esos aparatos sin correr el menor peligro.

Carta a Jamie Hamilton,
5 de noviembre de 1952. La "mala suerte" de Cissy había sido caerse al bajar de un taxi, en Londres, y lastimarse la pierna.

Bueno, Jamie, digamos toda la verdad. Adoramos Londres, y lo pasamos hermosamente allí. Los pocos inconvenientes que pudimos sufrir se debieron todos a nuestra inexperiencia, y las probabilidades estaban en contra de que sucedieran, y probablemente no volverán a suceder. Toda su gente fue maravillosa conmigo. Fue realmente conmovedor en extremo. No estoy acostumbrado a que me traten con tanta consideración. Hay cosas que lamento, como haber perdido varios días por mi vacunación, como no haber ido a ninguna de las galerías de arte, como haber visto una sola pieza teatral, y bastante floja, como no haber cenado en su casa. Pasé demasiado tiempo hablando sobre mí mismo, cosa que no me produce placer, y demasiado poco tiempo escuchando a otra gente hablar de sí, cosa que sí disfruto. Lamenté no ver algo de la campiña inglesa. Pero en general hubo muchísimas cosas que no me perdí, y todas buenas. Y por ellas hay que agradecerle a usted por encima de todos los demás. Volveré a escribirle pronto. Mientras tanto, mi mejor cariño para usted y para Yvonne, y eso va de parte de Cissy también. Pienso que el viaje le hizo mucho bien a Cissy. Tuvo mala suerte, pero psicológicamente esto la elevó al infinito…

La generación actual de ingleses me impresionó muy bien. Hay un toque de agresividad en las clases trabajadoras y en los que no fueron a escuelas caras, que pienso que es algo nuevo y que personalmente no encuentro para nada desagradable, ya que es más notorio aún en este país. Y los verdaderos tipos de escuelas caras, o muchos de ellos, con sus gorjeos de pájaro, se están volviendo un poco ridículos, me pareció. Le aseguro que la comida inglesa es bastante horrenda. Por ejemplo, en el Café Royal pedimos costillas de cerdo, pues al parecer el cerdo es la única carne fresca no racionada. Las costillas de cerdo no son especialmente difíciles de cocinar. Hasta yo puedo cocinarlas. Se asan en su propia grasa, lo que les da todo lo que necesitan salvo sal y pimienta. Pero estas costillas de cerdo estaban mal cocinadas y les habían agregado una especie de salsa, que no añadía nada a su sabor y probablemente les quitaba el poco que les había quedado. Es una especie de imitación bastarda de la cocina francesa, con su complicación pero sin su habilidad o gracia.

De toda la gente que conocimos en Londres, creo que el que más nos gustó fue Roger Machell, un director de Jamie Hamilton, un personaje alegre, regordete, despreocupado, con un gran sentido del humor y la clase de buenos modales naturales que es raro encontrar salvo en un aristócrata genuino. Este hombre estudió en Eton, cosa que por supuesto no es decisiva. Es sobrino bisnieto de la reina Victoria, nieto del príncipe Hohenlohe, y su madre, Lady No Sé Qué Machell, vive en el palacio de St. James. Fue malherido en la guerra, e hizo una broma al respecto. Parecía pensar que era característico que lo hubieran herido mientras telefoneaba a Londres desde un café francés. Entró una bomba y le proyectó un trozo de pared al pecho. Estuvo a punto de morir, pero no parece haber quedado con secuelas. Dijo que consiguió una comisión como mayor en un regimiento de guardias, pero no sabe cómo, probablemente pura suerte, o alguien cometió un grave error. Cuando se reportó una mañana a las barracas de Londres en uniforme, los encontró en el acto de cambio de guardia. Dijo que no sabía si se esperaba de él que saludara a la guardia, o si la guardia debía saludarlo a él, así que se quedó en el auto afuera hasta que todo terminó. Tiene el estilo humorístico y autodeprecatorio que por mera magia de la personalidad nunca es excesivo o artificial. Vive con elegancia en cuartos del Old Albany, conduce un auto viejo, prepara unos martinis perfectamente horrendos en una jarra de agua de dos cuartos (dos tragos de ésos lo dejan a uno fuera de juego por una semana) y nos llevó a dar un maravilloso paseo por Londres, incluyendo el distrito bombardeado en el East End, haciendo todo el tiempo comentarios como "Bueno, demos la vuelta y echemos un vistazo a la Torre, suponiendo que yo pueda encontrarla", y "Por allá esta San Pablo o algo por el estilo". Nos hizo reír todo el tiempo, aunque no es de ningún modo un cómico intencional. Yo afirmo que un hombre que pueda hacer esto y hacerlo con perfecta naturalidad tiene algo de genio.

Carta a Jamie Hamilton,
7 de diciembre de 1952.

Una palabra nada más para ponerlo al tanto del estado de cosas en la hermosa La Jolla, que no ha sido hermosa para mí últimamente. Cissy volvió del hospital ayer. Tuvo un bloqueo intestinal, probablemente una larga y lenta acumulación y resultado del efecto constipador de ciertos medicamentos que le recetaron

225

para la tos. Fue eliminado sin operación, pero no sin dolor. Cissy está en cama y anoche la atendió una enfermera, de la que quizá podamos prescindir esta noche.

Como sea, la vida ha sido un infierno y no he hecho nada en términos de trabajo. De hecho, terminé tan completamente agotado que tuve que ir yo también al médico, que descubrió que estoy anémico y que sufro de desnutrición... Yo sabía que había perdido el interés en la comida pero no sabía que se podía llegar a la desnutrición tan rápido.

Carta a H. F. Hose,
6 de enero de 1953.

Nuestro viaje a Inglaterra fue todo un éxito. En el pueblo inglés hay una decencia fundamental, y una suerte de sentimiento natural de los buenos modales que yo encuentro muy atractivo. Los ingleses mismos parecen pensar que sus modales se han deteriorado, pero aun así siguen siendo mucho mejores que en cualquier otra parte del mundo. Los norteamericanos pueden ser muy amables también, especialmente cuando están tratando de venderle algo.

Carta a James Sandoe,
4 de febrero de 1953.

El único detective privado que conocí personalmente lo trajo a mi casa una noche un abogado amigo mío. Fue detective de la policía de San Diego durante diecisiete años. La mayor parte de su trabajo consiste en conseguirles información a abogados, localizar testigos, etcétera. Me impresionó como un individuo pedante y no demasiado escrupuloso. El detective privado de la ficción es pura fantasía, y así debe ser. En California el detective privado tiene licencia para investigar y para nada más. La licencia se la otorga la misma autoridad que otorga licencias para salones de belleza. La matrícula, que le cuesta cincuenta dólares, no tiene otro propósito que proteger a los clientes contra los timos.

Carta a H. N. Swanson,
14 de marzo de 1953.

¿Ha leído alguna vez eso que llaman Ciencia Ficción? Es un escándalo. Está escrito así: "Me reporté a K19 en Adabaran III, y salí por la escotilla de crummaliote de mi Sirus Modelo 22 de capota rigida. Pasé el eyector temporal a modo secundario y avancé por la hierba manda azul brillante. Mi aliento se congelaba en pretzels rosados. Sacudí las barras calóricas y los Bryllis corrieron velozmente sobre sus cinco patas usando las otras dos para lanzar vibraciones de crylon. La presión era casi insoportable, pero controlé el espectro en mi computadora de mano mediante los cysicites transparentes. Pulsé el gatillo. El hielo difundía un delgado resplandor violeta sobre el fondo de las montañas color herrumbre. Los Bryllis se encogieron a media pulgada de largo y me precipité sobre ellos con el poltex. Pero no bastó. El fulgor súbito me hizo tambalear y la Cuarta Luna ya había aparecido. Tenía exactamente cuatro segundos para calentar el desintegrador, y Google me había dicho que con eso no alcanzaba. Tenía razón".

¿Y pagan por esa basura?

Carta a Roger Machell,
15 de marzo de 1953. Machell le había enviado a Chandler
un ejemplar de una entrevista publicada en *John
O'London's Weekly*.

Esto será horrible, porque estoy dactilografiando la carta yo mismo, y en una Corona. El domingo nadie trabaja salvo Chandler, y a Chandler se le quiebra el corazón siete días por semana y sin música de fondo. El tipo dice que soy pequeño. ¿Cuál es su norma? Nunca he pesado menos de sesenta y cinco kilos. ¿Eso es pequeño en Inglaterra? Con frecuencia he estado cerca de los setenta kilos. Vestido para salir me faltan dos centímetros para llegar al metro ochenta de alto. Mi nariz no es afilada sino roma, resultado de tratar de taclear a un hombre en el momento en que le daba un puntapié a la pelota. Para ser una nariz inglesa, difícilmente se la podría llamar prominente. ¿Cabello enrulado como lana de oveja? Disparate. Es lacio. ¿Camina con una inclinación hacia adelante? Chandler entró trotando alegremente en el bar, consumió velozmente tres destornilladores dobles y cayó sobre el hocico, su cabello de lana de acero curvándose graciosamente sobre el dibujo de la alfombra. No me extraña que este sujeto Forster me haya calificado de observador. Para él, alguien que observe cuántas paredes tiene el cuarto será observador.

Memo a Juanita Messick,
1953

Es puro palabrerío, lo de la parrilla que se precalienta. ¿Por qué? La parrilla se calienta muy rápido mientras cocina. La carne le salpica grasa encima. La carne tiene que ser dada vuelta y en consecuencia no queda siempre en el mismo lugar. ¡Cuánta mentira se usa para vender! Por ejemplo en la publicidad de cigarrillos. Cada marca favorita es más suave y menos irritante que la otra. El cigarrillo ideal no tiene gusto a nada. ¿Por qué fumar entonces? Lo que necesitamos para asar es una chuleta que no salpique, una chuleta que no contenga grasa ni ningún otro ingrediente ofensivo, y de paso, que no tenga sabor. Lo que necesitamos es una chuleta sin carne para ser asada en un asador sin calor en un horno inexistente y para ser comida por un fantasma sin dientes.

Carta a Alan K. Campbell,
director de la Escuela de Verano de Harvard, 22 de abril de 1953.

Respondo a su amable carta del 1º de abril invitándome a decir algo en un congreso de la Escuela de Verano de Harvard. Naturalmente, estoy agradecido y halagado de que haya pensado en mí, y lamento que por razones sobre todo personales no pueda estar en Boston en agosto. Digo razones personales sobre todo, y estas razones son imperiosas. Pero no digo que se deba enteramente a ellas, dado que no está dentro de mi esquema de vida, y no veo cómo podría llegar a estar nunca, subir a un estrado y hablarle a alguien sobre algo. Quizás estoy tratando de hacer una virtud de la timidez. Espero que no sea enteramente así, pero puede ser. No soy un conferencista ni tengo ninguna cualidad para serlo. Lo lamento. Después, sería muy satisfactorio dejar caer como una gota en las aguas calmas de la atención respetuosa la frase: "Saben, di una conferencia en Harvard el verano pasado. Fue divertido". Gracias otra vez.

Carta a Jamie Hamilton,
11 de mayo de 1953.

Acabo de leer un libro que publicó usted, *Ring and Come In*, de Miriam Bougenicht. Estoy cansándome bastante de las historias de suspenso de mujeres neuróticas y su atmósfera de psiquiatría mal asimilada. Es uno de esos libros en los que cada línea de acción, o cada línea de diálogo inmediatamente tiene que ser seguida por un párrafo de análisis, explicación, monólogo interior o como lo llame, así que a la mitad del libro uno empieza a saltearse eso.

Dos cosas que me molestaron en *The Journal of Eugene Delacroix*: una es el papel de India, que por supuesto me gusta mucho en algunos sentidos, pero cuando el canto de las páginas está pintado las hace tan difíciles de volver; la otra es leer un libro tan bueno como éste en inglés cuando podría haberlo leído en francés. Supongo que ésta es una traducción excelente, pero el estilo parece un poco pesado en comparación con el francés. Tome una frase al azar. Tome la segunda del libro: "Mi deseo más agudo es recordar que estoy escribiendo sólo para mí". Qué pesada barra de sebo, comparado con la liviandad y facilidad del francés, la disposición casual de las palabras, etcétera. Al diablo con la traducción de todos modos. La necesitamos porque hay tantos idiomas que no conocemos, pero nunca son la cosa real, ni siquiera la mejor.

En cuanto a mis propios esfuerzos, yo diría que ya he hecho unos cuatro quintos del total. Está casi completamente reescrito por causa de mi lamentable incapacidad de corregir nada salvo cambiando una palabra aquí o allá. Si no está bien, siempre tengo que empezar todo de nuevo y reescribirlo. Me parece más fácil; sé que no es más fácil, sólo me parece más fácil. De vez en cuando me quedo trabado en un capítulo, y me pregunto por qué. Pero siempre hay un motivo, y tengo que esperar a entender cuál es el motivo.

Carta a Jamie Hamilton,
26 de mayo de 1953.

Algunos títulos, no muchos, tienen una magia particular que se graba en la memoria. Todos querríamos tener títulos así para lo que hacemos, pero no se nos ocurren con mucha frecuencia, y por cierto que no se nos ocurren porque tratemos. Títulos como *Red Shoes Run Faster, Death in the Afternoon, The Beautiful and Damned, Journey's End, Lost Horizon, Point of No Return*, etcétera.

Ya no estoy con Brandt & Brandt, y en cierto modo lamento haberme dejado convencer de dejarlo a usted, aunque comprendo que yo no era un gran activo financiero para su editorial. Pero lo hice, y no se puede seguir saltando de editor en editor… Estoy un poco cansado de la violencia en el negocio. Espero haber madurado, pero quizá solo me he cansado y ablandado, aunque estoy seguro de que no me he endulzado. Después de todo, tengo un cincuenta por ciento de sangre irlandesa.

Uno de los problemas extraños de nuestra época es el delincuente juvenil. En los barrios más exclusivos aparecen bandas de jóvenes maleantes. La ciudad de Atlanta, Georgia, tuvo una ola de robos y vandalismo y se localizó a los culpables en los retoños de algunas de las familias más ricas de la ciudad. Nuestra secundaria local tiene un Club de Ladrones al que pertenecen los hijos de las mejores familias. Las guerras tuvieron mucho que ver con esto, sin duda, pero igual habría sucedido, en gran parte. No hay disciplina en las escuelas porque no hay modo de ponerla en práctica. Y en las casas los padres discuten con sus hijos, no les dan órdenes. Si yo tuviera hijos, y gracias a Dios nunca los tuve, los mandaría a estudiar al extranjero. Las escuelas norteamericanas están podridas, especialmente en California. Si su hijo no se comporta, puede probar con una escuela militar donde se le enseñará a comportarse (o lo expulsarán), pero no aprenderá ninguna otra cosa. Puede mandarlo a una de las escuelas esnobs de Nueva Inglaterra, como Groton, si puede permitírselo, pero salvo que uno sea realmente rico, no siempre es lo más aconsejable. Hará amistad con chicos que tendrán Jaguars y Rileys y demasiado dinero en los bolsillos, y se sentirá inferior. O bien puede mandarlo a una escuela jesuita, sin fijarse en la religión. Las escuelas públicas son basura. Casi lo único que aprenden es el arte cada vez más simple de la seducción. Uno de los sobrinos de mi esposa se graduó en la secundaria con el equipamiento mental de cuarto grado, digamos de los malos alumnos de cuarto grado. Pero le fue muy bien en la vida. No podría haber entrado en una universidad estadual, mucho menos en una como Stanford o Pomona, pero hizo frente a la cuestión de ganarse la vida sin ningún problema. Encuentro curiosa esa situación, y muy norteamericana. Hizo catorce meses en Corea sin que le quedaran ni rastros de toda esa tontería del ex combatiente, se casó y es muy escrupuloso con el dinero.

Carta al autor de novelas policiales James M. Fox,
enero de 1954. El "s.o.b." es J. Edgar Hoover.

Todas las policías secretas tienen el mismo fin. Apuesto a que el s.o.b. tiene un fichero de todo lo que podría hacerle daño a él. El FBI arroja tal cortina de humo que hace olvidar al público todos los casos que no resolvieron… Prácticamente todas las policías secretas son en lo fundamental bastante estúpidas porque les resulta demasiado fácil justificarse. No me refiero tanto a los agentes de campo como a los empleados de escritorio.

Carta a Jamie Hamilton,
16 de enero de 1954.

Los Angeles ya no tiene nada para mí. Es sólo cuestión de tiempo hasta que un gentil tenga que usar una banda en el brazo. La novela en la que estoy trabajando está ambientada en La Jolla y será mucho más corta y más liviana que *The Long Goodbye*. Pero estoy harto de California… Hay cosas que amo en la escritura, pero es una profesión solitaria e ingrata, y personalmente habría preferido ser abogado, o inclusive actor.

Carta a James M. Fox,
5 de febrero de 1954.

El noventa por ciento de las novelas policiales están escritas por gente que no sabe escribir.

Carta a James M. Fox,
16 de febrero de 1954. Fox le había escrito para felicitar a
Chandler por *El largo adiós*.

En cuanto a que el final o desenlace no sea una sorpresa, ¿qué final tiene a su disposición alguien del oficio?… Muchas veces, por diversión, miro el final y después me divierto viendo cómo el autor trata de disimular las huellas. Y un final sorpresivo no es bueno si uno no se lo cree. Si el lector no piensa que *debería* haberlo sabido, se han burlado de él. La típica policial es como esa cosa en *Studio One* anoche. Se presenta un sospechoso obvio, y uno lo elimina inmediatamente por esa misma obviedad. Un viejo en una silla de ruedas puede ponerse de pie para servirse un trago del bar. Otra señal de alarma. La vieja casera es evidentemente sólo lo que pretende ser. La joven hermana está enamorada del médico que resolverá el misterio. ¿Quién queda? La hermana que envenenó la pluma de las lapiceras. Así que la culpable es ella. ¿Qué motivo tenía? Ninguno que tenga sentido. Así que lo hizo sin saber lo que hacía. En ese punto ya no me importa nada.

Carta a Paul Brooks,

1º de marzo de 1954. Chandler se refiere a la cubierta norteamericana de *El largo adiós*.

Algún día, alguien debería explicarme la teoría en que se sostiene el diseño de las tapas. Supongo que la idea es captar la mirada sin ofrecerle ningún problema complicado a la mente. Pero presentan problemas de simbolismo que para mí son profundos. ¿Por qué hay sangre en el pequeño ídolo? ¿Qué significa el cabello? ¿Por qué el iris del ojo es verde? No responda. Lo más probable es que usted tampoco lo sepa.

Carta a Hardwick Moseley,

gerente de ventas del editor de Chandler, 23 de marzo de 1954.

Estoy cansado como un perro, gracias, con una de esas miserables infecciones que han inventado los médicos para cubrir su ignorancia… Por primera vez en mi vida fui reseñado como Novelista en el *Sunday Times* de Londres. Fui discutido en la BBC por un grupo de autotitulados intelectuales, de cuya discapacidad da la medida la cantidad de sopa que se han volcado en las chaquetas durante sus vidas. ¿Pero aquí? El *New York Times*, que seguramente sabe lo que hace, como tiene que saberlo cualquier diario, dos veces ha dado libros míos a reseñar a escritores de policiales que venían esperando durante años la oportunidad de apuñalarme, porque yo he ridiculizado la clase de cosas que ellos escriben.

Carta a Roger Machell,

24 de marzo de 1954.

Hay muchas cosas que responder en su buena carta, pero antes de pasar a eso, dos o tres cosas que temo olvidar. 1. Por amor de Dios, ahórreles a sus empleados la angustia y el gasto de enviarme ocho ejemplares de las traducciones al finlandés. Cuatro serían más que suficientes. Hacen un buen trabajo allá, pero, ¡cielos, qué idioma! Todo está al revés. Una vez tuve la esperanza de llegar a ser un filólogo comparatista (seguramente fue sólo una fantasía de chico) y chapurreaba en jergas tan extrañas como el griego moderno (es un idioma degradado: parece griego, pero sin la riqueza y la variedad, sin la sutileza, sin el encanto), armenio, húngaro, además de las más simples y obvias lenguas romances y el grupo germánico. Dormía con un esquema de los doscientos catorce ideogramas clave del chino mandarín pegado en la pared a la cabecera de la cama en la Pension Marjollet, 27 Boulevard St. Michel, *au cinquième*. Pero el finlandés es peor que el turco...

Machell y Chandler intercambiaban ideas sobre el ascenso de las grandes corporaciones.

Lo que importa es, y a partir de ahora será siempre, que más allá de cierto tamaño y poder la gran corporación es más tiránica que el Estado, más inescrupulosa, menos sujeta a cualquier tipo de inspección, y que al final destruye lo mismo que se supone que representa, es decir la libre competencia. Puede ser benigna, encantadora, amistosa y llena de caridad... cuando ha ganado la batalla. No es tan ruda como el Gran Hermano porque es demasiado inteligente para pensar que el miedo pueda volver creativo al hombre; no puede, sólo puede hacerlo diligente. Técnicamente está sujeta al control estatal, pero eso no significa nada, porque vivimos en una economía de superproducción y si usted castiga a una gran corporación como Alcoa o las Du Pont o Standard Oil de Nueva Jersey, ellas pueden crear una grave situacion de desempleo de la noche a la mañana. Y, por supuesto, son las únicas organizaciones que pueden hacer investigación en gran escala no directamente relacionada con la seguridad nacional.

En cuanto a la televisión comercial, he aquí una pequeña historia verídica de la clase de atmósfera que pueden crear las grandes agencias de publicidad. Hace unos años la Compañía Pepsodent se hizo patrocinadora de la serie radial de Philip Marlowe, como reemplazo de verano. Su agencia era una gran firma que en ese momento también tenía la cuenta de los cigarrillos Chesterfield. El productor me contó la historia. Un gran ejecutivo de la agencia (un socio) visitó la oficina de Los Angeles por negocios, un caballero severo y elegante, inmaculado y gris, uno de esos personajes extraordinarios de nuestra época que parecen capaces de reconciliar riqueza, posición, vidas privadas intachables y modales perfectos, con una devoción idiota por la última marca de detergente o crema facial envenenadores de la piel (siempre que el fabricante sea cliente suyo, naturalmente). Este jerarca casualmente vio a un ejecutivo menor entrar en el edificio esa mañana fumando un cigarrillo Philip Morris. Lo detuvo y le dijo: "Observo, señor Jones, que no le agrada el producto de nuestro cliente". El señor Jones se ruborizó y miró el cigarrillo que tenía entre los dedos: "Oh, lo siento muchísimo, señor Black. Estaba un poco apurado estaba mañana y en lugar de mis propios Chesterfield, supongo que debo de haberme echado al bolsillo los cigarrillos de mi esposa". El señor Blank lo miró en silencio un largo momento, y después, mientras daba media vuelta, observó en tono helado: "Supongo que su esposa tendrá ingresos propios".

Sabe, esa clase de cosas me hace correr un frío por la espalda.

Mi capacidad alcohólica ha descendido a tres dobles, y aun después de eso me siento adormecido y estúpido. Recuerdo días mejores y más brillantes. Recuerdo haber estado tan embebido en whisky que me arrastraba hacia la cama sobre manos y rodillas y me despertaba cantando como una alondra a las siete de la mañana. Recuerdo reuniones con dos o tres amigos simpáticos donde dejábamos subir el nivel de alcohol hasta la coronilla, de la manera más agradable. Terminábamos haciendo acrobacias en los muebles y yendo a casa en auto a la luz de la luna, llenos de música y canciones, errándoles a los peatones por un delgado milímetro y riéndonos de buena gana de la idea de tratar de caminar sobre dos piernas.

Carta al editor de *The Third Degree*,
revista de escritores, abril de 1954.

La idea de que los admiradores que escriben cartas son psicópatas equivale a juzgar lo general por lo excepcional. Unos pocos lo son, por supuesto. Si recibo una carta (no ha sucedido últimamente) de una señora de Seattle que dice que le gusta la música y el sexo y prácticamente me invita a mudarme con ella, lo más seguro es no responder. Si recibo una carta de un chico pidiéndome una foto autografiada para colgar en su cuarto, lo ignoro también. Pero la gente inteligente escribe cartas inteligentes.

Carta a Harwick Moseley,
6 de mayo de 1954.

Soy estrictamente un bebedor de gin. El whisky irlandés es tolerable, pero el Scotch y el Rye y el Bourbon por algún motivo nunca me gustaron. En Oklahoma, cuando era un estado en el que estaba prohibido el alcohol (quizá todavía es así, no lo sé) tenían un whisky de maíz que era lo máximo. Lo vendía en botellas chatas un personaje grasiento pero honesto que sacaba unas catorce botellas de distintos bolsillos. El sabor era tan horrible que había que cargarlo de limón y ginger ale y azúcar y aun así lo más probable era que uno lo vomitara a chorros hasta que su sistema nervioso se paralizara lo suficiente como para matar los reflejos.

Carta a James M. Fox,

19 de mayo de 1954.

Últimamente me descubro con frecuencia hablando solo. Dicen que no es tan grave, mientras uno no se responda. Yo no sólo me respondo, sino que discuto y me enojo.

Carta a James Sandoe,

26 de mayo de 1954.

Usar con Shakespeare la reconstrucción histórica documentada es realmente una enorme broma. No hubo nunca un escritor al que le importara menos esa clase de corrección barata.

Carta a Jamie Hamilton,

15 de julio de 1954. *Pompadour* es de Nancy Mitford.

No sé si nosotros los norteamericanos… somos mentalmente más perezosos que ustedes los ingleses; yo pienso que sí, aunque no estoy seguro; pero pienso que sentimos más rencor por tener que hacer el trabajo pesado de interesarnos en algo, salvo que sepamos por anticipado que vale la pena el esfuerzo. Por ejemplo *The Go-Between* fue un libro altamente elogiado, pero yo lo empecé y lo abandoné y volví media docena de veces hasta adelantar lo suficiente como para que no me importara nada de nadie. Y aun así salteé bastante. Y nunca creí en la historia. Traté de ver el mundo a través de los ojos de este chico, pero yo también tuve doce años, y más o menos en la misma época, y directamente el mundo no me pareció así. De algún modo, para mí al libro le falta dimensión. O me falta a mí. Leí los artículos de Maugham en *The Sunday Times* en la medida en que llegaron aquí. Maugham habría escrito esa historia a la perfección, pero no la habría escrito a través de los ojos de un chico de doce años. Habría sabido muy bien que no es posible, y es demasiado inteligente para intentar lo imposible. A veces uno piensa que eso es una pena. Una carrera tan larga y distinguida merece al menos un magnífico fracaso.

Pompadour es una gran diversión. ¡Qué mujer, qué mundo, qué desperdicio! Pero el mundo en el que yo crecí es casi tan remoto como ése. Un mundo maravilloso si uno nacía exactamente en la familia que correspondía, un maldito mundo cruel, frío e hipócrita, en los demás casos. Aun así, al menos una parte de la población lo pasaba bien. Hoy nadie lo pasa bien salvo los delincuentes y los millonarios petroleros (puede haber cierta diferencia entre estas dos categorías, pero yo trabajé en el negocio petrolero durante casi diez años y puedo asegurar que la diferencia es muy imperceptible) y quizás algunos de los funcionarios mejor pagados, pero por lo general son demasiado estúpidos para saberlo. Qué extraño sentido de los valores tenemos. ¡Qué horribles esnobs somos! Mi abuela se refería a una de las mejores familias que conocíamos como "gente muy respetable" porque tenían dos hijos, cinco hijas de cabello dorado pero incasables, y ningún criado. Se veían obligados a la completa humillación de abrir ellos mismos la puerta del frente. El padre pintaba, cantaba con voz de tenor, construía hermosos modelos de barcos y navegaba en una pequeña balandra. Mi abuela era viuda de un procurador irlandés. Su hijo, muy rico más adelante, fue también procurador y tenía un ama de llaves llamada Miss Groome que lo despreciaba a sus espaldas porque no era abogado. La Iglesia, la Armada, el Ejército, la Ley. No había otra cosa. En las afueras de Waterford en un gran casa con jardines vivía una Miss Paul que ocasionalmente, muy ocasionalmente, invitaba a Miss Groome a tomar el té, en recuerdo de su padre que había sido canónigo. Miss Groome consideraba esto como el espaldarazo supremo porque la familia de Miss Paul pertenecía a la burocracia de funcionarios del condado. A Miss Paul esto no parecía importarle, pero seguramente hacía sentir muy inferior a Miss Groome.

El esnobismo inglés es algo extraño e intrigante. Yo era un pariente pobre y uno de mis primos tuvo un breve empleo como una especie de acompañante para una familia muy rica que vivía en un suburbio no muy lejano. Después, cuando yo tenía unos diecisiete años, creo, me invitaron a esa casa a jugar al tenis. Eran gente un tanto vulgar, salvo el padre. Muchos de los invitados eran muy jóvenes, chicos y chicas, todos con ropa cara, y varios bebieron demasiado. Yo no estaba vestido con ropa cara, pero lejos de sentirme inferior, comprendí de inmediato que esta gente no estaba al nivel de Dulwich, y sólo Dios sabe lo que habría pensado de ellos alguien de Eton o Rugby. Los chicos y chicas habían ido a escuelas privadas, pero no las correctas. Había algo casi imperceptible en sus acentos. Durante el curso de una tarde de cortesía bastante estudiada de mi parte el perro de la familia mordió mi sombrero de paja con la cinta de la escuela. Cuando me marchaba, el jefe de la familia, un hombre muy agradable que se dedicaba a los negocios en la City, insistió en pagar por mi sombrero. Rechacé fríamente su dinero, aunque en aquellos tiempos era muy común que los anfitriones le dieran algo a un escolar al final de una visita. Pero esto me pareció diferente. Era tomar dinero de un inferior social, cosa impensable. Pero eran gente amable y divertida y muy tolerante y probablemente mucho más digna de conocer que mi estúpida y arrogante abuela.

Carta a Dale Wareen,
10 de agosto de 1954.

Este país, mediante su enorme capacidad para la fabricación, ha llegado a una economía de superproducción que necesita un enorme desperdicio artificial de productos manufacturados. Tenemos esa clase de desperdicio en la guerra. En tiempo de paz hay que tratar de crearlo artificialmente mediante la publicidad.

Tengo la intuición de que hoy en día cualquier gobierno en cualquier autotitulada democracia, y siempre exceptuando al gran hombre que pueda aparecer, es apenas la decoración exterior de fuerzas oscuras y poderosas que motivan y determinan cada una de sus acciones, fuerzas a las que no entiende mejor de lo que las entiende el hombre de la calle.

Cuando le escriba a Roger tendré el placer de darle un detallado informe de mi dedo del pie, porque él, como víctima de la gota, tendrá probablemente alguna simpatía para mí. Aquí no encuentro nada de eso. Hace unos días estaba en el garaje donde había llevado el auto para una reparación, y como tenía quince minutos libres para conversar con el director asistente del garaje, pensé que podía ser una buena oportunidad para contarle sobre mi dedo del pie. Pero no alcancé a completar una sola frase. No bien comprendió hacia dónde me dirigía se lanzó en un largo y detallado relato de cómo se había dislocado el pulgar. Creo que las bases del accidente se remontaban a su infancia y a un momento en que él tenía cinco años, y a partir de ahí el detalle era copioso. Me despedí con muchas expresiones de simpatía y no creo que él supiera siquiera que yo me había quebrado un dedo del pie. Ha sido lo mismo en todas partes.

Si usted realmente quiere saber qué es lo que realmente me gustaría escribir, serían cuentos fantásticos, y no me refiero a la ciencia ficción. Una docena de argumentos me han estado dando vueltas por la cabeza desde hace muchos años, rogándome que los ponga en el papel. Pero con ellos no ganaría un centavo. Sería sólo un modo maravilloso de volverse un Autor Subestimado. Dios, qué fascinante documento podría escribirse sobre los Autores Subestimados… Está Aaron Klopstein. ¿Quién ha oído hablar de él? No creo que usted sea uno. Se suicidó a los treinta y tres años en Greenwich Village de un tiro de una escopeta amazónica, después de publicar dos novelas tituladas *Una vez más la cicatriz* y *La gaviota no tiene amigos*, dos volúmenes de poesía, *El estiramiento facial hidráulico* y *Pelos de gato en las natillas*, un libro de cuentos llamado *Veinte pulgadas de mono*, y un libro de ensayos críticos titulado *Shakespeare en media lengua*.

Bueno, supongo que eso es todo por ahora, Jamie. Lo mejor para usted.

Acto V (1954-1959)

Ese invierno, el 12 de diciembre, murió Cissy. Además de ser su esposa, había sido la única amistad íntima de Chandler durante treinta años. Siguieron dos meses de resignado estupor, hasta el 22 de febrero de 1955, cuando un intento de suicidio marcó el comienzo del derrumbe. A partir de entonces, Chandler pasó el resto de su vida, casi sin interrupciones, en un estado de errática ebriedad y desesperación nerviosa.

Carta a Leonard Russell,
director literario de *The Sunday Times* en Londres, 29 de diciembre de 1954.

Su carta del 15 de diciembre me llega apenas ahora, siendo el correo lo que es en la época de Navidad. He recibido mucha simpatía y amabilidad y muchas cartas, pero la suya es algo único en tanto habla de la belleza que se pierde antes de consolarme con la vida comparativamente inútil que sigue. Ella fue todo lo que usted dice y más. Fue el latido de mi corazón durante treinta años. Fue la música oída apenas en el borde del sonido. Mi gran pesar, ahora inútil, es no haber escrito nunca nada realmente digno de su atención, ningún libro que pudiera dedicarle. Lo planeé. Lo pensé, pero nunca lo escribí. Quizá no podría haberlo escrito.

Murió con dolor. Su cuerpo presentó cien batallas perdidas, una sola de las cuales habría bastado para terminar a la mayoría de nosotros. Dos veces la traje a casa del hospital porque odiaba los hospitales, y la tuve en su cama, en su cuarto, con enfermeras las veinticuatro horas. Pero hubo que volver a internarla. Y supongo que nunca me lo perdonó. Pero cuando al final le cerré los ojos, se

243

la veía muy joven. Quizás ahora ella comprende que lo intenté, y que consideré el sacrificio de varios años de una carrera literaria más bien insignificante como un pequeño precio a pagar, si podía hacerla sonreír unas pocas veces más.

Carta a Jamie Hamilton.
5 de enero de 1955. Vinnie era la hermana de Cissy, que vivía en Los Angeles.

Tenía que encargarme yo de todos los remedios, de otro modo ella habría tomado dos veces o tres veces el mismo sin darse cuenta de que ya lo había tomado. La cortisona no hacía efecto, así que al final de la primera semana de noviembre el médico se la sacó y empezó a darle ACTH, que después de las primeras inyecciones pude aplicárselo yo mismo, hipodérmicamente, como ya le había dado durante varios años inyecciones de distintas vitaminas. Tampoco le hizo mucho efecto. Estaba cada vez más débil, y más y más deprimida, y no era una persona fácil de deprimir. El 30 de noviembre apareció la neumonía, y hubo que llevarla al hospital en ambulancia… El médico quería probar una droga llamada ruwaulfia, o raíz de serpiente africana, que al parecer tiene la propiedad de inducir un estado de euforia sin efectos colaterales, y puede tomarse indefinidamente. Me dijo en ese momento que ella tendría que pasar el resto de su vida en una clínica, y que esperaba que la ruwaulfia la pusiera de humor complaciente como para aceptarlo. A la mañana siguiente Cissy me llamó temprano y me pidió que la llevara a casa. Para entonces estaba muy enferma y muy débil, había que ayudarla a ir al baño, y alguien tenía que quedarse en el baño con ella. Estaba muy angustiada, jadeaba todo el tiempo, tosía con violencia, y decía que sentía grandes dolores. El 7 de diciembre comprendí que se estaba muriendo. En mitad de la noche se apareció de pronto en mi cuarto, en pijama, con el aspecto de un fantasma. La llevamos de vuelta a la cama y ella intentó levantarse otra vez, pero ahora la enfermera estaba vigilando. A las tres de la madrugada del 8 de diciembre tenía la temperatura tan baja que la enfermera se asustó y llamó al médico, y otra vez vino la ambulancia y la llevó al hospital. No podía dormir y yo sabía que necesitaba gran cantidad de somníferos así que le daba sus píldoras y ellas las ataba en el pañuelo para poder tragarlas subrepticiamente cuando la enfermera no estaba en el cuarto. Estaba en carpa de oxígeno, pero la levantaba todo el tiempo para poder tomarme la mano. Tenía la mente muy confusa sobre algunas cosas, pero casi demasiado clara sobre otras. En una ocasión me preguntó dónde vivíamos, en qué ciudad vivíamos, y después me pidió que le describiera la casa. No parecía saber cómo era. Después volvió la cabeza y cuando salí de su campo visual pareció olvidarse de mi existencia. Cada vez que iba a verla sacaba el pañuelo por debajo del borde de la carpa de oxígeno para que le diera sus píldoras somníferas. Empecé a preocuparme por esto y se lo confesé al médico, que me dijo que le estaban dando drogas mucho más fuertes que los somníferos. El 11 cuando fui a verla no tenía más píldoras y ella sacó la mano por debajo del borde de la carpa de oxígeno con el pañuelo, y al ver que yo no tenía nada para darle volvió la cabeza hacia un lado y dijo: "¿Así es como lo querías?" Al mediodía el médico me llamó y me dijo que era mejor que fuera y hablara con ella porque podía ser la última oportunidad de hacerlo. Cuando llegué, estaban tratando de encontrar una vena en el pie para inyectarle demerol. Logró dormirla, pero estaba bien despierta otra vez a la noche. Es decir, parecía estar bien despierta, pero no estoy seguro de que me reconociera. Volvió a dormirse mientras yo estaba allí. Poco después del mediodía del 12 de diciembre, que era domingo, me llamó la enfermera y me dijo que estaba muy desmejorada, que es lo más drástico que puede llegar a decir una enfermera. El hijo de Vinnie estaba en casa con Vinnie y él me llevó al hospital a ochenta kilómetros por hora, quebrando todas las leyes de tránsito, cosa que le dije que hiciera porque los policías de La Jolla eran amigos míos. Cuando llegué le habían sacado la carpa de oxígeno y estaba con los ojos entreabiertos. Creo que ya estaba muerta. Otro médico le había puesto el estetoscopio sobre el corazón y escuchaba. Al cabo de un momento retrocedió y asintió. Le cerré los ojos y la besé y me fui.

Por supuesto, en cierto sentido ya me había despedido de ella mucho tiempo atrás. De hecho, muchas veces durante los últimos dos años en medio de la noche había comprendido que era sólo cuestión de tiempo. Pero no es lo mismo que suceda. Decirle adiós al ser amado en la mente no es lo mismo que cerrarle los ojos y saber que nunca volverá a abrirlos. Pero me alegró que muriera. Pensar en esta ave orgullosa y temeraria encerrada en un cuarto de un maldito sanatorio por el resto de sus días era una idea tan insoportable que apenas si podía pensarla. No me quebré hasta después del funeral, en parte porque estaba en estado de shock y en parte porque tenía que consolar a su hermana. Estoy durmiendo en el cuarto de Cissy. Creía que no podría hacerlo, pero después pensé que si el cuarto quedara vacío sería peor, y cada vez que pasara frente a la puerta tendría un escalofrío, y lo único que podía hacer era mudarme allí y llenarlo con mis cosas y darle el aspecto del caos en el que estoy habituado a vivir. Fue la decisión correcta. Me rodea su ropa, pero está en armarios o escondida en cajones… Durante treinta años, diez meses y dos días, fue la luz de mi vida, mi única ambición. Todo lo demás que hice fue para alimentar el fuego en el que ella pudiera calentarse las manos. Es todo lo que puedo decir.

Carta a Hardwick Moseley,
sin fecha. Leussler era el representante en la Costa Oeste de Houghton Mifflin.

Muchas gracias por los dos libros. Supongo que fue idea de Leussler porque nos pusimos a hablar sobre westerns y le dije que hay sólo dos autores que podían escribirlos, Owen Wister y Eugene Manlove Rhodes, y él agregó Jack Scheefer. Leí *Shane*, y es ex-

246

celente a su modo, pero fundamentalmente infantil. Supongo que el problema con los westerns como género es una especie de abrumadora solemnidad sobre cosas que son muy elementales. Este Leussler es un hombre terrible. Es un tipo de buen corazón y haría cualquier cosa por uno, pero en el proceso lo matará a charla. Lo invitamos a cenar y a las nueve y media ya me había agotado tanto que fui y me puse el pijama, una sugerencia que sería considerada demasiado directa en la mejor sociedad (si es que la hay) pero fue apenas suficiente para Leussler. Cualquier cosa menos clara le habría errado por un metro, y no me sentía con fuerzas para levantar un cartel que dijera en grandes letras: ¡POR TODOS LOS CIELOS CIERRA LA BOCA Y VETE A TU CASA!

Chandler había reservado un pasaje a Inglaterra desde Nueva York en el Mauritania. *No tenía una idea clara de cuánto planeaba quedarse en Inglaterra, o dónde iría desde allí. La casa en La Jolla había sido vendida.*

Carta a Roger Machell,
7 de febrero de 1955.

Quizá cuando me aleje de esta casa y de todos sus recuerdos pueda escribir algo. También puedo sentir nostalgia, y sentir nostalgia sin tener un hogar es más bien amargo.

Mañana habría sido nuestro trigésimo primer aniversario de bodas. Llenaré la casa de rosas rojas e invitaré a un amigo a brindar con champán, cosa que hacíamos siempre. Un gesto inútil y probablemente tonto, porque mi amor perdido está tan completamente perdido y no tengo fe en ninguna vida de ultratumba. Pero de todos modos lo haré. Todos nosotros, los tipos duros, somos unos irremediables sentimentales en el corazón.

Noticia del Hollywood Citizen-News, *24 de febrero de 1955: "Raymond Chandler, conocido autor de policiales, fue dado de alta hoy de la guardia psiquiátrica del hospital condal de San Diego, donde fue internado tras un aparente intento de suicidio. La policía informó que Chandler había estado bebiendo sin cesar desde la muerte de su esposa en diciembre".*

Carta a Roger Machell,
5 de marzo de 1955.

Todo está bien en mí, o tan bien como podría desearse. Sinceramente no podría decirle si realmente me proponía hacerlo o si mi inconsciente puso en escena un dramón barato. El primer disparo salió sin que me propusiera disparar. Nunca había usado la pistola, y el gatillo era tan liviano que apenas lo toqué para poner la mano en posición cuando se disparó, y la bala rebotó en las paredes azulejadas de la ducha y salió por el techo. Igualmente podría haber rebotado en dirección a mi estómago. La carga me pareció muy débil. Esto se confirmó cuando el segundo disparo (el que debía hacer el trabajo) no salió. Los cartuchos tenían cinco años y supongo que en este clima la carga se había descompuesto. En ese punto perdí el conocimiento... No sé si será o no un defecto emocional, pero no tengo absolutamente ningún sentimiento de culpa ni siento la menor vergüenza por encontrarme con gente en La Jolla que sabe qué sucedió. Lo pasaron por la radio aquí. Recibí cartas de todas partes, algunas amables y simpáticas, otras severas, algunas tontas más allá de lo creíble. Recibí cartas de policías, activos y retirados, de dos funcionarios de Inteligencia, uno en Tokio y uno en March Field, Riverside, y una carta de un detective privado en actividad en San Francisco. Todas estas cartas decían dos cosas: 1) que deberían haberme escrito mucho tiempo antes porque yo no sabía cuánto habían significado mis libros para ellos, y 2) cómo es posible que un escritor que nunca fue policía haya llegado a conocerlos de modo tan preciso y retratarlos con tanta exactitud. Un hombre que había servido veintitrés años en la policía de Los Angeles decía que podía nombrar a prácticamente cada policía que yo he descripto en mis libros. Parecía pensar que yo los había conocido realmente. Esta clase de cosas me hizo dudar un poco porque siempre había creído que si un policía o detective de la vida real leía una novela policial, no podía sino reírse con desdén. ¿Quién fue (Stevenson posiblemente) el que dijo que la experiencia es en gran medida cuestión de intuición?

En Inglaterra, creo, y en algunos otros lugares, incluyendo el estado de Nueva York, el intento de suicidio, o lo que se le parezca, es un crimen. En California no, pero igual es obligatorio pasar por un período de observación en la guardia del hospital del condado. Con la más que capacitada asistencia de un amigo mío que escribe una columna en un diario de San Diego, logré salir al día siguiente, pero con la condición de ir a una clínica privada. Lo hice. Me dio más trabajo salir de ahí. Quedé encerrado seis días y tuve la sensación de que estaban usando medias promesas para retenerme indefinidamente. En ese momento anuncié que me daría de alta a mí mismo. Conmoción. Eso simplemente no se hace. Muy bien, dije, díganme qué ley me obliga a seguir aquí. No había ninguna y lo sabían. Así que al fin me confirmaron que podía marcharme cuando quisiera, pero antes, ¿quería ir a la oficina del director y charlar un momento con él? Asentí, no porque esperara nada bueno de la charla, sino porque así su informe quedaría mejor, y además, si era perfectamente franco conmigo, yo podría ayudarlo.

Así que volví a casa, y no me he hecho ningún problema por todo el asunto, salvo que me dieron tanta droga para tenerme en estado tratable que todavía siento la resaca. No sorprende que la gente esté deprimida y aburrida y angustiada en esos sitios, preocupada por sus empleos y sus familias, ansiosa por irse a casa, sujeta todos los días a los tratamientos de electroshock (no se atrevieron a probarlo conmigo) y en los intervalos shocks de insulina, preocupada por el costo y sintiéndose prisionera, y a la vez sin el valor de levantarse e irse. Supongo que es parte del problema que tiene. Si tuviera más valor no habría llegado a esta situación. Pero ésa no es la respuesta. Si yo tuviera más valor no habría dejado que la desesperación y el dolor me llevaran a hacer lo que hice. Pero cuando me encontré frente a una cantidad de payasos psiquiátricos y una autoridad inexistente que trataba de hacerme creer que tenía poder, descubrí que no se necesitaba ningún valor especial para decirles lo que me proponía hacer, y hacerlo. Y al final, curiosamente, pareció gustarles. La jefa de enfermeras me besó y me dijo que yo era el paciente más amable, el más considerado y cooperativo, y el más alegre, que hubieran tenido nunca, y que Dios ayudara a cualquier médico que tratara de hacerme hacer algo que yo no estuviera convencido que debía hacer. Y basta del tema.

Carta a William Gault,
autor de novelas policiales, abril de 1955. El amigo al que se refiere Chandler era "Red" Barrow, un viejo amigo abogado de la época en que Chandler trabajaba en el negocio del petróleo.

Me tengo por extremadamente afortunadamente de haber llegado tan lejos como llegué en nuestro campo, y creo que cuando digo afortunado no estoy hablando de los pájaros. El talento nunca basta. La historia de la literatura está sembrada de cadáveres de escritores que sin culpa alguna no acertaron con la época o estuvieron un poco adelantados a su generación. Un viejo y sabio amigo mío dijo una vez que el mundo nunca oye a sus hombres más grandes; los hombres que llama grandes son apenas lo bastante superiores al común como para sobresalir, pero no tan grandes como para ser remotos.

Ayer terminé el trámite más bien doloroso de sacar los muebles de mi casa y dejarla cerrada para el nuevo dueño. Cuando recorrí los cuartos vacíos revisando las ventanas y lo demás me sentí un poco como el último hombre en un mundo muerto. Pero ya pasará. El miércoles parto rumbo a Old Chatham, Nueva York, para alojarme en casa de mi mejor amigo y el 12 de abril zarpo en el *Mauritania*. Espero regresar para fines de octubre y encontrar una casa en La Jolla (mucho más pequeña, por supuesto) porque es un sitio donde se vive fácil y donde todos me conocen.

Gracias por escribirme y por lo que dice, y espero que no esté exagerando demasiado, inconscientemente. No me molestaría a mí, pero no sería bueno para usted. Porque usted tiene lo necesario para ser tan bueno como el mejor. No escriba nunca nada que no le guste, y si le gusta no acepte el consejo de nadie de cambiarlo. Los demás no saben.

Lo mejor para usted.

Carta a Hardwick Moseley,
24 de abril de 1955. Chandler ahora estaba en Londres, alojado en el Hotel Connaught, en Mayfair.

Estoy aquí al menos hasta el 8 de mayo, después de lo cual puedo tener que irme y dormir en Green Park. No estoy contento y sufro de una terrible laringitis. El ajetreo aquí es también demasiado intenso; voy a un almuerzo con ocho personas y al día siguiente cinco de ellas me invitan a cenar. Así que comer, beber y charlar es casi todo lo que hago. Pero me gusta este hotel, aunque no me gusta que me miren y que me señalen al pasar, y no me gustan las entrevistas para los diarios.

Carta a Jamie Hamilton,
27 de abril de 1955. Natasha Spender era la esposa del poeta Stephen Spender; Sonia era la esposa de George Orwell.

Hágame el favor de decirle al *Daily Sketch* que no sólo no escribiré un artículo para ellos sino que ni siquiera usaría su inmundo pasquín para tapar la cueva de un ratón. Nuestra prensa no es gran cosa, pero la prensa de cloaca de ustedes es fantásticamente mala. También podría llamar a ese simpático señor Harris del *Standard* y decirle que lo siento pero no puedo ocupar mi mente en lo que él quiere, no me siento en condiciones y simplemente no puedo escribir ni mis cartas privadas. Le escribiré una nota y le enviaré de vuelta las páginas, porque me cae bien.

Lo de anoche fue todo bastante extraño. Natasha Spender es una anfitriona encantadora y dedicada y sirvió una magnífica comida y todo el mundo se emborrachó. A mí me alabaron un poco demasiado, supongo. Una tal Sonia dijo que yo era el niño mimado de los intelectuales británicos y que todos los poetas cantaban loas de mí y que Edith Sitwell se sentaba en la cama y leía mis libros con pasión. Dijeron que Cyril Connolly había escrito un artículo sobre mí que era considerado un clásico. Lo gracioso es que parecían muy sinceros. Sea como sea, fue muy divertido.

Chandler estaba bebiendo de la mañana a la noche. Al fin en el hotel Connaught le pidieron que se marchara. Se mudó a un departamento amueblado en Eaton Square, una de las zonas georgianas más elegantes de Londres.

Carta a Louise Loughner,
una admiradora que le había escrito desde San Francisco después de su intento de suicidio, 21 de mayo de 1955.

Por favor, escríbame y cuénteme de usted. A cambio yo puedo mandarle algunas tonterías indecentes que he estado escribiendo aquí, la mayoría en mitad de la noche, sólo para recuperarme del acento hipertiroideo de St. John's Wood-Chelsea. Duermo muy poco, lamentablemente. Suelo despertarme a eso de las cuatro, tomo un trago liviano de whisky y agua y empiezo a martillar esta amorosa

Olivetti 44, que es muy superior a cualquier cosa que produzcamos en los Estados Unidos. Es una portátil pesada y compacta como un auto de carrera italiano, y no la juzgue por mi manera de escribir.

Para conseguir este departamento casi tuvieron que presentarme a la familia real, y tuve que ser entrevistado e inspeccionado por el administrador de la propiedad. La entrevista fue muy formal y con cita previa. Me mostré tan condenadamente amable que empecé a darme náuseas a mí mismo. Así que de pronto le dije al hombre: "Soy por naturaleza una persona muy amable, pero me parece que en este momento estoy sobreactuando un poco". Se rió y se puso de pie, me tendió la mano y me agradeció por haber ido. Le dije: "¿Y el contrato?" Me dijo: "Bueno, por lo general nos gusta tener alguna clase de documento, pero a menudo en la práctica tendemos a pasar por alto la necesidad". Así es como trabajan aquí. Y es por eso que durante generaciones fueron los banqueros del mundo.

Carta a Neil Morgan,
amigo en La Jolla, 3 de junio de 1955.

No creo que me reconociera si me viera ahora. Me he vuelto tan refinado que no me soporto. Sigo sin dormir bien y a menudo me levanto a las cuatro o cinco de la mañana, y últimamente me he estado permitiendo una forma de pornografía amable, que quizá le interese, por lo que incluyo aquí un par de muestras. Debe entender que el motivo básico de esto es un intento de burlarme del habla de la clase media alta. No podría haber mayor error que creer que nosotros y los ingleses hablamos la misma lengua.

En general me reúno con el mundillo literario y artístico de St. John's Wood-Chelsea, y quizás ellos son un poco especiales. Por supuesto que conozco a alguna gente popular también, pero la gente con la que ando tiene expresiones propias que necesitan traducción. Por ejemplo: "Yo simplemente la adoro" significa "Le clavaría un puñal en la espalda, si tuviera espalda". "Son absolutamente y terriblemente preciosos" significa "Qué basura, pero esa mujer nunca tuvo buen gusto". "Me interesaría" significa "Démelo ya". Y "Simplemente estoy imposiblemente enamorada de él" significa "Tiene plata para pagar los tragos".

Ha sido una primavera maravillosa, las plazas resplandecen con los más suntuosos tulipanes, en tallos de un metro de alto, y más también. Kew Gardens es un paraíso de verde y color, rododendros, azaleas, amarilis, árboles florales de toda clase. Le corta el aliento a uno, después del duro verde polvoriento de California. Las tiendas están hermosamente decoradas y llenas de toda clase de cosas maravillosas. Harrods es fácilmente la mejor tienda por departamentos en el mundo. En Nueva York o Los Angeles no hay nada igual. El control de tránsito aquí es soberbio. Lo que falta es carne tierna. Simplemente no tienen instalaciones para conservarla. La hay en hoteles muy buenos como el Connaught, el Savoy o el Claridge, pero casi en ninguna otra parte.

¡Pero las mujeres! Si alguna vez tuvieron dientes de conejo, no los veo ahora. Veo chicas glamorosas en fiestas que sorprenderían a Hollywood. Y son tan condenadamente honestas que no permiten siquiera que uno les pague el taxi. Los norteamericanos, como regla general, no tienen éxito con el mejor tipo de chicas y mujeres inglesas. Son demasiado rápidos y toscos. Abusan del tema "Eh, nena, vamos a la cama". A ellas no les gusta eso. Esperan que se las trate como a damas. Están perfectamente dispuestas a dormir con uno si uno les gusta y si uno las trata con deferencia, porque en un país donde las mujeres superan en cantidad tan excesiva a los hombres eso es casi inevitable, pero no quieren que se las trate como mujeres fáciles.

Carta a Louise Loughner,
15 de junio de 1955.

En el momento más oscuro y desesperado de mi vida, cuando no me quedaba nada por lo que luchar, y ya no quería luchar, me llegó, de la nada, un ramo de flores y una carta. Y de pronto tuve toda la energía del mundo para el combate. Les gané en su propio juego, les gané a hablar y a pensar, así que al final me mandaron a mi casa en una limusina, sólo por la admiración que les causaba mi despliegue de ingenio y valor. ¿Pero por qué? Sólo y enteramente por usted. Así que nunca, nunca en la vida me agradezca nada. Las orquídeas son todas suyas. Y créame que serán las orquídeas más hermosas que existan.

… Tengo tres excentricidades. Nadie puede pagar un trago en mi mesa en ningún bar; ningún invitado mío puede mirar un menú; no pago, ni siquiera firmo un cheque delante de un invitado, ni, salvo en casos especiales (tengo un amigo que es diabético) les pregunto qué quieren comer. Todo estará arreglado de antemano, y si el invitado es una dama habrá un menú especial manuscrito. Supongo que esto puede resultar un poco relamido, pero me siento con derecho a permitirme algunas manías.

Carta al *Evening Standard,*
30 de junio de 1955. Ruth Ellis era una alternadora de un
night club, que había sido condenada a la horca por haber
matado a su novio, corredor de autos.

Como residente momentáneo y amigo y admirador permanente de Inglaterra, siempre he respetado, hasta ahora, su sistema legal, como lo ha respetado la mayor parte del mundo. Pero a veces advierto una veta de salvajismo, y la rechazo.

Hace una semana estoy atormentado con la idea de que un pueblo muy civilizado vaya a enroscar una cuerda a la garganta de Ruth Ellis y a abrir una trampa bajo sus pies y quebrarle el cuello. Yo podría entender quizás el ahorcamiento de una mujer por un crimen bestial como un envenenamiento múltiple, una matanza con hacha (a la Lizzie Borden), o una dueña de guardería que mate a las criaturas puestas a su cuidado; pero esto fue un crimen de pasión, realizado bajo considerable provocación. Ningún otro país en el mundo ahorcaría a esa mujer.

En Francia saldría en libertad tras una breve condena, o de inmediato. En los Estados Unidos sería caratulado muerte en primer o segundo grado, y estaría libre tras una condena de entre tres y siete años.

Esto me obsesiona, y, si me permiten decirlo, me disgusta como algo obsceno. No me refiero al juicio, por supuesto, sino al salvajismo medieval de la ley.

Para entonces Chandler tenía una cantidad de amigas mujeres a las que llevaba a almorzar y cenar, y con las que coqueteaba y les hacía confidencias. Algunas se sentían genuinamente atraídas por él, que comprendió que un acompañante hombre era una rareza en un país cuya población masculina había sido diezmada por dos guerras en el espacio de treinta años. Algunas se preocuparon por su estabilidad mental (su intento de suicidio era conocido) y habían formado una "patrulla Chandler" para alternarse haciéndole compañía. Una de estas compañeras-admiradoras-enfermeras fue una mujer inglesa llamada Jessica Tyndale, que trabajaba para un Banco en Nueva York, y conocía a gran parte del mundillo londinense de Chelsea; Chandler la había conocido a bordo del Mauritania.

Carta a Jessica Tyndale,
17 de septiembre de 1955.

Sabe, usted nunca me vio realmente sobrio, y ahora he estado sobrio desde hace semanas, absolutamente sobrio y seco. Por aburrido que parezca, me propongo seguir así. Algo en mi química ya no acepta el alcohol. Hay una especie de reacción en cadena. Empiezo con una copa de vino blanco y termino vaciando dos botellas de whisky por día. Después dejo de comer. Tengo que dejar de beber, y el síndrome de abstención es simplemente horrible. Tiemblo tanto que no puedo sostener un vaso de agua en la mano. Un día vomité dieciocho veces. Mi padre fue alcohólico, y yo he vivido toda mi vida con el miedo de serlo, pero hasta que murió mi esposa siempre dejé la bebida por mi propia voluntad cuando sentía una verdadera necesidad. Durante tres años antes de que ella muriera no probé una gota.

Al vencer sus seis meses de residencia (tras lo cual debería pagar impuestos británicos) Chandler regresó a Nueva York a bordo del Queen Elizabeth, *y fue a alojarse a la casa de su amigo Red Barrow y familia en Old Chatham, estado de Nueva York.*

Carta a Michael Gilbert,
abogado de Londres que ayudaba a Chandler en su situación
de residencia e impuestos, 14 de octubre de 1955.

El viaje fue un infierno. Todavía practicando ser un no bebedor (y es algo que tomará mucha mas práctica de la que me permitirá el tiempo) me senté solo en un rincón y me negué a tener nada que ver con los otros pasajeros, lo que no pareció causarles ningún problema.

Carta a Jessica Tyndale,
21 de octubre de 1955. Chandler, para entonces, había
empezado a beber otra vez.

Cualquiera que pueda beber una gran cantidad constante a lo largo de un período extenso puede pensar que es un alcohólico, porque el licor es parte de su vida, y decae terriblemente sin él… Pero, si podemos, cesamos por completo durante un tiempo (odiando cada minuto de ese tiempo) hasta que estamos por completo libres y entonces tratamos de aprender a beber. ¿Cuánto podemos absorber sin sentirnos excitados en el momento o deprimidos al día siguiente? Eso es lo que tenemos que averiguar y debemos hacerlo con cierta cautela. Si no bebemos lo suficiente como para alegrarnos, es una pérdida de tiempo. Me parece que hay que encontrar un cierto nivel, y si se lo encuentra todo está bien, aun si a veces uno se excede un poco. Si yo hubiera sabido todo esto cuando tenía veinte años (entonces casi no bebía) creo que habría dejado de beber por completo y no me habría sentido peor por ello, en razón de la adaptabilidad que uno tiene a esa edad. Pero a la mía, ya no tiene sentido. A mi edad, no hay nada que lo reemplace. La bebida, al fin de cuentas, salvo cuando es un ritual social, es un asunto más bien negativo.

Carta a Helga Greene,
otro miembro del mundillo de Chelsea, 13 de noviembre
de 1955. Chandler estaba en La Jolla.

Estoy sentado sobre dos almohadones ante el escritorio del Hotel Del Charro. Estoy fumando un Craven. Un cigarrillo que no se compara con el Benson and Hedges Superfine, pero aquí los cigarrillos importados están un poco demasiado caros. ¿Me siento a gusto? No. ¿Estoy feliz? No. ¿Estoy débil, deprimido, no bien, y no soy de ningún valor social para la comunidad? Sí. Al otro lado de mi ventana hay una piscina iluminada. ¡Al diablo con ella! El servicio aquí es excelente, la comida aceptable, el precio de mi cuarto ligeramente por encima del que pagaba en el Connaught, pero el cuarto es infinitamente mejor. Muebles de madera clara, dos camas anchas colocadas en ángulo recto con las cabeceras contra un triángulo amplio que sostiene dos lámparas de lectura móviles. Hay una cómoda de seis cajones (no son suficientes), tres armarios, un cuarto de vestir con lucecitas en el tocador, y un hermoso baño, bañera con puertas corredizas de vidrio para la ducha. En el baño hay una estufa eléctrica y otra en el dormitorio, que en realidad es un dormitorio-salón.

Chandler se enteró de que en Inglaterra otra de sus acompañantes-enfermeras, Natasha Spender, se había enfermado. Chandler había sentido algo especial por Natasha y mientras estaba en Londres había creído que la cuidaba, no que ella lo cuidaba a él; sentía que era una mujer desdichada y vulnerable. Cuando volvía a hacer las maletas en La Jolla parecía revigorizado, con un nuevo sentimiento de responsabilidad.

Carta a Neil Morgan,
18 de noviembre de 1955.

En la víspera de mi partida a regiones donde los esquimales se mueren de hambre y los osos polares usan guantes y galochas y aun así están insatisfechos (¿quién ha visto un oso polar simpático?), y en vísperas de su zambullida en el matrimonio con una chica encantadora (no estoy seguro de que "zambullirse" sea el verbo que quería emplear), le deseo la clase de magia que oía el burro de Maerterlinck: las rosas que se abren, la hierba que crece y el día después de mañana que se acerca. Le deseo la clase de visión mágica que tienen los pájaros, que en la mañana después de la lluvia ven a un gusano haciendo el amor con su otro extremo. Le deseo el conocimiento (aquí entro en asuntos delicados) de que el Matrimonio no Sucede, sino que se hace a mano; que siempre hay en juego un elemento de disciplina; que, por perfecta que sea la luna de miel, llegará el momento, siquiera breve, en que deseará que ella se caiga por la escalera y se rompa una pierna. Eso vale para ella también. Pero ese humor pasará, si le da tiempo. He aquí unos pocos consejos sólidos. Yo sé.

1. Llévela a rienda corta y nunca le permita pensar que ella lo está llevando a usted.
2. Si el café es malo, no lo diga. Limítese a tirarlo al piso.
3. No deje que cambie la ubicación de los muebles más de una vez al año.
4. No abra una cuenta conjunta en el Banco, salvo que sea ella la que pone el dinero.
5. En caso de pelea, recuerde que siempre es culpa de usted.
6. No la deje acercar a casas de antigüedades.
7. Nunca elogie demasiado a sus amigas.
8. Sobre todo nunca olvide que un matrimonio es en cierto modo muy parecido a un diario. Tiene que hacerse uno nuevo cada maldito día de cada maldito año.

Carta a Michael Gilbert,

4 de enero de 1956. La situación de Chandler en cuanto a su residencia y pago de impuestos se veía complicada por el hecho de que, según la ley inglesa, una mujer británica divorciada de un extranjero (como era el caso de la madre de Chandler) al regresar a Gran Bretaña recupera su ciudadanía británica, lo mismo que sus hijos. De modo que Chandler seguía registrado como británico. Esta complicación estaba ahondando su desarraigo.

Desearía que me mandara una cuenta, porque leí hace poco en alguna parte un artículo sobre honorarios de abogados que helaba la sangre, y decía que cada vez que uno los llama por teléfono ellos hacen una marca en sus planillas de cobro, y que si uno pasa frente a su oficina y casualmente ellos están mirando por la ventana, ingresan un modesto cobro de una guinea. Usted comprenderá por supuesto que es sólo la curiosidad lo que me hace querer ver la cuenta. No tengo la más remota intención de pagarla.

Carta a Dorothy Gardner,
secretaria de la Mystery Writers Association, enero de 1956.

El problema con la mayoría de los escritores ingleses de policiales, por conocidos que sean en su mundo, es que no pueden dar vuelta la esquina. Hacia la mitad del libro empiezan a perder el tiempo con coartadas, a analizar pistas y pruebas, etcétera. Ahí la historia se les muere. Todo libro que quiera ser bueno tiene que dar vuelta la esquina. Se llega al punto en que todo lo implícito en la situación original ha sido desarrollado o explorado, y entonces debe introducirse un elemento nuevo no implicado desde el comienzo pero que sea visto como parte de la situación, cuando aparece. O al menos yo lo veo así.

El gran defecto de los novelistas de policiales norteamericanos, por su lado, es una falta de textura, una especie de ingenuidad que probablemente les viene de no haber tenido una buena educación o suficientes lecturas. Hay excepciones, por supuesto. Siempre las hay. Y el problema con la brutalidad en la escritura es que tiene que surgir de algo. Los mejores escritores de novelas duras nunca tratan de ser duros; dejan que la dureza suceda cuando resulta inevitable para su momento, lugar y circunstancias.

Chandler alquiló un piso en St. John's Wood, cerca de Natasha Spender, en el 49 de Carlton Hill. La bebida continuaba.

Carta a Neil Morgan en La Jolla,
20 de febrero de 1956.

Estoy pasando una temporada deliciosa aquí, con los pies en agua hirviente para restaurar la circulación, y metido en la cama bajo cuatro frazadas y un edredón y una manta eléctrica, y si alguna vez se revela que usé una manta eléctrica, me escupirán en

California. Mi salud ha sido mala, y cada médico decide que mi problema es otro. Pero mi verdadero problema es que no tengo hogar, y nadie que me atienda en un hogar, si lo tuviera.

Londres es maravilloso hasta cierto punto, pero me canso mucho de las mujeres pérfidas que son todo querido, querido, querido cuando lo encuentran a uno, pero tienen un surtido de pequeños cuchillos para clavarle en la espalda. No lo practican conmigo tanto como con sus más queridas amigas… Es una técnica que nunca he aprendido y nunca aprenderé. Pero es un error pensar que no son amigas, porque si surge un problema demuestran serlo. Pero viven del rumor malicioso.

Carta a Ian Fleming,

a quien Chandler había conocido, y le había caído
simpático, en el viaje anterior, 11 de abril de 1956. La reseña
en cuestión era la de *Moonraker*, que Chandler había escrito
para el *Sunday Times* de Londres.

Pensé que mi reseña no era más de lo que usted merecía y traté de escribirla de tal modo que la parte buena pudiera ser citada y las partes malas hechas a un lado. Después de todo, mi viejo, tenía que haber algunas partes malas. Pienso que usted tendrá que decidir qué clase de escritor será. Podría ser casi cualquier cosa, salvo que yo pienso que es un poquito sádico.

No estoy en ningún hospital de Hampstead. Estoy en casa y si alguna vez vuelven a meterme en un hospital, saldré dejando cadáveres sembrados a mi paso, salvo que sean enfermeras bonitas.

En cuando a almorzar con usted, con mayordomo o sin él, no puedo hacerlo todavía, porque aun si estuviera mucho mejor de lo que estoy tendría que almorzar con damas.

Chandler reseñaría también la siguiente novela de Fleming, Diamonds Are Forever, *para el* Sunday Times, *diciendo: "No me gusta James Bond pensando. Sus pensamientos son superfluos. Me gusta cuando está en el juego del peligro: me gusta cuando se expone, desarmado, a media docena de asesinos profesionales de labios delgados. Me gusta cuando al fin toma a la chica hermosa en sus brazos, y le enseña más o menos un décimo de los hechos de la vida que ella ya conocía".*

Carta al Capitán Tore Bakke,
4 de mayo de 1956.

Muchas gracias por su carta y créame si le digo que la mayoría del correo de admiradores más inteligente que he recibido ha venido de los países escandinavos. Es muy amable por haberme escrito y se lo agradezco sinceramente.

Chandler fue hospitalizado por alcoholismo, y volvió a hacer vida abstemia en su departamento. En mayo, pasados otros seis meses en Gran Bretaña, advirtió la gravedad de su situación ante las autoridades fiscales y volvió a Nueva York, donde se alojó en el Grosvenor de la Quinta Avenida. Estaba bebiendo otra vez. Yendo a visitar a su amigo Red Barrow fuera de la ciudad, se cayó por una escalera y tuvo que pasar unos días recuperándose en un hospital de Nueva York antes de volver a La Jolla.

Carta a Ian Fleming,
9 de junio de 1956.

No me gustó tener que marcharme de Inglaterra sin despedirme de los pocos amigos que conocía lo bastante como para pensar en ellos, pero no me gustan las despedidas, especialmente cuando puede pasar mucho tiempo antes de que vuelva. Como usted probablemente sabe, he superado por mucho los seis meses permitidos, pero tenía un motivo importante, aun si eso me causaba problemas con la legislación impositiva británica. También es probable que pierda la mitad de mis derechos europeos, lo que no es divertido. Todo es un poco oscuro para mí, pero ahí está…

Estoy esperando con ansiedad su próximo libro. También estoy esperando con ansiedad mi próximo libro.

Me gustó bastante Nueva York esta vez, cuando antes había odiado su vulgaridad y dureza. Para empezar, el tiempo ha sido maravilloso, con un solo día de calor hasta ahora, y no insoportable. Tengo amigos aquí, pero no muchos. Ahora que lo pienso, no tengo muchos en ninguna parte. El lunes a la noche estoy volando de regreso a California y esta vez espero echar raíces y formar una clase de hogar, modesto pero conveniente.

Me pregunto qué pasó con todas las mujeres bonitas y chic que se supone que son típicas de Nueva York. Que me condenen si he visto una. Quizá miré en los sitios equivocados, pero tengo la sensación de que Nueva York se está degradando lentamente.

Carta a Helga Greene,
10 de junio de 1956.

Apuesto a que no tiene muchos novios que le escriban dos cartas en un día. Y quizá la aburre, pero desde el viernes al mediodía no tengo nada que hacer salvo escribir cartas, leer, tomar un taxi o un ómnibus al centro y haraganear un poco, o simplemente dar una caminata por el Village, que siempre me fascinó con sus casas extrañas, pequeños callejones, barandas de hierro pintadas de colores raros, innumerables restaurantes ocultos, y la gente misma, el modo en que viste y el aspecto que tiene de pertenecer a otro mundo del norte de Nueva York.

De vuelta en La Jolla, Chandler alquiló una pequeña casa en el 6925 de Neptune Place, y, con ayuda de vitaminas que se inyectaba él mismo, empezó a trabajar en una séptima novela de Marlowe.

Carta a Hardwick Moseley,
20 de junio de 1956.

Cualquiera tan naturalmente descuidado como yo se habría caído por esa escalera. Esas escaleras son una amenaza. Pero pienso que Barrow podría haber esperado a ver si me había quebrado una costilla antes de empezar a tironearme. Pasará muchísimo tiempo antes de que vuelva a Old Chatham. Además, esta pareja vive una vida tan cerrada y autosuficiente, en la que creo que son perfectamente felices, que es un poco aburrido estar mucho allá, amables como son por lo general. No se puede salir con Jane Barrow sin que ella señale cada maldito árbol y cuente la historia de cada maldita casa entre Old Chatham y Bennington.

Este sitio realmente tiene clima. Hay que superar un invierno inglés para apreciarlo. Muy rara vez caluroso y muy rara vez frío, levantado en un punto de tierra con el Pacífico sobre tres costados. Lo uso como escenario para un cuento que estoy tratando de escribir; cambié la topografía un poco. No puedo hacer de los policías unos matones, porque son policías amables, y la mayoría de ellos amigos míos. El capitán al mando es un veterano con muchos años de servicio, y me dijo que nunca había disparado su Smith & Wesson calibre 38 salvo en el examen de tiro al blanco, según las reglas. El año pasado un hombre le disparó a su esposa en una tienda de la ciudad, y el policía que entró corriendo, demasiado tarde, estaba tan nervioso que por error hirió a un testigo. (No lo mató).

Si sueno como si hubiera estado fumando yerba, es porque me sacaron un diente esta tarde y todavía estoy un poco del otro lado. No sentí ningún dolor, pero empiezo a tener fiebre. Es maravilloso cómo lo hacen. No supe que me lo había sacado hasta que me lo mostró. Creía que tenían que atarlo a uno, y tirar como el demonio. Era una muela, además.

Este lugar es un departamento sin muebles frente al mar. Quiero decir, lo alquilé sin los muebles. Ahora tiene tantos que sólo un corredor con vallas se sentiría a gusto en él. Pero a pesar de tener todo este hermoso (y ahora para mí detestable) mobiliario, una excelente estufa eléctrica, una Frigidaire y unas cajas de cartón gracias a las cuales no debo tirar mis camisas y ropa interior, a pesar de tener un pequeño patio privado y un gran desván privado, todo lo que tengo para comer es una taza, un platillo, un plato, todo prestado. Pero un juego completo de plata, oh, sí.

Ahora sé qué es lo que pasa con mi escritura o no escritura. He perdido afinidad con mi medio. Los Angeles ya no es más mi ciudad, y La Jolla no es nada más que un clima y una cantidad de cortesías sin sentido. Fui a una fiesta hace una semana, y, Dios santo, había un hombre con un esmoquin a cuadros, y otro con uno de moaré rosa. Y hoy en la tienda de Smith vi uno de color pardo. Este país está en la cresta de una ola de prosperidad, todo el mundo gana buenos sueldos y todos están endeudados hasta las orejas por las compras en cuotas. Dios los ayude si el rearme se hace más lento. No tengo sobre qué escribir. Escribir sobre un lugar que hay que amar u odiar o las dos cosas por turnos, que es generalmente el modo en que se ama a una mujer. Pero hay un sentimiento de vacío y aburrimiento… y eso es fatal. Fui el primer escritor que escribió con realismo sobre California Sur. Ahora la mitad de los escritores del país están describiendo el smog. Los Angeles se ha vuelto para mí una puta cansada.

Acabo de volver del Las Encinas Sanitarium en Pasadena, un lugar muy maravilloso pero espantosamente caro. Me costó más de mil cuatrocientos dólares. Tenía que averiguar si estaba fuera de mis cabales y no lo sabía. Y Las Encinas es el sitio donde averiguarlo. Tiene un psiquiatra que un hombre inteligente realmente puede respetar. Tratan a toda clase de gente, ancianos seniles (con plata, naturalmente), alcohólicos incurables, tipos con manías, unos pocos psicóticos a los que hay que tener encerrados en una cabaña especial, deprimidos, etcétera. Es un sitio hermoso, con un parque muy cuidado, cabañas, y la atmósfera es absolutamente acrítica. Los médicos son muy atentos, la comida magnífica. Me mantuvieron en un estado de semisomnolencia durante varios días hasta que empecé a comer, y, Dios santo, cómo comí entonces. Me dieron comida que es de la mejor que haya probado en mi vida. Después hicieron el programa habitual y aburrido de tests, y después de eso empezaron a trabajar conmigo. Les dije la verdad con toda franqueza. Les dije que había estado casado tanto tiempo y con tanta felicidad que después de la lenta tortura de la muerte de mi esposa al principio me había parecido una traición mirar a otra mujer, y después de pronto me pareció estar enamorado de todas las mujeres.

Me hicieron tests, tests de percepción, tests de Rorscharch, tests de cubos de madera. No me mostraron los resultados todavía, pero creo que fui bastante brillante, salvo en el dibujo. Nunca supe dibujar, y no pude aprender ni siquiera con un profesor.

Al final el director me dijo: "Usted cree estar deprimido, pero no es así. Usted es una personalidad plenamente integrada y yo jamás trataría de interferir con ella por medio del psicoanálisis o nada por el estilo. Todo lo que le pasa a usted es la soledad. Simplemente no puede, y no debe, vivir solo. Si lo hace, inevitablemente beberá, y eso lo enfermará. No me importa si vive con una mujer o con veinte, en tanto viva con alguien. En mi opinión, eso es un absoluto".

Creo que fue condenadamente inteligente al descuartizarme con tanta finura. No había esperado nada tan penetrante.

Carta a Michael Gilbert,
6 de septiembre de 1956.

La Jolla no es un lugar para vivir… No hay nadie con quién hablar. Todo lo que realizan en sus vidas los ricos y los casi ricos es una casa sobredecorada, la "casa bella" para la "vida elegante", una esposa que, si es joven, juega al tenis en el Beach Club, se tiende en la playa hasta que su piel visible parece papel de lija pardo, y chilla de risa por alguna broma que apenas si merece más que un tibio "ah". Si es madura es muy chic en un estilo desprovisto de gusto, habla muchísimo de cómo hará decorar el cuarto de huéspedes por algún idiota con patillas largas, tiene al marido tan domesticado que él teme sentarse en algunas de las sillas, y por cansado que esté debe ducharse y afeitarse y ponerse el esmoquin de chaqueta blanca (en verano) porque el señor y la señora Fulano vienen a jugar al bridge, juego que él odia casi tanto como al señor y la señora Fulano. Después están los jubilados muy viejos y muy ricos. Se visten inmaculadamente, los ayudan a subir y bajar de sus Cadillacs choferes-mayordomos negros que los llevan al Beach Club, donde se sientan en perfecto silencio, o conversan en voces bajas y monosilábicas con otros de su especie.

Carta a Wiliam Gault,
7 de septiembre de 1956.

Si hay algo en la vida que odio es salir a cenar solo. Podría cocinarme la cena, pero eso sería peor. Cuatro días a la semana tengo alguien con quien salir, pero los otros tres son un infierno. Me siento tan mal que querría abandonarlo todo y volver a Inglaterra a ser un residente y pagar sus condenados impuestos.

Al enterarse de que Natasha Spender estaba haciendo una gira de conciertos por los Estados Unidos (era pianista) Chandler fue a encontrarse con ella en Phoenix, y la llevó a Palm Spring a pasar la Navidad, tras lo cual ella fue a ver a amigos suyos que vivían en Los Angeles, incluyendo el escritor inglés Christopher Isherwood.

Carta a Hardwick Moseley,
5 de enero de 1957.

Pasé el tiempo desde el 6 de diciembre hasta la semana pasada llevando a una amiga inglesa a través de todo Arizona y parte de Nevada, y después a Palm Springs. Arizona nunca tuvo tanto ajetreo, quizá, porque esta amiga es una incorregible e insaciable curiosa de paisajes, cosa que yo no soy. Quedó en trance frente a las montañas, que no se parecen a nada que haya en Europa o en California. Las Dolomitas son bastante rugosas, pero hay cipreses en las laderas, mientras que en Arizona todo es estéril, como si Dios hubiera dejado el trabajo a medio hacer.

Carta a Jessica Tyndale,
18 de enero de 1957.

Conocí a Christopher Isherwood en Santa Monica, y me gustó. Creo que es el único marica con el que me he sentido enteramente a gusto. También conocí a Gerard Heard (escribió una policial muy inteligente llamada *A Taste for Honey*), y lo encontré divertido y culto, pero demasiado pontificante. Los norteamericanos en general parecen quedar muy satisfechos cuando se les da

269

una conferencia durante toda una velada. A mí no me gusta, no importa lo inteligente que sea el que habla. Natasha dijo que me mostré muy hostil con él, pero las normas sociales de ella y las mías son por completo diferentes. No se puede interrumpir a esta gente, porque ellos están interrumpiéndose entre sí todo el tiempo y siempre hay alguien hablando. Se los podría interrumpir, pero se necesitaría violencia para hacerlo. Y realmente habría que hacerlo, porque cuando se dan cuenta de que han estado acaparando la conversación se disculpan.

De vuelta en La Jolla, solo, Chandler trabajó en la nueva novela, Playback, *basada en un guión que había escrito tiempo atrás y que no se había usado. Aunque ahora Chandler estaba usando el teléfono más que nunca antes, siguió escribiendo cartas. De hecho, en un momento en que la bebida lo estaba llevando a un estadio de completo desorden, la escritura de su novela y las cartas eran por lo general la única parte racional de su jornada. Sus corresponsales ahora incluían a varios de sus conocidos de Londres. Entre éstos estaba su secretaria inglesa, Jean de Leon.*

Carta a Jean de Leon,
11 de febrero de 1957. La novela de Angus Wilson a la que
se refiere es *Anglo-Saxon Attitudes*.

Fue muy dulce de su parte enviarme algunos de sus poemas… Me alegra mucho que pueda aceptar la muerte de su padre sin demasiada pena. Pero por supuesto sé por experiencia propia que lleva tiempo, mucho tiempo, reconciliarse, y que hasta ahora usted ha mostrado mucho valor. Soy de los que no creen en la inmortalidad personal, porque no le encuentro una razón. Es probable que Dios encuentre algo que preservar, pero qué, no lo sé. Podría encontrar inclusive en mí, un hombre sensual, sardónico, cínico, alguna esencia digna de preservar, pero realmente no creo que sea nada que yo pueda reconocer. Tanto de la persona es externo, ambiental, provocado por nuestras experiencias terrenas, y tan poco de nosotros es puro y sin diluir. Dios sabe, pero yo no. Comparto su antipatía con los dogmas, pero no renunciaré a mi derecho a examinar y analizar la cuestión. *Credo quia impossibile* me parece sólo una de esas trampas en las que es tan hábil la Iglesia Católica, y aun así, tomándolo en sentido amplio y admitiendo las diversas corrupciones, la religión católica es la única en nuestro mundo (no tomo en cuenta las religiones del Oriente) que realmente vive. La Iglesia de Inglaterra y nuestra Iglesia Episcopaliana viven en sacerdotes individuales, pero no como una fe. Sus servicios tienen hermosas palabras (que ellos no escribieron) y muchos de sus sacerdotes son excelentes personas; pero la fe misma es estéril y está agotada.

Su teoría de la poesía puede ser correcta; no lo sé. No tengo teorías sobre la escritura; me limito a escribir. Si no me parece bueno, lo tiro. Hay una cierta cualidad indispensable a la escritura, desde mi punto de vista, que llamo magia, pero que podría llamar con otros nombres. Es una suerte de fuerza vital. Por eso odio la escritura estudiada, la clase de cosa que se yergue y se admira a sí misma. Supongo que soy un improvisador nato, no calculo nada por anticipado, y creo que por mucho que se haya hecho en el pasado, uno siempre empieza de cero.

No le niego su derecho a ser tolerante con la homosexualidad; en Inglaterra hay que serlo, más o menos. Pero pienso que los homosexuales (no los bisexuales, eso es cuestión de época y costumbres), por artísticos y llenos de gusto que puedan parecer, siempre carecen de un sentimiento emocional profundo. Son maravillosos con las superficies. Yo simplemente no pude leer la novela de Angus Wilson, porque me pareció que describía a sus personajes y no los creaba. Gente de esa clase no tiene una verdadera vida emocional. Ven la vida a través de espejos. En cuanto a que tengan una mejor comprensión de las mujeres, no lo comparto. Yo sé sobre mujeres más de lo que cualquiera de ellos sabrá nunca, y no sé mucho. A ellos les gustan las que los encuentran simpáticos, porque siempre tienen miedo, aun cuando actúan con arrogancia. Su coraje físico quedó probado en la guerra, pero siguen siendo, esencialmente, del tipo diletante. Algunos de ellos, como Isherwood, son muy agradables, algunos son repulsivos.

Pero no estoy avergonzado de ser un amante de las mujeres. Lo difícil de hacer entender es que tengo un código, que adhiero a él, que siempre he adherido a él. Hubo una época en mi vida, cuando joven, en que podía haber levantado a cualquier mujer bonita en la calle y haber dormido con ella esa noche. (Otra vez jactándome, pero es cierto). No lo hice porque tiene que haber algo más y un hombre como yo tiene que estar seguro de que no está hiriendo a alguien, y no puede saber eso hasta conocerla más. Hay muchas mujeres baratas, por supuesto, pero nunca me interesaron. Hay mujeres que son inaccesibles, y puedo reconocerlas en cinco minutos. Siempre pude. Hay mujeres que se entregarán mañana, pero no esta noche. Eso también lo supe. Hay mujeres que por un motivo u otro se entregarán a quien no deben, y se sentirán mal al pensarlo a la mañana siguiente. Eso también tuve que saberlo. Porque uno no ama para herir o destruir. Hubo chicas que pudieron quedar con cicatrices el resto de su vida dando curso a un impulso humano normal, pero yo no sería el culpable. Hubo chicas a las que no les importaba, pero por ellas no me preocupé. No sé si es un talento o una maldición, pero siempre lo sé. No sé cómo lo sé pero podría darle ejemplos específicos en los que, contra todas las apariencias externas, yo lo sabía. A veces esto me obsesiona. Siento como si fuera un mal hombre, y esta intuición me ha sido dada sólo para destruirme. Pero supongo que ya no me importa mucho destruirme. Después de todo, fui un marido amante y fiel durante casi treinta y un años, y vi a mi esposa morir de a milímetros y escribí mi mejor libro en la agonía de ese conocimiento, y aun así lo escribí. No sé cómo. Me encerraba en mi estudio y pensaba que me encontraba en otro mundo. Por lo general me llevaba una hora, al menos. Y entonces me ponía a trabajar. Pero siempre escuchaba. Y tarde a la noche me recostaba en el so-

272

fá a leer porque sabía que hacia la medianoche ella vendría en silencio y querría una taza de té, pero nunca la pedía. Siempre tenía que convencerla de que la aceptara. Pero tenía que estar ahí, porque si hubiera estado dormido, ella no me habría despertado, y no habría tomado su té.

¿Cree que lamento algo de esto? Estoy orgulloso. Fue el momento supremo de mi vida.

Fragmento de una copia al carbónico,
de una carta escrita en febrero de 1957. Las demás páginas,
incluyendo la mención del destinatario, faltan.

Un escritor no tiene nada con qué pagar, como no sea su vida. La mayoría son bastardos frustrados con vidas domésticas infelices.

Notas del cuaderno de Chandler,
sin fecha.

Me pregunto si alguien habrá dicho con claridad que la semilla de destrucción de la familia moderna, o del matrimonio moderno, no es el divorcio, la infidelidad sexual, o cosas por el estilo, sino el hecho de que ya no hay una clase ociosa, ya no queda gente que no esté, en algún sentido, *acorralada*. El abogado puede amar a su esposa y a sus hijos, pero su verdadero amor es la ley. Lo que un hombre *hace* para vivir, eso es todo. Lo mismo que la casa, la amante, la borrachera, hasta la perversión, el matrimonio es sólo un arreglo de conveniencia. Un hombre de esta época en realidad vive (y muere) para su trabajo.

Los hombres, cuanto más siguen los dictados de la ley, menos siguen los dictados del honor.

La verdad del arte impide que la ciencia se vuelva inhumana,
y la verdad de la ciencia impide que el arte se vuelva ridículo.

Un poema, "De la Juventud a la Vejez",

sin fecha

Que no perezca pronto,
ese astuto vagabundo de barba gris.
Que su mirada no se oscurezca,
el destino necesita reírse de él…

Es en vano dar consejos a los jóvenes,
pero a la juventud se la llora por siempre.
Los viejos recuerdan bien,
cómo suena la campana fúnebre.
Tendidos en sillones solitarios
soñando con embestidas y jolgorios.
Tocando con mano de plomo
una hebra todavía no marchita.
Los jóvenes pueden morir en mayo;
los viejos deben perecer
cuando las noches de invierno son frías,
y húmedas como el musgo de las tumbas.

Carta a Edward Weeks,

del *Atlantic Monthly*, 27 de febrero de 1957.

Cuando escribí un par de cosas un tanto cáusticas sobre Hollywood, mis colegas me advirtieron que me había cavado la fosa; pero
nunca recibí una palabra de crítica de ningún ejecutivo importante.
De hecho, fue después de que usted publicara esas cosas cuando me
encargaron los trabajos más lucrativos. Pienso que la gente de Holly-

wood es muy calumniada: muchos de ellos piensan lo mismo que pienso yo, salvo que no se atreven a decirlo, y se sienten más bien agradecidos cuando alguien lo dice. Yo siempre supe que había un solo modo de vérselas con ellos. En toda negociación uno debe estar preparado a arriesgar la cabeza. Un escritor nunca tiene otra arma para combatir que las agallas que el Señor le dio. Siempre está frente a organizaciones que tienen poder suficiente para destruirlo en una hora. Así que todo lo que puede hacer es tratar de hacerles entender que destruirlo sería un error, porque él puede tener algo que darles.

A mí me resultó maravilloso negociar con los magnates. Parecían tan duros, no concedían nada, y sabían que podían expulsarme, que en cierto sentido yo no era nada, y yo les decía cosas que un escritor en Hollywood simplemente no les dice a los grandes jefes. Pero de un modo u otro eran demasiado inteligentes para ofenderse. Y al final creo que les gusté por eso mismo. De cualquier modo, nunca trataron de hacerme daño. Y algunos de ellos son muy inteligentes. Ojalá yo pudiera escribir la novela de Hollywood que nunca se ha escrito, pero se necesitaría una memoria más fotográfica que la mía. Todo el ambiente es demasiado complejo y no habría que dejar nada afuera.

Carta a Deirdre Gartrell,

admirador australiano que le había escrito,

2 de marzo de 1957.

El valor es una cosa extraña: uno nunca puede estar seguro de tenerlo. Como comandante de pelotón hace muchísimos años, yo nunca parecía estar asustado, y sin embargo he tenido miedo de los riesgos más insignificantes. Si había que lanzarse al ataque, de algún modo lo único que uno pensaba era en cómo mantener a los hombres debidamente espaciados, para reducir las bajas. Siempre era muy difícil, especialmente si había reemplazos, o heridos. Es simplemente humano tratar de amontonarse en busca de compañía, cuando se está bajo fuego graneado. Hoy la guerra es muy diferente. En algunos aspectos es mucho peor, pero las bajas no se comparan con las de la guerra de trincheras. Mi batallón (canadiense) tenía una fuerza normal de mil doscientos hombres, y sufrió más de catorce mil bajas.

Carta a Helga Greene,
18 de marzo de 1957.

Era una gran luchadora. Si tenía que enfrentar algo incómodo o desagradable, y todos tenemos que enfrentar cosas así, ella marchaba directo hacia adelante, sin perder un instante en pensarlo. Y siempre ganaba, no porque encendiera deliberadamente su encanto en el momento táctico, sino porque era irresistible aun sin saberlo o preocuparse por serlo.

Carta a Paul Brooks,
19 de marzo de 1957. Chandler había sugerido que podía
escribir un libro sobre la moderna profesión médica.

El libro no les gustaría a los grandes figurones de la profesión médica, a los cirujanos que realizan toda clase de operaciones innecesarias sólo para cobrar, a los hospitales que les cobran a los pacientes por toda clase de exámenes innecesarios, a los "operadores" que, aunque a menudo muy competentes, embarcan a cada paciente en una larga y costosa rutina, por fácil de diagnosticar que sea su mal. No les gustaría a los "chicos del regreso" (me gustaría volver a verlo el viernes) cuando no hay nada por qué regresar. Ni por la clase de médico que quiere meterlo a uno en un hospital de modo que él pueda aparecer dos o tres veces por día y decir algunas palabras amables y cobrar diez dólares por cada aparición. Ni por ciertos tipos que insisten en administrar todo remedio por hipodérmica y cobran por administrarlo y cobran el material (ellos deciden cuánto cuesta) a cuatro o cinco veces su costo real. Los conozco a todos; he tenido tratos con todos ellos. Hay muchas cosas que la gente no sabe sobre esas prácticas, y no sabe cómo combatir los precios excesivos. Ni siquiera sabe que las distintas asociaciones médicas tienen escalas de tarifas. No sabe que ningún médico tiene derecho a hacer una visita no pedida, salvo que no la cobre. No sabe cómo oponerse a que le cobren de más. Suponga que usted recibe una cuenta que le parece exorbitante; me sucedió a mí cuando mi esposa estaba enferma, y estuvo enferma muchas veces; yo escribí que consideraba exorbitante la cifra, y explicaba por qué. Lo siguiente que supe fue que se había hecho cargo una agencia de cobros. Pues bien, sucedió que uno de los abogados que trabajaban para nosotros entonces (yo estaba en el negocio del petróleo) se ofreció a representarnos, a mí y a mi esposa, y rechazó cualquier honorario. Así que fuimos a la corte y el médico envió a uno de sus asistentes a atestiguar. En el estrado tuvo que admitir que él no había prestado ninguno de los servicios de los que se trataba, y no sabía nada sobre ellos. El fiscal pidió una deposición, y la obtuvo. Quizá no todos los jueces la hubieran concedido (algunos fallan automáticamente en favor de una agencia de cobros) pero la obtuvo esta vez. Así que llamé al médico y le dije cuánto pensaba yo que debía pagarle, y aceptó muy contento, aunque ya había perdido la mitad de esa cifra para pagarle a la agencia de cobros. Podría agregar que era, personalmente, un hombre muy encantador.

Carta a Deirdre Gartrell,
20 de marzo de 1957.

Yo siempre le abría la puerta del auto y la ayudaba a subir. Nunca le permitía cargar cosas mías. Yo siempre cargaba las cosas de ella. Nunca entré o salí por una puerta antes que ella. Nunca entré en su dormitorio sin golpear a la puerta. Supongo que son cosas pequeñas, como mandarle flores siempre, y siempre hacerle siete regalos para su cumpleaños, y siempre tomar champán en nuestros aniversarios. Son pequeñas en cierto modo, pero las mujeres tienen que ser tratadas con gran ternura y consideración, porque son mujeres.

Carta a James Howard,
de la asociación Mystery Writers of America, que le había escrito a Chandler preguntándole cómo había llegado a escribir ficción policial, 26 de marzo de 1957.

En 1931, mi esposa y yo solíamos hacer viajes de paseo por la costa del Pacífico, sin prisa, y por las noches, sólo para leer algo, yo compraba alguna revista de cuentos policiales. De pronto se me ocurrió que yo podría hacer eso mismo y cobrar por ello mientras aprendía a hacerlo. Pasé cinco meses con mi primer relato, usando un método que les he recomendado a muchos aprendices de escritores, sin convencer a ninguno. Hice una sinopsis detallada de un cuento (digamos de Gardner, que era uno de los que leía, y es un buen amigo mío) y después traté de escribirlo. Hecho lo cual, lo comparé con el trabajo profesional y vi dónde estaban mis fallas en conseguir algún efecto, o dónde le imprimía un ritmo que no correspondía, o algún otro error. Volví a hacerlo una y otra vez. Pero los jóvenes que quieren que uno les enseñe cómo escribir no hacen eso. Todo lo que escriben tiene que ser, esperan ellos, para ser publicado. No están dispuestos a sacrificar nada para aprender el oficio. Nunca les entra en la cabeza que lo que uno quiere hacer y lo que puede hacer son cosas por completo distintas, que todo escritor que valga la pólvora que se gastaría en mandarlo al infierno a través de un alambre de púas siempre está empezando de cero. No importa lo que pueda haber hecho en el pasado: lo que está tratando de hacer ahora lo devuelve a la juventud, y por mucha habilidad que haya adquirido en la técnica rutinaria, nada lo ayudará si no es la pasión y la humildad. Leen un cuento en una revista y se inspiran y empiezan a aporrear la máquina de escribir con energía prestada. Llegan hasta cierto punto y ahí se apagan.

Carta a William Gault,
31 de marzo de 1957.

Con frecuencia he tratado de preguntarme qué hace de estos adolescentes lo que suelen ser. ¿Piensan que viven en un mundo ya sin esperanzas? Aun aquí en La Jolla, después de una fiesta muy decente en alguna parte de la costa, los chicos y las chicas se divierten cortando neumáticos de autos estacionados cuando vuelven a sus casas. ¿Por qué? ¿Por qué chicos estudiantes, de familias decentes, se divierten destruyendo cosas que pertenecen, como saben muy bien, a gente a la que pudo costarle mucho trabajo conseguirlas? ¿Es una especie de revuelta contra un mundo en el que no creen? ¿Es resultado de la guerra? No lo sé, pero no pasa sólo entre nosotros. En Londres tienen a los Teddyboys, llamados así porque les gusta la ropa en el estilo de la era eduardiana. Soy muy duros, y sus chicas también.

Carta a Helga Greene,
16 de abril de 1957.

Recuerdo mi primer amor, pero era un mundo diferente. Cuando nos reuníamos mi garganta se cerraba y yo apenas si podía decir una palabra. Tomarla de la mano habría sido el éxtasis; besarla, habría sido impensable. Pero no creo que en ese momento de la vida uno realmente esté enamorado de una chica en especial; uno está enamorado del amor. Por supuesto nunca puede confirmarlo, porque cuando la encuentra después, si la encuentra, ella ya lleva tiempo casada, y por lo general con algún sujeto que uno considera por completo inadecuado. ¿Leyó una novela de Leonard Merrick que se llama *Conrad in Quest of His Youth*? Probablemente no demasiado buena para nuestras normas, pero me gustó. La moraleja es: Nunca vuelvas atrás.

Carta a Jean de Leon,

18 de abril de 1957. *The Light of Asia* era una biografía de Buda, escrita en el siglo xix por sir Edwin Arnold.

No, no he leído *The Light of Asia*. Realmente siento que las religiones formales, por muy liberal que sea su pensamiento, llegan un poco demasiado tarde para mí, ahora. Y quizá (es lo que espero) no soy de los que acuden llorando a un Dios Desconocido cuando se sienten solos, desesperados o frente a la muerte. Pienso que lo tomaré con calma como tomé los peligros en mi guerra, hace tanto tiempo. Pero nunca se sabe. El dolor puede quebrar a cualquiera. Quizás, en cierto modo, tengo suerte de haber llegado a la decisión de quitarme la vida y haber fallado, porque en cierto sentido ya sé lo que es mirar a la muerte de cerca. Ni las plegarias ni la religión podrían haberme ayudado entonces. Era algo entre yo y yo mismo, por así decirlo. Por supuesto, la tortura es otra cosa. Dudo de que hubiera podido hacer un papel tan bueno como lo han hecho tantos.

No sé qué pensar de Billy Graham. Lo vi una vez por televisión, y me pareció un tipo bien vestido y agradable, joven, bien parecido, etcétera. Pero en los Estados Unidos nos inclinamos a considerar que esa gente está "en algo raro". Ha habido demasiados de ellos por aquí, y han ganado demasiado dinero. Los casos flagrantes me parecen ser los de Aimee Semple MacPherson y Father Divine.

La mayoría de la gente se las arregla con lo que está disponible y parece apropiado a su condición. Los románticos feroces de mi especie nunca se conforman con nada. Piden lo imposible y en muy raras ocasiones realmente lo consiguen, para su gran sorpresa. Yo fui uno de ésos, uno del quizá dos por ciento, bendecidos con un matrimonio que fue por siempre un noviazgo. Nunca le propuse matrimonio formalmente. Mi esposa y yo nos fundimos en el corazón del otro sin necesidad de palabras.

Carta a Helga Greene,
30 de abril de 1957.

Pienso que en la actualidad hay guionistas de cine mucho mejores de lo que yo pude ser, porque yo nunca vi las cosas en términos de la cámara, sino siempre como escenas dramáticas entre personas. Supongo que usted conoce la historia del escritor que se exprimía el cerebro buscando cómo mostrar, del modo más sucinto posible, que un hombre maduro y su esposa ya no estaban enamorados. Al fin se le ocurrió. El hombre y su esposa suben a un ascensor, y él se deja el sombrero puesto. En una parada intermedia sube una mujer, y él de inmediato se quita el sombrero. Eso es buena escritura cinematográfica. Yo habría escrito una escena de cuatro páginas. Lo que hizo este tipo llevaba unos pocos segundos.

Un maestro de escuela que tuve hace mucho decía: "Sólo se aprende de los mediocres. Los realmente buenos están fuera de nuestro alcance; no podemos ver cómo logran sus efectos". Hay mucha verdad en esto.

La fecha y destinatario de este fragmento son desconocidos.

Gatsby... No es una novela perfecta; con frecuencia evade el problema, se saltea escenas que deberían haber sido escritas, pero de algún modo es fluida, cristalizada, completa, y, tal como están las cosas hoy, eterna, una pequeña y pura obra de arte… Hay tanta diferencia entre la cosa auténtica y un estante lleno de novelistas como Pulham y Forsythe y Charlie Gray.

Carta a Helga Greene,
5 de mayo de 1957.

En una época fui ejecutivo en la industria petrolera, director de ocho compañías y presidente de tres, aunque en realidad era simplemente un empleado demasiado bien pago. Eran compañías pequeñas, pero muy ricas. Tenía el mejor personal de oficina en Los Angeles y les pagaba sueldos más altos de los que habrían podido ganar en cualquier otra parte, y lo sabían. La puerta de mi oficina nunca estaba cerrada, todos me llamaban por mi nombre de pila, y nunca había disensos, porque yo me ocupaba de que no hubiera motivos. De vez en cuando, no con frecuencia, tenía que despedir a alguien (no alguien que yo hubiera elegido, sino alguien que me había sido impuesto por el gran hombre) y odiaba terriblemente hacerlo, porque uno nunca sabe qué puede significar para un individuo. Yo tenía talento para sacar a luz la capacidad de la gente. Hubo un hombre, recuerdo, que tenía genio para el archivo. Otros eran buenos en trabajos rutinarios pero no tenían iniciativa. Había secretarias que lo recordaban todo, y secretarias que eran maravillosas en el dictado o la dactilografía, pero cuyas mentes estaban en otra parte. Yo tenía que entenderlos a todos y usarlos de acuerdo con lo que eran. Había una chica, no bonita y no demasiado brillante, a la que se le podría haber dado un millón de dólares en efectivo, y un mes después, sin que nadie se lo hubiera pedido, podría recordar el número de serie de cada billete y hacer la lista en orden, y habría alquilado, pagándola de su bolsillo, una caja de seguridad para guardar el dinero. Había un abogado en nuestra oficina (yo no aprobé la idea de tener un abogado a sueldo, pero la Junta me lo impuso) que era muy agudo pero también muy poco confiable, porque bebía demasiado. Descubrí cómo usar su cerebro, y él solía decir, y públicamente, que yo era el mejor gerente de Los Ángeles, y probablemente uno de los mejores en el mundo. (Terminó atropellando un auto de la policía y tuve que sacarlo de la cárcel).

El mundo de los negocios es muy duro, y lo odio. Pero lo que uno se ponga a hacer, tiene que hacerlo lo mejor que pueda... Recuerdo una ocasión en que mandamos un camión transportando un tubo por Signal Hill (al norte de Long Beach), y causó un embotellamiento, pero tenía la luz roja que manda la ley. Un auto con dos marineros borrachos y dos chicas lo chocó, y ellos presentaron demandas por mil dólares cada uno. Esperaron casi un año, que es el plazo aquí para presentar una demanda por daños personales. La compañía de seguros dijo: "Oh, bueno, cuesta mucho dinero presentar defensa en estos casos, así que será mejor arreglar". Yo dije: "Muy bien. A ustedes no les cuesta nada arreglar. Lo compensan simplemente aumentando las primas. Si no quieren presentar batalla en este caso, y hacerlo bien, mi compañía lo hará". "¿A su costa?" "Por supuesto que no. Los demandaremos a ustedes por lo que nos cueste a nosotros, salvo que paguen por propia iniciativa". El tipo salió de la oficina dando un portazo. Presentamos defensa, con el mejor abogado que conocíamos, y probamos que el camión había estado adecuadamente señalizado, y después presentamos a varios cantineros de Long Beach (costó dinero encontrarlos, pero valió la pena) y demostramos que los marineros habían sido expulsados de tres bares. Ganamos, y la compañía de seguros pagó de inmediato un tercio de lo que les habría costado arreglar, y no bien lo hicieron yo cancelé la póliza, e hice una nueva con otra compañía.

Quizás esto suene un poco jactancioso. Pero en realidad no era así en absoluto. Simplemente yo estaba haciendo lo que creía que era mi trabajo. Siempre ha sido una lucha, ¿no? Dondequiera que uno vaya, haga lo que haga, siempre tiene que poner el máximo de sí.

Carta a Paul Brooks,

7 de mayo de 1957.

Una vez le dije a un abogado al que conozco muy bien que me parecía que si la Asociación de Abogados Norteamericanos declarase la guerra a los abogados maleantes sin los cuales el crimen organizado no podría existir en este país, era muy posible que los exterminaran en cuestión de meses. Estos tipos, y me refiero a los operadores realmente grandes, nunca dan un paso sin asesoramiento legal, y estos abogados son delincuentes porque aceptan dinero del delito y asisten a delincuentes. Bueno, este abogado amigo mío me miró con aire confundido y cambió de conversación. Al parecer prefieren protegerse a sí mismos y entre ellos que al público. En cierta medida pasa lo mismo con los médicos.

Carta a Helga Greene,

7 de mayo de 1957. Chandler estaba pensando en volver a Londres.

Si uno va a alguna parte a estudiar nuevos ambientes, absorber nuevas atmósferas, conocer gente diferente, siempre tiene en el fondo de la mente al menos la esperanza de sacar algún provecho de todo eso. Yo he perdido a Los Angeles como escenario. Ya no es parte de mí como lo fue, aunque fui el primero en escribir sobre la ciudad de un modo realista. Ahora la mitad de los escritores norteamericanos viven en ella o cerca de ella, la guerra la ha vuelto una ciudad industrial, y el clima se ha arruinado en parte por esto y en parte por el exceso de vegetación, el exceso de césped a regar, en un sitio que la naturaleza quiso que fuera un semidesierto. Era caluroso y seco cuando vine aquí, con lluvias tropicales en invierno, y sol al menos nueve décimas partes del año. Ahora es húmedo, caluroso, pegajoso, y cuando baja el smog a la olla entre las montañas que es Los Angeles, se vuelve casi intolerable.

Así que naturalmente busco otro lugar sobre el cual escribir. No puedo escribir sobre Inglaterra mientras no sienta a Inglaterra en los huesos. El amor no basta.

Carta a Deirdre Gartrell,
8 de mayo de 1957.

¿Puedo comentar el hecho de que en ninguna de las cartas que me ha mandado me ha dicho nunca nada sobre algo que estuviera fuera de sus pensamientos? Nunca me ha descripto su cuarto, su universidad, el edificio, la ciudad, la atmósfera, el clima, qué clase de lugar es Armidale. Quizás usted piense que esto no es importante, pero para mí indica un estado de ánimo; un estado de ánimo que debe de ser desdichado. Me interesa Australia, todo lo que le concierne, qué aspecto tiene, cómo son las casas, cuántos cuartos tienen y de qué tipo, qué flores crecen, qué animales y pájaros hay, cómo son las estaciones, en qué consiste la vida corriente de gente como usted. Me dice mucho sobre lo que piensa, pero nada sobre la vida que la rodea. ¿Cree que yo llegué a ser uno de los más exitosos autores de novelas policiales pensando en mí, en mis tormentos y triunfos personales, en un interminable análisis de mis emociones personales? No fue así. Y usted debería saberlo muy bien. Pero todo lo que oigo es sobre usted. Esto no lo digo culpándola, ni acusándola de ser egocéntrica.

Carta a Jamie Hamilton,
16 de mayo de 1957.

Un amigo suyo me llamó "encendido egotista". Durante mucho tiempo me consideré un hombre más bien modesto, pero estoy empezando a creer que este amigo tenía razón, que todos los escritores están destinados a ser egotistas ya que para escribir deben acudir a sus propios corazones y almas, y en consecuencia se vuelven introspectivos. Pienso que últimamente he empeorado, porque he recibido demasiados elogios, porque llevo una vida solitaria y porque a partir de ahora ya no tengo más esperanzas.

Carta al director del *Daily Express* de Londres,

21 de mayo de 1957.

He leído en *Los Angeles Times* las observaciones del señor Rene MacColl sobre ciertas cosas que no parecen gustarle sobre mi país, y con muchas de ellas me veo obligado a estar de acuerdo. Pero hay otro aspecto de los Estados Unidos que el señor MacColl parece no haber percibido. Nos volvimos demasiado ricos y demasiado poderosos gracias a una suerte de genio en la técnica de producción, y como resultado creo que nos pusimos en condiciones de dominar el mundo antes de saber realmente cómo hacerlo o tener el menor deseo de hacerlo. Simplemente saltamos al lugar Número Uno. Durante cien años, como usted recordará, Inglaterra dominó al mundo y fue cordialmente detestada por todo el resto de la humanidad. Ése parece ser el precio del poder. La posición en la que nos encontramos es casi imposible de mantener ya sea con elegancia, ya con inteligencia.

Admito que la mayoría de nuestros valores son completamente erróneos, pero resultan de algo que no pretendimos que estuviera mal. Admito que nuestros autos tienden a ser absurdos en su diseño, pero vivimos en una economía de sobreproducción y se llevan a cabo fantásticas campañas de publicidad para hacernos pensar que cualquier cosa con seis meses de antigüedad pertenece al mundo de los faraones. Admito que el costo de vida aquí ha llegado a niveles absurdos, pero al menos tenemos cocinas limpias y baños limpios... y nos bañamos. El nuestro es un país joven, grande y diverso. No lo sabemos todo. ¿Ustedes sí? Tratamos, y lo hemos tratado con mucho empeño, de hacer lo que pensamos que debemos hacer en el mundo, y nuestros hombres en ocasiones hacen una jornada de trabajo, que es más de lo que hacen los suyos, por lo que he observado. Una vez en Wimpole Street, mientras esperaba a un amigo en el consultorio de un médico, observé a dos hombres cargando esos ladrillos livianos a prueba de fuego que tanto se usan en la construcción en Inglaterra. Se necesitaban dos hombres para llevar dos ladrillos de un lado a otro de la calle y dejarlos caer en un tobogán; y eso parecía cansarlos mucho. Nosotros habríamos ideado una máquina que hiciera todo el trabajo en veinte minutos. A estos hombres probablemente les llevaría dos días.

No todo lo nuestro está bien, por supuesto; ¿pero en Inglaterra está todo bien? Es tan fácil escribir un artículo periodístico desdeñando a otro país; pero no es tan fácil crear una civilización en ese país, por muchos que sean los hombres de buena voluntad y gran capacidad que lo intenten.

Carta a Edgar Carter,

3 de junio de 1957. Carter, agente de Chandler para televisión, estaba tratando de negociar una serie televisiva de Philip Marlowe. No había falta de interés en la industria, pero Chandler se mostraba cauteloso, y ya había rechazado una serie de guiones propuestos por la NBC, por considerarlos demasiado mediocres. Tanto a la NBC como a Carter los sorprendió el rechazo, pero Chandler se mantuvo inflexible.

Usted tendrá que persuadir a estos lunáticos de que si una serie quiere durar, debe tener alguna clase de cualidad especial, y esa cualidad debe darse en términos que el público pueda comprender y apreciar. Puedo equivocarme, pero para mí Marlowe es un personaje de cierta nobleza, de ingenio quemante, triste pero no derrotista, solitario pero nunca realmente seguro de sí mismo. Algo de esto tiene que estar en el Philip Marlowe de la televisión si se quiere hacer algo bueno con él. De otro modo, es apenas un don nadie más de lengua afilada. Si no es posible lograrlo, pienso que habría que olvidarse de todo el asunto.

Carta a Roger Machell,
3 de junio de 1957.

Por supuesto me hago muchas preguntas, por ejemplo si debería hacerme psicoanalizar, o hipnotizar, o quizá ponerme a dormir. Seguramente a veces usted se pregunta lo mismo, y qué hombre sensible no lo hace.

Carta a Roger Machell,
19 de junio de 1957.

Fue divertido, por cierto, leer sobre Montgomery y Eisenhower explicando los errores de ambos bandos, ya que Montgomery probablemnte nunca admiró a nadie más que a sí mismo, e Ike nunca fue un general, sino más bien un jugador de bridge con talento para hacer que hombres de diferentes nacionalidades cooperaran, hasta cierto punto. Supongo que todas las decisiones realmente difíciles las tomó Marshall, y la mayoría fueron erróneas.

Carta a Michael Gilbert,
25 de junio de 1957.

El sábado a la noche fui a un cóctel elegante. Santos dioses, casi todas las mujeres tenían demasiada ropa y demasiadas joyas y estaban demasiado bronceadas y rugosas por el sol (lo que aquí es señal de que uno no tiene que ganarse la vida trabajando). Encontré una chica de Nueva York bastante agradable con la que charlar. La mitad de los hombres irían de ahí a un baile en el Beach Club y llevaban esmóquines blancos, pero con moños de todos colores. Un hombre llevaba una chaqueta violeta que debería haberse quemado en el acto... Es gente acomodada, y algunos son ricos, pero no les encuentro ningún atractivo, pues su campo de conversación se limita a Cadillacs, ropa, redecoración o construcción, personajes famosos, y quién estuvo lo bastante borracho la noche anterior como para darle un manotazo a la esposa de quién...

Carta a Michael Gilbert,
5 de julio de 1957.

No creo que se pueda convivir de buena gana con gente corrupta sin ser un poco corrupto uno mismo. Me parece una especie de enfermedad que crece casi sin hacerse notar hasta que uno ni siquiera sabe qué está pasando, y cuando ha pasado, tampoco lo sabe... Quizás estos queridos maricas son los símbolos de una civilización del futuro. Si es así, que se queden con ella.

Carta a Helga Greene,
11 de julio de 1957. "Aquí" es La Jolla.

Pienso que me sería imposible vivir aquí. No estoy rodeado de viejos amigos, porque para tener amigos es preciso cultivarlos, y durante años yo casi nunca salí de noche, y nunca recibí a nadie en casa. Además la clase de gente que podría conocer es un hato de estúpidos cuyas vidas giran alrededor del Beach y el Tennis Club. Es probable que haya la misma clase de gente en Inglaterra, pero en Londres hay otros. Aquí no hay otros.

Carta a Michael Gilbert,

Parece que he tenido una anemia muy grave, no exactamente perniciosa, pero muy cerca de eso. Un recuento de sangre dio al borde de la nada, cosa que no me preocupa. He vivido toda mi vida al borde de la nada.

Carta a Deirdre Gartrell,

25 de julio de 1957.

No sé bien por qué usted está tan cerca de mi corazón, pero lo está. De algún modo misterioso me ha metido adentro de usted, y tengo que quedarme despierto por la noche y procuparme por usted... por usted, una chica a la que nunca he visto. ¿Por qué? Cuando más envejece uno, menos sabe...

Carta a Helga Greene,

20 de septiembre de 1957.

Mis ideas sobre lo que constituye una buena escritura son cada vez más rebeldes. Puedo inclusive terminar repitiendo el veredicto de Henry Ford sobre la historia, y diciendo a oídos que no escuchan: "La literatura es hojarasca". Mientras tanto, no podría decir que me hayan gustado apasionadamente ni *The Last Angry Man* por un lado ni la hoja que usted me mandó tan amablemente. Usted es una agente, y tiene que mantenerse al día. Yo puedo darme por satisfecho con *Ricardo II* o una novela policial y mandar al diablo a todos los chicos elegantes, a todos los supersutiles que nos hicieron un favor al exponer la verdad de que la sutileza es sólo una técnica, y una técnica débil; a todas las damas y caballeros del fluir-de-la-conciencia, sobre todo las damas, que pueden cortar un

290

cabello en catorce, pero lo que les queda no es siquiera un cabello; a todos los novelistas modernos, que deberían volver a la escuela y quedarse allí hasta que puedan darle vida a una historia sin más que diálogos y descripciones concretas: en fin, les permitiremos un capítulo de escritura virtuosa por libro, hasta dos, pero no más; y por último a todos los inteligentísimos queridos con las voces aflautadas les diré que la inteligencia, quizá como las fresas, es un bien perecedero. Las cosas que duran (y admito que a veces faltan) vienen de niveles más profundos del ser de un escritor.

Destinatario desconocido,
1º de octubre de 1957.

Escribo siempre en papel amarillo, hojas cortadas por la mitad, dactilografiadas a triple espacio. Las páginas deben tener de ciento veinticinco a ciento cincuenta palabras, y son tan cortas para mantenerme conciso. Si no hay un poco de carne en cada página, algo está fallando.

Carta a Paul Brooks,
proponiendo escribir un libro de cocina, 28 de noviembre
de 1957.

Tendrá subtítulos de este tipo: CÓMO HERVIR UNA CHULETA: MEJOR NO HACERLO. CÓMO PREPARAR UNA CENA EN DIEZ MINUTOS. CÓMO HACER CAFÉ QUE NO SEA AGUA COLOREADA NI PANTUFLA HERVIDA. PLATOS CUYA PREPARACIÓN LLEVA TODO EL DÍA: AL DIABLO CON ELLOS. EL PURÉ DE PAPAS REALMENTE BUENO ES TAN RARO COMO LAS VÍRGENES, PERO CUALQUIER IDIOTA PUEDE HACERLO SI SE LO PROPONE.

Carta a Wesley Hartley,

maestro de escuela que le había transmitido a Chandler
algunas preguntas de sus alumnos, 3 de diciembre de 1957.

En ese entonces podía hablar alemán como para pasar por un alemán, pero ahora, lamentablemente, el idioma ha cambiado mucho (aunque no creo que los alemanes cambien nunca). El francés, nadie puede hablarlo lo bastante bien como para satisfacer a un francés. *Il sait se faire comprendre,* es todo lo que admitirán… Usted podría decirles a sus alumnos curiosos… que aunque escribí mucho de joven en Londres (algunos publicitarios o autores de solapas me han llamado inglés, pero nací en Chicago de madre británica y padre norteamericano de familia cuáquera de Pennsylvania), no podía escribir ficción por más que lo intentara. No podía hacer entrar o salir de un cuarto a un personaje, no podía siquiera hacerle sacar el sombrero… Me concentré en la novela policial porque era una forma popular y pensé que el autor que tuviera suerte al fin haría literatura de ella. Mis libros son considerados literatura en Inglaterra y en la mayor parte de Europa. Los alemanes e italianos tienen cierta propensión al desdén de este tipo de ficción. Los alemanes son una clase más bien estúpida de esnobs intelectuales, a pesar de que su idioma tiene un argot magnífico. Sólo los franceses o nosotros lo superamos. Los italianos parecen querer o bien historias trágicas en las que todos están sucios, nadie tiene ropa ni dinero y todos son groseros con todos; o bien novelas en las que el héroe se pasa prácticamente todo el tiempo en la cama con alguna mujer. Hace unos años una chica escribió para *Esquire* un artículo que se llamaba "Los latinos son malos amantes". Causó gran ofensa, y ese número inclusive fue prohibido en Cuba. Pero sucede que yo sé que tenía toda la razón. Los latinos hablan mucho y dan un espectáculo bastante convincente del amor, pero en los resultados reales las naciones nórdicas y nosotros los derrotamos en toda la línea.

El gran y difícil problema del escritor de nuestra época, si quiere vivir de eso, es escribir algo que el público acepte, y que al mismo tiempo a él le parezca buena escritura. Es una vida llena de soledad e incertidumbre, y por mucho éxito que uno tenga, siempre tiene que volver a empezar de cero.

Carta a Helga Greene,

4 de diciembre de 1957. Dwight Macdonald era el principal crítico de libros del *New Yorker*, James Agee era el autor de una novela llamada *A Death in the Family*, y *The Outsider* era obra de Colin Wilson.

El artículo de Dwight Macdonald sobre James Agee me pareció diluido, en comparación con la lenta y paciente liquidación de *The Outsider*. Sólo pude llegar hasta la mitad. Dice: "¿Por qué nuestros autores (es decir los norteamericanos) se sienten tanto más a gusto con niños que con adultos?" No es así. Muy pocos autores pueden escribir con eficacia sobre niños. Salinger, por ejemplo, puede. Irwin Shaw no es malo, pero no lo logra del todo. "El vidrio opaco del depósito L. y N. humeaba como una mariposa exhausta". Ése es Agee. Puso demasiado empeño y se pisó. ¿Alguien ha visto una mariposa exhausta humeando, últimamente? El pasaje sobre el tranvía, demasiado largo para citarlo, tan admirado por Macdonald, es una perfecta muestra de escritura pretenciosa y trabajada en exceso: "grandes gotas, mudas como un aliento contenido, y el único ruido era el ruido halagador sobre las hojas y la hierba abofeteadas por cada gota". Más Agee. Macdonald piensa que esto es magia. Decídete, Agee: ¿era mudo como un aliento contenido, o no lo era? "Muy bien, Mary, odio irme, pero no puedo evitarlo". Agee. "La última frase, en ritmo y elección de las palabras, me parece perfecta". Macdonald. ¿Qué pasa con ese tipo? Es tan perfecta como, por ejemplo: "¿Por qué no está lista la cena, Susan? Tengo tanta hambre que podría arrancarle la pata a un chivo y comérmela". Dice lo que dice, por supuesto, ¿pero por qué caer en éxtasis ante ella? ¿Usted caería en éxtasis ante una frase como "Si nos apuramos, podemos alcanzar el próximo tren"?

Carta a E. Jack Neuman,

escritor y director de la serie de televisión sobre Marlowe, que ahora se haría para la NBC pues Chandler había encontrado un guionista de su gusto, 9 de diciembre de 1957.

...Para llenar el espacio algunos de los que llamo mis *limericks* matutinos, por lo general indecentes:

> *A charming young lady of France*
> *Had scorned my most careful advance*
> *Till a sunny day*
> *Made me feel very gay,*
> *And I found she was wearing no pance.*

(Una encantadora joven de Francia / había desdeñado mis más cautelosas propuestas / hasta que un día de verano / me hizo muy feliz, / y descubrí que no usaba ropa interior.)

> *A certain young charmer of Ghent*
> *Was rather too clearly enceinte*
> *When her father yelled "Who??"*
> *She replied with a coo:*
> *"Y don't know. He just came... and he went."*

(Una cierta joven seductora de Ghent / estaba demasiado claramente embarazada / cuando el padre gritó "¿Quién?" /ella respondió con un arrullo: / "No lo sé. Sólo vino... y se fue".

> *There was a young lady of Spain*
> *Who regarded my love with disdain,*
> *till one night on champagne*
> *She was feeling no pain,*
> *And we did it again and again.*

(Había una joven de España / que miraba mi amor con desdén, / hasta que una noche, bebiendo champán / no sintió dolor alguno / y lo hicimos una y otra vez).

Carta a Jessica Tyndale,

23 de diciembre de 1957. Helga Greene, divorciada, había visitado a Chandler en California. "Ya sabe quién" era Natasha Spender. La "próxima historia de Marlowe" de Chandler se titulaba *Poodle Springs*, y nunca fue terminada.

Helga y yo nos llevamos tan perfectamente bien que estoy asombrado. Parecía tan fría cuando nos conocimos. Nunca peleamos, ella lo toma todo bien, y todo es paz y felicidad entre nosotros, como nunca lo fue con ya sabe quién. Por motivos derivados de su propia vida y temperamento ella no quiere volver a casarse, y por mí está bien, en tanto pueda vivir cerca de ella y viajar con ella.

Hoy vuelo a Palm Springs para asistir a una fiesta muy elegante en casa de una mujer rica que me presentó mi médico. Ella insistió tanto en invitarme que al fin cedí. Es pelirroja (con ayuda), de unos cincuenta años, muy sociable y excelente bailarina. Quiero usar su casa como escenario para mi próxima historia de Marlowe, que planeo ambientar en Palm Springs, con Marlowe casado con la chica de ocho millones de dólares de *El largo adiós*. Pienso que el combate entre ellos acerca de si él vivirá la clase de vida de ella o la suya propia puede hacer una buena trama secundaria. O bien ella cederá, o el matrimonio se irá al diablo. No lo sé. Pero sé que nadie, nadie, sacará a Marlowe de su oficina destartalada y su clientela poco remunerativa, de su decisión y su piedad sarcástica. Es probable que ella quiera redecorar su oficina, pero no logrará ni siquiera empezar ahí tampoco.

Estrofa de un poema navideño a Jean Fracasse,
la nueva secretaria, australiana, de Chandler en La Jolla.

¿Es un sueño de poesía y juventud
lo que nos hace desear, demasiado tarde,
saber una vez más cuáles fueron
las esperanzas por las que morimos?

Carta a Bernice Evans,
lingüista y presentador de un programa de preguntas y
respuestas en televisión, 18 de enero de 1958.

Hay un viejo cuento sobre nosotros los norteamericanos que, bien entendido, dice mucho. En un cruce de caminos había dos carteles. Uno decía: A UN CONCIERTO DE MÚSICA DE BACH. El otro decía: A UNA CONFERENCIA SOBRE LA MÚSICA DE BACH. Adivine por cuál camino tomaban los norteamericanos.

Carta a Jessica Tyndale,
3 de febrero de 1958.

Mi Dulce y Adorable Jessica:

Perdone por favor la efusividad, pero desde que terminé el maldito libro he estado un poco chiflado. Mañana mi dactilógrafa se pondrá a trabajar en el texto final. Sabe, si no hubiera sido por Helga nunca habría terminado el maldito libro. Ella estimula mi mente y mi ambición mediante alguna extraña cualidad de su propia mente. Me hace desear conquistar la tierra, cosa que por supuesto no haré. Pero el solo hecho de quererlo ya hace una gran diferencia con mi postura indiferente de los últimos años. Hay muchas mujeres dulces y adorables en el mundo, y usted es una de las más dulces y adorables, pero hay una especie de química entre Helga y yo que me da el impulso para avanzar. Con Helga cerca siento como si pudiera escribir cualquier cosa. ¿Qué pudo haber pasado entre esta mujer más bien fría y distante, y yo? Algo muy extraño… de algún modo, por la manera en que habla y se comporta, por su simplicidad, su falta de afectación, la agudeza de su pensamiento, me inspira.

Carta a Robert Campigny,
crítico francés, 7 de febrero de 1958.

La pièce que vous avez dernièrement écrite dans la *Revue-Critique* sous le titre "Raymond Chandler et le Roman Policier" m'est parvenue de la part de mon éditeur à Londres, et mon ami despuis longtemps, M. Jamie Hamilton, et aussi de la part de Mme Helga Greene, qui es ce qu'en anglais on apelle "my literary agent". Je ne suis pas trop sûr du mot précis en français.

Il va sans dire que j'ai eu grand plaisir en lisant ce que vous avez écrit, et je vous remercie plus que beaucoup pour l'honneur que vos m'avez fait en écrivant avec tant de soin sur une espèce de littérature qui est souvent regardée comme peu de chose. Naturellement, je ne sais pas écrire en français avec la netteté de style que vous possédez. Mais ce que je dis, c'est moi tout seul qui le dit.

…l'idée que Madame Christie déjoue ses lecteurs sans farce me paraît presque impossible à croire. N'est ce pas qu'elle fait ses surprises en détruisant le portrait d'une caractère ou d'un personnage de roman qu'elle a jusqu'à ce moment peint en couleurs complètement opposées au portrait fini? Tout cela est sans aucune vraie importance, sans doute, et les lecteurs qui ont besoin d'être taquinés par cette spèce de mystère ne se donnent la peine d'être fâchés si le mystère existe seulement parce que ces auteurs sont trop paresseux de faire l'effort de penser…

(El artículo que usted escribió recientemente en la *Revue-Critique* bajo el título "Raymond Chandler y la novela policial" me llegó de parte de mi editor en Londres, y viejo amigo mío, el señor Jamie Hamilton, y también de parte de la señora Helga Greene, que es lo que en inglés se llama "mi agente literario". No estoy muy seguro de la palabra que corresponde en francés.

No necesito decir qué gran placer tuve leyendo lo que escribió, y se lo agradezco muchísimo por el honor que me hace al escribir con tanto cuidado sobre una clase de literatura que suele considerarse con desdén. Naturalmente, no sé escribir en francés con la claridad de estilo que usted posee. Pero lo que digo, soy yo solo quien lo dice.

…La idea de que la señora Christie desconcierta a sus lectores sin trucos me parece casi imposible de creer. ¿Acaso no construye sus sorpresas destruyendo el retrato de un personaje que hasta ese momento había pintado en colores completamente opuestos al retrato final? Todo eso no tiene verdadera importancia, sin duda, y los lectores que tengan necesidad de ser estimulados por esta especie de misterio no se toman el trabajo de molestarse si el misterio existe sólo porque sus autores son demasiado perezosos para hacer el esfuerzo de pensar…)

Carta a Maurice Guinness,
primo de Helga Greene, 10 de febrero de 1958.

Planeo mi próximo Marlowe con un telón de fondo de Palm Springs, al que llamo Poodle Springs, porque una de cada tres criaturas elegantes del lugar tiene al menos un caniche ("poodle"). Tengo la casa exacta en la que a Linda Loring podría gustarle vivir. La casa está en La Jolla. Tiene una especie de elegancia y virtuosismo descuidados que en una época era muy común en Inglaterra entre las clases altas. La gente que vive ahí es evidentemente rica, pero su enorme salón escapa a ese aspecto de haber sido obra de un caro decorador. Está lleno de cosas que seguramente son invaluables, pero son tratadas del modo más casual. Tiene la alfombra oriental más grande que yo haya visto nunca. Tiene espacio y calidez. Uno se sienta ahí y sabe que cada cosa cuesta un mundo, pero uno se siente perfectamente cómodo y a gusto. No he conocido a muchos aristócratas genuinos en mi vida, naturalmente, pero los verdaderos tienen todos un cierto modo, no sólo de comportarse con perfecta comodidad en cualquier situación, sino de poder impartir esa comodidad a los otros.

Usted se toma a la ligera su accidente de montañismo, pero debe de haber sido algo bastante horrible. Y comprendo qué deprimente debe de ser el retiro de un puesto de responsabilidad, importancia y afectos. La jubilación es una especie de muerte. El mejor modo de revivir es por cierto el que usted tiene en mente. Trabajar como un demonio en algo creativo. Nadie envejece mientras puede crear. Puede morirse mientras lo hace, como puede pasarme a mí, que soy mayor que usted, pero no se muere de aburrimiento.

Destinatario desconocido,

8 de marzo de 1958.

No se lo puede tener todo, ni siquiera en California.

Carta a "Lucky" Luciano Lucania,

gángster norteamericano de la era de la Prohibición, deportado de los Estados Unidos después de la Segunda Guerra Mundial. El *Sunday Times* de Londres le había comisionado a Chandler (por intermedio de Ian Fleming) que le hiciera una entrevista a Lucania en Nápoles. 21 de marzo de 1958.

Caro Signor Lucania,

Soy un escritor norteamericano, no un periodista, no relacionado con ningún diario. Estaré dentro de poco en Nápoles y le agradecería mucho el favor de una entrevista con usted, y el objetivo de este entrevista sería únicamente el intento de un hombre de comprender a otro, y de ningún modo y bajo ninguna circunstancia difamarlo.

Supongo que los dos somos pecadores a los ojos del Señor, y es muy posible que usted no haya sido presentado al público de mi país como realmente es. Sé que lo que decide no es lo que un hombre hace, sino lo que se expone ante los tribunales.

Yo mismo corro cierto peligro en esto porque una entrevista simpática con usted podría causarme problemas, pero estoy dispuesto a correr este peligro porque el objeto de mi vida es comprender a la gente, sus motivos, sus orígenes, cómo llegaron a ser lo que son, y no juzgarlos.

Algunas de mis preguntas pueden ser algo bruscas, pero si usted prefiere no contestarlas, no quedará registro de que fueron hechas. Yo no publicaré nada que usted no diga, pero por supuesto no puedo hacerme responsable por los comentarios editoriales.

Soy sincero, y me gustaría que usted lo crea, pero supongo que se le habrá hecho muy difícil creer que alguien pueda acercársele con sinceridad.

Si acepta mi pedido, ¿sería tan amable de responder en este telegrama prepago al Hotel Ritz de Londres?

La entrevista tuvo lugar meses después, ese mismo año de 1958. El artículo que escribió Chandler no fue publicado nunca por el diario. Helga Greene, que estuvo presente en la entrevista de Nápoles, le había advertido al diario que ambos hombres habían estado extremadamente ebrios al final. El artículo en realidad no es una entrevista, pero de todos modos tiene un gran interés. Chandler había propuesto como título "Mi Amigo Luco".

Así es como lo llaman en Nápoles, donde no conocí a nadie que hablara mal de él. Sin duda la policía napolitana lo hace, pero últimamente no han ido muy lejos en su persecución. Ni lo ha hecho la Oficina de Narcóticos Norteamericana, que hoy está bajo el mando del fiscal general Brownell, quien, según tengo entendido, fue director de campaña del hombre que llevó a juicio a Luco.

Su verdadero nombre es Charles Luciano Lucania. El público de los diarios lo conoce como Lucky Luciano. Lucky, "afortunado", ¿en qué? Se supone que es un hombre muy malo, multimillonario cabecilla de una mafia mundial de drogas. No creo que sea nada de eso. Me pareció tan cercano al mafioso duro como yo estoy cercano al difunto y no llorado Mussolini. Tiene voz suave, un rostro triste y paciente, y es extremadamente cortés. Todo esto podría ser una fachada, pero no creo que sea tan fácil engañarme. Un hombre implicado en crímenes brutales conserva alguna marca. Luciano me pareció un hombre solitario, que había sido infinitamente atormentado y aun así no guarda rencor. Me gustó, y no encontré motivo para que no me gustara. Probablemente no es perfecto, pero yo tampoco lo soy.

Su historia se remonta mucho tiempo atrás, y mucha gente puede haber olvidado qué monstruosa se pintó su figura. Nació en Sicilia y sus padres lo llevaron a los Estados Unidos de niño. Creció en un barrio duro de Nueva York. Los inmigrantes italianos y sicilianos por lo general son demasiado pobres para vivir en otro lado que en barrios de inquilinatos. A los diecisiete años admite haber participado en alguna clase de negocio con drogas. Después, durante la era de la Prohibición, fue contrabandista de bebidas o propietario de garitos. Considerando los impedimentos de su origen, debe de haber sido un hombre muy capaz.

Por supuesto que ésas eran actividades ilegales, pero pocos norteamericanos que no fueran puritanos y fanáticos creyeron nunca en la Prohibición. La mayoría de nosotros íbamos a tabernas clandestinas y comprábamos bebida de contrabando abiertamente, y "la mayoría de nosotros" incluye a jueces, oficiales de policía y funcionarios. Recuerdo que en un club nocturno en Culver City, ciudad cercana a Los Angeles donde están situados los estudios Metro Goldwyn, había dos policías siempre de guardia, no para impedir que uno comprara bebida sino para impedir que uno llevara la suya en lugar de comprar la de la casa.

La Prohibición fue uno de nuestros peores errores. Enriqueció a las mafias y las hizo lo bastante poderosas como para organizarse a escala nacional, con el resultado de que hoy son casi intocables. En cuanto al juego, de una forma u otra es legal o tolerado en casi todo el país. Apostar a las carreras de caballos es más que legal: es una valiosa fuente de ingresos fiscales en distintos estados.

De vez en cuando tratamos de resguardar nuestra conciencia eligiendo un chivo expiatorio muy publicitado para crear la ilusión de que nuestras leyes se están cumpliendo rigurosamente. En 1936 Luciano había llegado a una posición de suficiente eminencia para ser elegido. Algunos de esos chivos expiatorios son culpables, algunos lo son a medias y algunos, espero que no muchos, son inocentes.

Creo que Luciano fue un inocente deliberadamente entrampado por un fiscal ambicioso. Estaba fuera de la ley, técnicamente hablando, pero no creo que el crimen por el que fue convicto, prostitución compulsiva, tuviera nada que ver con sus verdaderas actividades. En primer lugar fue juzgado en la prensa, lo que es una parte desafortunada de nuestro modo de vida, puesto que si a un hombre se lo difama durante el tiempo suficiente y con la suficiente virulencia, llega al tribunal como culpable. El Juez Jerome Frank, en su libro póstumo *Not Guilty*, dice de cierto caso: "La fiscalía presentó como uno de sus principales testigos a una prostituta y drogadicta que recibía sus drogas del gobierno como pago por informar". Si una agencia del gobierno puede rebajarse a esto, no puede sorprender que tantos norteamericanos, incluyéndome, vean el destino de un hombre en los tribunales como un juego de naipes. Todo depende de cómo caigan las cartas, lo bueno que sea el abogado, si uno puede pagar a uno bueno, lo estúpido o inteligente que sea el jurado, y la mayoría son incurablemente estúpidos, porque los hombres inteligentes por lo general encuentran un modo de evadir su deber como jurados.

Una de las peores amenazas a cualquier justicia real son los columnistas de diarios de gran venta. Su función es crear sensación a cualquier precio; no les importa nada la suerte de la gente a la que atacan, y menos aún la verdad. De algún modo son peores que los delincuentes a los que atacan. Un columnista, cuyo nombre afortunadamente olvidé, dijo que Luciano le había pagado un millón de dólares en efectivo a una famosa estrella de cine, en Cuba. Esta estrella de cine, a la que casualmente conozco, nunca había visto a Luciano, y dudo mucho de que Luciano haya tenido nunca un millón de dólares, ni una cifra que se le acerque.

Así que fue a juicio frente a doce hombres buenos y sinceros, cuyas mentes, en el caso de que supieran leer, ya habían sido corrompidas por la prensa, y para los que no sabían leer siempre estaba la radio.

Todos los testigos presentados contra Luciano estaban sufriendo juicios por algún crimen, y no por primera vez. El fiscal encerró a una cantidad de madamas de burdel en "custodia protectiva", ostensiblemente para protegerlas. Durante este encierro se las instruyó cuidadosamente sobre los testimonios que debían presentar, y cómo debían hacerlo, y se les prometió inmunidad si lo hacían bien. Por supuesto, no hay registro legal de esto. El principal testigo contra Luciano fue un hombre encausado por robo. Si se lo condenara, habría sido la cuarta vez, lo que en el estado de Nueva York implica una automática sentencia a cadena perpetua (real, no nominal). Este hombre probablemente habría atestiguado que su propia madre era una envenadora múltiple, si a cambio se le prometía inmunidad. Dijo que hacía ocho o nueve años que conocía a Luciano, y que Luciano le había ofrecido poco tiempo atrás un empleo de cuarenta dólares a la semana como cobrador de casas de prostitución. Esto me hace reír casi hasta las lágrimas, pero no de placer. Si hubiera dicho cuatrocientos dólares a la semana, o mil, yo me habría mantenido serio. ¿Pero cuarenta dólares a la semana por eso? Absurdo. Me causó cierto placer enterarme de que más tarde este testigo, cuando el fiscal hubo dejado su cargo, rectificó su testimonio y dijo que sólo había visto a Luciano en un bar.

303

Un juez puede ser el hombre más honorable del mundo, pero no puede hacer más que dar las mejores instrucciones al jurado. Si las decisiones de los jurados ya las han tomado otros por ellos, el juez no puede hacer nada. Quizá puede parecer que en el caso de Luciano la sentencia fue un tanto excesiva, pero yo no juzgo eso. Le dieron de treinta a cincuenta años; toda una condena.

Cumplió diez años y después, mediante un procedimiento ejecutivo un tanto fuera de lo usual, fue liberado y enviado a Sing Sing para su deportación. Se lo perdonó sobre la base de que les había dado valiosa información a las fuerzas armadas para la invasión de Sicilia. Las fuerzas armadas deben de haberse reído bastante al oír esto. Todo lo que pudo decirles Luciano sobre Sicilia es que era una isla. Probablemente ellos ya sabían más sobre Sicilia que los sicilianos. La verdadera razón para su liberación sólo pudo ser una: que sus abogados habían reunido pruebas de que había sido víctima de una trampa legal, y estaban dispuestos a usar esas pruebas contra el fiscal, ahora una importante figura política. Este hombre edificó su carrera sobre condenas espectaculares. Pero nunca obtuvo lo que quería. Los norteamericanos no somos tontos. A veces podemos parecer aturdidos, pero cuando llega el momento podemos distinguir a un gato de un leopardo.

Luciano se fue a Roma, pero la policía le hizo la vida imposible. Se fue a Cuba, y la policía norteamericana de Narcóticos le cayó encima. Se fue a Nápoles. La policía lo vigilaba constantemente. Cambiaba de residencia cada pocos meses. Era inútil. Estados Unidos se ha vuelto un imperio. Su dinero e influencia penetran todo el mundo por fuera de la Cortina de Hierro. Nada puede devolverle a Luciano su vida o su libertad. El trabajo que hicieron con él fue completo.

Nadie conoce todos los hechos. Yo sólo puedo guiarme por mi sentimiento del hombre. Si Luciano es un hombre malo, entonces yo soy un idiota. El hombre que lo condenó ha tenido su recompensa, y también su fracaso. Yo prefiero ser un idiota a vivir con su alma, si es que la tiene.

Pero siempre está el sepulcro
esperando, y el silencio y el gusano (la nada)
tal fue al final el honor que merecimos.
El hombre es más noble que su suerte.

Carta a Dale Warren,
17 de junio de 1958. Chandler se refiere a su séptimo libro
de Marlowe, *Playback.*

Por favor, no elogie el libro, ¡véndalo!

Sobre los inconvenientes causados por las cañerías en hoteles británicos:

De un país al que han destruido dos guerras, no puede pretenderse que llegue de inmediato al estadio de la cocina norteamericana.

Carta a Luther Nichols,
director de la sección Libros del *San Francisco Examiner,* que
le había enviado a Chandler algunas preguntas, septiembre
de 1958.

1. Sí, pienso que el detective de la policial norteamericana sigue siendo el héroe reinante, pero empieza a haber demasiados. El principal desafiante es, me parece, la novela de puro suspenso. Las mejores de éstas parecen ser escritas por mujeres.

2. Yo no llamaría psiconeurótico a ningún escritor. Todos es-

tamos locos en alguna medida. Es una vida dura y solitaria en la que uno nunca está seguro de nada.

3. (Respecto de si la novela policial puede producir un aumento en la criminalidad). No tiene absolutamente ningún efecto, salvo que un hombre que observe un crimen puede tener una idea de cómo hacerlo y escapar sin castigo. Pero el crimen ya estaba ahí.

4. (Sobre el futuro de la novela policial). Una declinación de la novela dura, sobre la base de la ley de Gresham. Son demasiado numerosas, demasiado violentas y demasiado sexys de un modo demasiado notorio. Ni una en cincuenta está escrita con algún sentido del estilo o la economía. Se supone que son lo que el lector quiere. Los buenos escritores escriben lo que quieren y hacen que al lector le guste. La historia de alto impacto no morirá completamente pero tendrá que volverse más civilizada. La novela policial, bajo alguna forma, no morirá nunca en un futuro predecible.

5. No me preocupan las críticas. Las he tenido buenas y malas, y así es como debe ser. Algunas son estúpidas, algunas hasta malintencionadas, pero así son algunos escritores.

Carta a Helga Greene,

1º de octubre de 1958. Tras su encuentro con Lucky Luciano,
Chandler tenía una idea para un cuento:

…sobre un hombre que trata de salir de la organización de la Mafia, pero sabe demasiado, y alguien le dice que han enviado un par de profesionales a matarlo. No tiene a nadie a quien pedirle ayuda, así que va a Marlowe. El problema es qué puede hacer Marlowe sin ponerse él mismo frente a las balas. Tengo algunas ideas y pienso que el cuento sería divertido de escribir. Por supuesto que si los asesinos fallan, otros los matarán a ellos. No se le falla a la mafia y se sigue viviendo. La disciplina es estricta y severa, y los errores, simplemente, no son tolerados. El único jefe de mafia que fue condenado por asesinato fue Lepke Buchhalter, en un momento director de Murder Inc. de Brooklyn y jefe de una organización de "protección" en Nueva York. No sé cómo lo atraparon, pero él y uno de sus hombres terminaron en la silla. A Costello lo metieron preso un tiempo, y quizá siga preso, pero no llegarán lejos, diría yo. Estos muchachos tienen todos buenas fachadas y abogados muy inteligentes, aunque maleantes. Bastaría con barrer a los abogados para barrer con la Mafia, pero los Colegios de Abogados no tienen ningún interés.

Chandler esribió el cuento, que quedó inédito a su muerte.
Fue su último trabajo completado, y el primer cuento que
escribía desde su época de revistas de "pulp fiction".
Comienza así:

Se sentó cautelosamente y yo me senté frente a él y nos miramos. Su rostro tenía una especie de ansiedad vulpina. Estaba sudando un poco. La expresión de mi cara quería parecer interesada pero no entrometida. Tomé la pipa y el humidificador de cuero en el que guardo mi tabaco Pearce. Empujé hacia su lado los cigarrillos.

—No fumo. —Tenía una voz ronca. No me gustó más de lo que me gustaba la ropa, o la cara. Mientras yo llenaba la pipa, él buscó dentro de la chaqueta, revolvió en un bolsillo, sacó un billete, lo miró y me lo alcanzó por sobre el escritorio. Era un lindo billete, limpio y nuevo. Mil dólares.

—¿Alguna vez le salvó la vida a alguien?

—Alguna vez, quizá.

—Sálveme la mía.

El cuento también contenía este pasaje:

las mujeres que consigues y las mujeres que no consigues viven en mundos diferentes. Yo no desdeño ningún mundo. Vivo en ambos.

Carta a Hardwick Moseley,

Hardwick, necesito dinero, dinero en efectivo, no activos. Lo necesito porque desde hace un año y ocho meses estoy manteniendo a mi secretaria australiana y sus dos hijos. Diablos, si hasta le escrituré los derechos británicos y del Commonwealth de *Playback* a Jean…

Carta a Roger Machell,

14 de octubre de 1958. Chandler se había enredado en el divorcio en marcha de su nueva secretaria.

Su maldito podrido bastardo de marido (éste es un caso en el que no veo ninguna nobleza en hablar bien de los muertos. Lo conocía) hizo un testamento autógrafo pocos días antes de morir desheredando a su esposa e hijos y dejándole todo lo que tenía a su hermano, que es un hijo de perra también. Jean no tiene a nadie a quien recurrir salvo a mí, y se está volviendo una hemorragia.

Como estoy a dieta libre de alcohol, debido a la hepatitis, es como si a mi mente le faltara mucho de su exuberancia. Muy pocos escritores pueden escribir borrachos, pero yo soy una de las excepciones. No extraño al alcohol físicamente, pero sí lo extraño mental y espiritualmente.

Carta a Helga Greene,

22 de octubre de 1958.

Siempre tuve la idea latente de que un fracaso profesional era un fracaso moral. Hay escritores que hacen frente a la situación y

308

deciden que están dispuestos a ser pobres si pueden escribir lo bastante bien como para satisfacer a sus almas. Los respeto, pero una falta de aprecio es limitante. Henry James la sintió. Tiende a hacer que un escritor exagere las mismas cosas que mantienen al público lejos de él. Yo no soy un escritor mercenario, pero siento que en esta generación confundida un escritor que no pueda hacer frente a las realidades un tanto cínicas de su oficio carece de algo más que de popularidad.

Carta a Catherine Barth,
Secretaria Ejecutiva de la sociedad Mystery Writers of America, que acababa de nombrar a Chandler su presidente.
7 de febrero de 1959.

Le hablé por teléfono para agradecerle el gran honor que me ha hecho la Mystery Writers of America; pero no me parece suficiente, especialmente en tanto el trabajo verdadero tendrá que hacerlo el vicepresidente ejecutivo, Herbert Brean, y el Comité Ejecutivo, que al parecer hace todo el trabajo y no recibe nada del crédito.

Seguramente usted comprende que acepto este honor como un reconocimiento a una larga carrera, y que no lo tomo muy personalmente. He llegado a un estadio en mi carrera en que no tengo nada que temer.

Carta a Maurice Guinness,
21 de febrero de 1959.

Creo que puedo haber malentendido su deseo de que Marlowe se case. Pienso que puedo haber elegido a la chica equivocada. Pero de hecho, un tipo como Marlowe no debería casarse, porque es un solitario, un hombre pobre, un hombre peligroso, y aun así un hombre simpático, y de algún modo ninguna de estas cualidades va con el matrimonio. Pienso que siempre tendrá una oficina desvencijada, una casa vacía, una cantidad de preocupaciones, pero ninguna relación permanente. Pienso que siempre lo despertará alguna persona inconveniente a alguna hora inconveniente, para encargarle algún trabajo inconveniente. Me parece que es su destino —posiblemente no el mejor destino en el mundo, pero es el suyo. Nadie lo derrotará nunca, porque es invencible por su naturaleza. Nadie lo hará rico, porque está destinado a ser pobre. Pero de algún modo, pienso que no aceptaría otra cosa, y en consecuencia siento que su idea de que debería casarse, así sea con una chica muy buena, está completamente fuera de lugar. Lo veo siempre en una calle solitaria, en cuartos solitarios, desconcertado pero nunca del todo derrotado.

Cuatro semanas después de escribir esta carta, Chandler fue llevado en ambulancia al hospital desde su casa alquilada en la Jolla, afectado de neumonía. Murió tres días después.

FIN

Chandler había dejado las siguientes instrucciones en una carta a su abogado, escrita dos años antes de su muerte. "Wright" era Leroy Wright, que había ayudado a Chandler a redactar su testamento en La Jolla.

P.S.: Wright se olvidó de un punto, y yo me olvidé de mencionárselo en la carta adjunta, pero lo haré ahora. Quiero un servicio fúnebre de la Iglesia de Inglaterra o Episcopaliano, según dónde muera, quiero ser cremado, y quiero que mis ojos vayan a un banco de córneas, si los aceptan. Como los ojos deben sacarse, según me dijeron, antes de que pase media hora de la muerte, para que sirvan, y deben ser refrigerados inmediatamente, parece que esto exigiría algún documento ejecutado en regla entre alguna organización, como un banco de ojos, y yo. La mutilación de un cadáver, excepto para la autopsia y el embalsamamiento (este último es obligatorio en este país) es ilegal, así que el derecho a hacer esto probablemente tiene que ser dado en un documento específico.

En cuanto al servicio fúnebre, no tengo nada que decir sobre él; que se haga en cualquier parte menos en una iglesia, y que no haya nada más que el servicio formal para el muerto: que no se lean poemas, ni se pronuncien discursos, ni haya una de esas malditas personas corteses de la casa funeraria o capilla. No sé dónde fui bautizado, pero fui confirmado en la Iglesia de Inglaterra por el obispo de Worcester, y de joven fui muy devoto. Mi esposa recibió su servicio en una iglesia episcopaliana, aunque ninguno de los dos la habíamos pisado. El vicario era amigo mío, pero no creo que ésa fuera la razón. Creo que uno tiene derecho a eso.

R.

Índice

230, 232, 238, 241, 244, 251, 285

Hammett, Dashiell: 28-29, 47, 58, 73-74, 114

The Maltese Falcon (*El halcón maltés*): 74, 76, 95

Hartley, Wesley: 292

Harvard Summer School: 229

Hawks, Howard: 86, 118, 131

Haycroft, Howard: 98

Heard, Gerard: 269

Heart of the Matter, The: 112

Hellman, Lillian: 73

Hemingway, Ernest: 47, 85, 168-169

Hermana menor, La: 112, 135

Héroe notable, El: 13-15

héroes: 13-16

Hines, Mr: 203

Hitchcock, Alfred: 166-167, 173-174, 197, 201, 211-212

Hogan, Mrs Robert: 96, 99

Hollywood
  cómo sobrevivir: 208, 274-275
  comunistas: 106-107
  contratos: 134
  gente: 58, 125
  hermanos Warner: 146-148
  los escritores y el inconsciente: 151
  modo: 92-93
  tumba para el talento: 29
  vida falsa: 138

véanse también películas; guiones

homosexualidad: 148-149, 189-190, 271

honestidad: 167

Hoover, J. Edgar: 232

Hose, H. F.: 182, 226, 231

Houghton Mifflin: 66, 134

Houseman, John: 155

Howard, James: 278

idiomas: 234-236, 292

Ibberson, D. J.: 191

Iceman Cometh, The: 106, 109, 115

idealismo: 16-17, 18-19

I Know Where I'm Going: 174-175

"Improvisación para Cissy": 25

Inglaterra: 126, 221, 224-225, 226, 286
  idioma: 49-53

Inglis, señor (un admirador): 207

insomnio: 184-185

inspiración: 130

intento de suicidio: 248-250

inventario para el seguro: 202

Irlanda: 39, 65, 129, 161

Irish, William: 47

Isherwood, Christopher: 269

Jaguars: 128

judíos: 35, 36, 79-81